Praxis der Software-Entwicklung

Methoden, Werkzeuge, Projektmanagement

Eine Bestandsaufnahme

von
Dr. Udo Bittner
Professor Dr. Wolfgang Hesse
Johannes Schnath

R. Oldenbourg Verlag München Wien 1995

Interdisziplinäres
Projekt zur
Arbeitssituation in der
Softwareentwicklung

Vorhaben: Analyse und Gestaltung von Entwicklungsprozessen, Methoden und Werkzeugen aus Sicht der Informatik

Ausführende Stelle: Prof. Dr. Wolfgang Hesse Philipps-Universität Marburg
(Sprecher des Gesamtprojekts) Fachbereich Mathematik
Udo Bittner Fachgebiet Informatik
Johannes Schnath Hans-Meerwein-Straße
Anita v. Thaden 35032 Marburg/Lahn
Dirk Dohn Tel.: 06421/285450
Anja Hartmann Fax: 06421/285419
Doris Kammerschen

Förderung: Das Verbundprojekt wurde aus Mitteln des Bundesministeriums für Forschung und Technologie im Rahmen des Programms „Arbeit und Technik" gefördert (Kennzeichen 01 HK 319).

Die Deutsche Bibliothek - CIP-Einheitsaufnahme

Bittner, Udo:
Praxis der Software-Entwicklung : Methoden, Werkzeuge, Projektmanagement ; eine Bestandsaufnahme ; [interdisziplinäres Projekt zur Arbeitssituation in der Softwareentwicklung] / von Udo Bittner ; Wolfgang Hesse ; Johannes Schnath. - München ; Wien : Oldenbourg, 1995
    ISBN 3-486-23472-2
NE: Hesse, Wolfgang:; Schnath, Johannes:

© 1995 R. Oldenbourg Verlag GmbH, München

Das Werk einschließlich aller Abbildungen ist urheberrechtlich geschützt. Jede Verwertung außerhalb der Grenzen des Urheberrechtsgesetzes ist ohne Zustimmung des Verlages unzulässig und strafbar. Das gilt insbesondere für Vervielfältigungen, Übersetzungen, Mikroverfilmungen und die Einspeicherung und Bearbeitung in elektronischen Systemen.

Gesamtherstellung: WB-Druck, Rieden

ISBN 3-486-23472-2

Inhalt

Einleitung: Das Projekt IPAS   9

Empirische Grundlage   13

Results from the IPAS Project (englische Zusammenfassung)   20

Änderbarkeit und Flexibilität von Software-Systemen   31

Praxis des Methodeneinsatzes in Software-Entwicklungsprojekten   55

Werkzeugeinsatz bei der Entwicklung von Software-Systemen   73

Der Informationsaustausch in Software-Entwicklungsprojekten   105

Wünsche von Software-Entwicklern an ihre Entwicklungssituation   119

Projektmanagement-Aspekte   129

Qualitätssicherung in der Praxis   139

Erfahrungsberichte zu objektorientierter Software-Entwicklung   153

Projektmanagement für evolutionäre Software-Entwicklung   177

Stichwortverzeichnis   209

Vorwort

Mit diesem Bericht legen wir eine Zusammenfassung von Ergebnissen vor, die im Rahmen des Projekt IPAS (Interdisziplinäres Projekt zur Arbeitssituation in der Software-Entwicklung) im Teilvorhaben "Informatik" in den Jahren 1989-93 von den Autoren erarbeitet wurden. Das Teilvorhaben hatte den Titel: "Analyse und Gestaltung von Entwicklungsprozessen, Methoden und Werkzeugen aus Sicht der Informatik". Das Gesamtvorhaben IPAS wurde vom BMFT im Rahmen des Programms "Arbeit und Technik" gefördert.

Weitere, gleichzeitig durchgeführte Teilvorhaben konzentrierten sich auf arbeitspsychologische Aspekte der Software-Entwicklung sowie auf soziologische und Projektmangement-Aspekte. Sie wurden von Teams von Arbeitspsychologen an der Universität Gießen (Felix C. Brodbeck, Michael Frese, Angelika Fritz, Torsten Heinbokel, Sabine Sonnentag, Wolfgang Stolte) bzw. von der Soziologischen Projektgruppe München (Rolf Ortmann, Friedrich Weltz) durchgeführt. Zusammenfassende Darstellungen der Ergebnisse dieser beiden Teilvorhaben finden sich in den folgenden Büchern:

> Brodbeck, F.C., Frese, M. (Hrsg.): Produktivität und Qualität in Software-Projekten - Psychologische Analyse und Optimierung von Arbeitsprozessen in der Software-Entwicklung. München: Oldenbourg 1994

> Weltz, F., Ortmann, R.: Das Softwareprojekt - Projektmanagement in der Praxis. Frankfurt, New York: Campus-Verlag 1992

Eine Liste von früheren interdisziplinären Veröffentlichungen und solchen aus dem Teilvorhaben Informatik findet sich am Ende dieses Vorworts. Im Hauptteil des Buches sind Ergebnisse aus den empirischen IPAS-Untersuchungen unter verschiedenen thematischen Gesichtspunkten zusammengestellt. Der vorletzte Artikel enthält Erfahrungsberichte zur objektorientierten Software-Entwicklung, die zum großen Teil aus der Literatur, aber auch aus IPAS-Untersuchungen zusammengetragen wurden. Er leitet zum letzten Artikel über, der neben einem (interdisziplinären) Resümee über das Vorgehen bei der Software-Entwicklung und beim Projektmanagement programmatische Aussagen zu möglichen zukünftigen Vorgehensweisen enthält.

Mit diesem Buch fassen wir eine Reihe von Artikeln zusammen, die im Laufe des IPAS-Projekts bzw. im unmittelbaren Anschluß daran entstanden sind. Einige Artikel wurden bereits an anderer Stelle veröffentlicht (vgl. dazu die Hinweise in der folgenden Übersicht und in den Fußnoten). Um die Eigenständigkeit der Artikel beizubehalten und um sie einzeln herausnehmen und zitieren zu können, wurde ihre Struktur nicht verändert. Dafür haben wir gewisse Wiederholungen (z.b. über Details der Untersuchungsplanung) in Kauf genommen und anstelle eines gemeinsamen Literaturverzeichnisses die (artikelspezifischen) Literaturhinweise jeweils an den Schluß des Artikels gestellt. Zum besseren Zurechtfinden soll das Stichwortverzeichnis am Ende des Buches dienen.

Für die Unterstützung und Mitarbeit an unserem Vorhaben bedanken wir uns herzlich bei allen Beteiligten aus den von uns untersuchten Firmen, bei unserem Betreuer beim Projektträger "Arbeit und Technik", Herrn Christoph Kasten, bei unserer Projektsekretärin Anita v. Thaden, bei unseren studentischen Hilfskräften Dirk Dohn, Anja Hartmann und Doris Kammerschen sowie für die Endredaktionsarbeiten am Manuskript bei Marlies Benner und Walter Wittrodt.

Marburg, im November 1994

Udo Bittner, Wolfgang Hesse, Johannes Schnath

Liste der Berichte und Veröffentlichungen

Antrag und Berichte:

[1]　Projekt IPAS: Interdisziplinäres Projekt zur Arbeitssituation in der Software-Entwicklung, Projektantrag (1989)

[2]　Projekt IPAS: Interdisziplinäres Projekt zur Arbeitssituation in der Software-Entwicklung, Gemeinsamer Abschlußbericht, Januar 1993

[3]　Projekt IPAS: Interdisziplinäres Projekt zur Arbeitssituation in der Software-Entwicklung, Abschlußbericht des Teilprojekts Informatik, Mai 1993

Interdisziplinäre Artikel:

[4]　Frese, M., Hesse, W. (1993). The work situation in software development - Results of an empirical study; ACM SIGSOFT Software Engineering Notes, Vol. 18 no. 3, pp. A-65 - A-72.

[5]　Hesse, W., Frese, M. (1994). Zur Arbeitssituation in der Software-Entwicklung - Resümee einer empirischen Untersuchung; in: Informatik Forschung und Entwicklung 9.4, pp. 179-191.

[6] Hesse, W., Weltz, F. (1994). Projektmanagement für evolutionäre Software-Entwicklung; in: Information Management 3/94, pp. 20-33.

Artikel, die Ergebnisse des Teilprojekts Informatik dokumentieren:

[7] Bittner, U., Hesse, W., Schnath, J. (1991). Untersuchungen zur Arbeitssituation und Werkzeugunterstützung von Software-Entwicklern - Ein erster Zwischenbericht, in: M. Frese et al.: Software für die Arbeit von morgen, Bilanz und Perspektiven anwendungsorientierter Forschung, Berlin Heidelberg New York: Springer.

[8] Bittner, U., Hesse, W., Schnath, J. (1992). Änderbarkeit von Software - Als Qualitätsmerkmal unterschätzt - Erfolgreiche Maßnahmen - Die Architektur entscheidet; Artikelserie in der Computerwoche, Heft 9-11.

[9] Hesse, W., Bittner, U., Schnath, J. (1992). Results from the IPAS Project: Influences of methods and tools, quality requirements and project management on the work situation of software developers; in: Elzer, P., Haase, V. (Eds.): Proc. Fourth IFAC/IFIP Workshop on Experience with the Management of Software Projects, Annual Review in Automatic Programming, Vol. 16, Part II, Pergamon Press.

[10] Bittner, U., Hesse, W., Schnath, J. (1992). Praxis des Methodeneinsatzes in Software-Entwicklungsprojekten; Softwaretechnik- Trends Bd. 12, Heft 3, pp. 48-60.

[11] Bittner, U., Schnath, J., Hesse, W. (1993). Werkzeugeinsatz bei der Entwicklung von Software-Systemen; Softwaretechnik-Trends Bd. 13, Heft 1, pp. 14-23.

[12] Bittner, U., Hesse, W. (1993). Methoden- und Werkzeugunterstützung von Software-Entwicklern, Ergebnisse einer Praxis-Untersuchung; in: W. Coy et al. (Hrsg.): Menschengerechte Software als Wettbewerbsfaktor, Forschungsansätze und Arbeitsergebnisse aus dem Programm "Arbeit und Technik", pp. 482-496, Stuttgart: Teubner.

Artikel aus dem weiteren IPAS-Umfeld:

[13] Hesse, W. (1990). Herkömmliche und objekt-orientierte Verfahren zur Anwendungsmodellierung - eine Gegenüberstellung; in: Arbeitsverfahren in der Software-Entwicklung, Workshop der GI und der GMD, Königswinter.

[14] Hesse, W. (1990). Objekt-orientierte Anwendungsmodellierung - ein Weg zur (Re-) Strukturierung von Software-Anwendungssystemen; in: R. Thurner (Hrsg.): Re-engineering - Ein integrales Wartungskonzept zum Schutz von Software-Investitionen, pp. 45-64, Hallbergmoos: AIT Verlag.

[15] Hesse, W. (1990). Object-oriented application modelling - an approach for cooperative system design; Proc. 13th Information systems research seminar in Scandinavia (IRIS), Abo Akademi University.

[16] Hesse, W. (1991). Neues Denken in der Softwarewelt; Proc. Symposium über Neue Software-Architekturen bei der Systems '91, Diebold.

[17] Hesse, W. (1992). Objekt-orientierte Anwendungsmodellierung - ein Weg zu einem durchgängigen Software-Entwicklungsprozeß; in: G. Kugel (Hrsg.): Praxiserprobte Software-Entwicklungswerkzeuge im Überblick, Reihe Kontakt und Studium, Ehningen: Expert-Verlag.

[18] Müller-Luschnat, G., Hesse, W., Heydenreich, N. (1993). Objekt-orientierte Analyse und Geschäftsvorfallsmodellierung; in: H.C.Mayr, R. Wagner (Hrsg.): "Objektorientierte Methoden für Informationssysteme", Fachtagung der GI-Fachgruppe EMISA, Klagenfurt, Informatik aktuell, pp. 74-90, Berlin Heidelberg New York: Springer.

[19] Heydenreich, N., Hesse, W., Müller-Luschnat, G. (1993). Eine objekt-orientierte Architektur betrieblicher Informationssysteme, Proc. GI-Fachtagung "Modellierung betrieblicher Informationssysteme", Bamberg.

Dissertation:

[20] Bittner, U. (1993). Individuelle Arbeitsunterstützung durch Integration dynamischer Klassifikation in objektorientierte Systementwicklung, Dissertation, Univ. Marburg.

Das Projekt IPAS

Eine Untersuchung der Praxis der Software-Entwicklung

Kurzfassung

Das Projekt IPAS (Interdisziplinäres Projekt zur Arbeitssituation und -gestaltung in der Software-Entwicklung) wurde von einem Team aus Informatikern, Psychologen und Soziologen durchgeführt und aus Mitteln des Bundesministeriums für Forschung und Technologie gefördert.

Hintergrund des Projekts waren die zunehmenden Anforderungen an Software-Systeme. Eine ständig anwachsende Komplexität und Vielfalt der Anwendungen bei einer gleichzeitig rasanten Entwicklung der Hardware-Basistechnologie geht mit wachsenden Problemen in der Software-Entwicklung einher.
Bisher praktizierte Verfahren orientieren sich vielfach nur an software-technischen und ökonomischen Gesichtspunkten. Die Frage ist, wie sie ergänzt und so verbessert werden können, daß sie den Anforderungen an eine benutzer- und aufgabenorientierte Software-Entwicklung gerecht werden.

Durch dieses Forschungsprojekt wurde erstmalig die Arbeitssituation der Software-Entwickler in den Mittelpunkt der Analyse gestellt. Hieraus ergaben sich Verbesserungsvorschläge, die auch zu einer höheren Qualität der Produkte führen. Um dieses *Ziel* zu erreichen, wurden u.a. Arbeitsbedingungen, Methoden und Werkzeuge in verschiedenen Unternehmen untersucht.

Die *Ergebnisse* wurden in neue Konzepte und Verfahren umgesetzt und deren Wirksamkeit und Akzeptanz überprüft, wobei dieser Band die Ergebnisse und Empfehlungen des Teilprojekts Informatik zusammenfaßt.

Entsprechend wurde der Ablauf des Forschungsprojektes in drei Phasen unterteilt:

Analyse und Bewertung der Arbeitsbedingungen von Software-Entwicklern, des Einsatzes von Methoden und Werkzeugen, der Kooperation im Team und der Organisation bei der Software-Entwicklung.

Umsetzung und Entwicklung von Gestaltungskonzepten, die eine Verbesserung der Arbeitssituation der Software-Entwickler mit mehr Benutzerorientierung verbinden, von Vorschlägen zur Kooperation, zum Methoden- und Werkzeuggebrauch, von Seminaren und Leitfäden für den Software-Entwicklungsprozess.

Anwendung und Überprüfung der Leitfäden, der Vorschläge und der Seminare bei Software-Entwicklungsprojekten im Betrieb. Ein besonderer Schwerpunkt lagt auf der praxisorientierten Entwicklung und Überprüfung von neuen Verfahren in der Software-Entwicklung.

Folgende Fragen waren für das Gesamtprojekt von besonderer Bedeutung:

- Was kennzeichnet die Arbeit von guten Software-Designern?
- Wie muß ein System strukturiert werden, um heutigen Anforderungen zu genügen?
- Wie läßt sich der Software-Entwicklungsprozeß sinnvoll durch Methoden und Werkzeuge unterstützen?
- Wie lassen sich neuere methodische Ansätze wie z.B. Objektorientierung in der Praxis umsetzen?
- Wie läßt sich die Zusammenarbeit zwischen und innerhalb von Teams in der Software-Entwicklung optimal gestalten?
- Welche Organisationsstrukturen sind für welche Projekttypen geeignet?

Die Bearbeitung der Fragestellungen lag dabei schwerpunktmäßig bei jeweils einem Teilprojekt. Entsprechend finden sich Ergebnisse und Vorschläge in den fachspezifischen Berichten der jeweiligen Teilprojekte. Aus Sicht der Informatik stellt der objektorientierte Ansatz die beste Möglichkeit zur Realisierung benutzerorientierter Software dar.

Untersuchungsplanung

Wegen zum Teil unterschiedlicher Fragestellungen konnten die Teiluntersuchungen der Soziologie getrennt von den gemeinsamen Untersuchungen der Teilbereiche Psychologie und Informatik ablaufen. Die beteiligten Betriebe wurden gebeten, an beiden Teiluntersuchungen teilzunehmen.Die Überdeckung der untersuchten Projekte lag bei ca. 80 %.

Teiluntersuchung Soziologie

» Untersuchungsschwerpunkte: Aspekte der Organisation von Software-Entwicklungsprojekten (z. B. Projektentstehung und -steuerung, Zeitmanagement, Kommunikation und Kooperation) und ihrer Auswirkungen auf die Arbeitssituation der Software-Entwickler.

» Erhebungsmethoden: Durchführung von Fallstudien bei Softwareprojekten - Gespräche mit Software-Entwicklern, Führungskräften und anderen Experten.

» Aufwand für die Untersuchung: Pro Fallstudie 5 - 8 Gespräche von jeweils 1 - 2 Stunden.

Teiluntersuchung Informatik und Arbeitspsychologie

» Untersuchungsschwerpunkte: Werkzeuggebrauch, Methoden und Verfahren - Auswirkungen auf Produkt- und Prozessqualität, Art der Arbeitsteilung, Teamentwicklung, Kontakt zum Anwendungsfeld, Barrieren im Arbeitsprozeß - Auswirkungen auf Komplexität der Arbeit, Zusammenarbeit, Streß.

» Erhebungsmethoden: Gespräche mit Software-Entwicklern, schriftliche Befragungen; bei Interesse des Unternehmens auch eingehendere Beobachtungsinterviews von Software-Entwicklern bei der Arbeit (dadurch erhöhte Aussagekraft).

» Aufwand für die Untersuchung: Je nach Größe des Software-Entwicklungsprojektes konnten pro Projekt 3 – 10 Mitarbeiter für die Teilnahme gewonnen werden. Dauer pro Gespräch ca. 3 Stunden, pro schriftliche Befragung etwa 2-3 Stunden. In einigen Betrieben wurden mehrere Projekte untersucht.

Ein weiterer Schwerpunkt im Teilprojekt Informatik war die Durchführung von Prozeßuntersuchungen ("Tiefenuntersuchungen"). Im Rahmen der Prozeßuntersuchung wurde die Befragung der Breitenuntersuchung in verkürzter Form durchgeführt, um diese Projekte in der Stichprobe verankern zu können. Es erfolgten über ein Jahr regelmäßige Besuche, um an entscheidenden Sitzungen teilnehmen zu können oder diese kurz danach zu besprechen. Ergänzt wurde dies durch regelmäßige Telefonate und Austausch schriftlicher Unterlagen, so daß mindestens einmal pro Woche der Kontakt zum Projekt hergestellt wurde.

Bei zwei Projektpartnern (Projekt A und Projekt B) wurden Untersuchungen durchgeführt. Bei beiden Firmen war ein in über 10 Jahren gewachsenes EDV-System zu pflegen und weiterzuentwickeln.

Im Projekt A wurde ein System weiterentwickelt, das ursprünglich strikt nach dem Prinzip der Datenkapselung entworfen wurde. Weiterhin zeichnet sich diese Firma durch direkten Benutzerkontakt fast aller Entwickler aus. Es ergab sich also die Möglichkeit, die Auswirkungen dieses in letzter Zeit immer wieder geforderten Kontakts auf die Entwicklersituation zu beobachten. Von besonderem Interesse waren bei der Untersuchung auch die Organisation der Wissensvermittlung über das Anwendungsgebiet und das bestehende System einschließlich der Entwicklungsmethodik an neue Mitarbeiter. Die Untersuchung beinhaltete auch die Teilnahme an einem 3-tägigen Kurs zur Bedienung des Systems, wie sie als Einstieg von Endbenutzern, aber auch von neuen Mitarbeitern der Firma absolviert wird.

Projekt B wird in einer Firma durchgeführt, die einen typischen Vertreter von ca. 5000 mittelständischen Unternehmen in Deutschland darstellt. Hier war seit 1979 ein individuell erstelltes DV-System gewachsen, eine Erneuerung und Neukonzeption jedoch dringend notwendig. In diesem Zusammenhang stellt sich für jedes Unternehmen dieser Größe aufgrund seiner begrenzten Ressourcen die Frage, welche Teile der Software Individual-Software bleiben sollten und welche Teile durch Standard-Software (ev. nach Anpassung) abgedeckt werden können. Von Interesse war hierbei zum einen, welche Auswirkungen solche Entscheidungen auf die Möglichkeit haben, auf Benutzerwünsche einzugehen. Zum anderen wird ein normaler Bestandteil künftiger Software-Entwicklungsprojekte die Bewertung, Auswahl und Einbettung von wiederverwendeten Software-Komponenten sein - seien diese zugekauft oder selbst in vorhergegangenen Projekten erstellt.

Die vorliegenden Fallstudien konnten leider aus rechtlichen Gründen an dieser Stelle nicht veröffentlicht werden.

Die in den folgenden Kapiteln dargestellten fachspezifischen Ergebnisse des Teilprojekts Informatik umfassen:

- Eine genauere Darstellung der Untersuchungsinstrumente und der Stichprobe
- Eine Zusammenfassung zentraler Ergebnisse in englischer Sprache
- Empirische Ergebnisse, gegliedert nach den genannten Untersuchungsschwerpunkten
- Schlußfolgerungen aus den Ergebnissen unter den besonderen Aspekten „Projektmanagement" und „Qualitätssicherung".
- Schlußfolgerungen und Konsequenzen für objektorientierte Software-Entwicklung

Empirische Grundlage

Stichprobenbeschreibung der Breitenuntersuchung

Im Rahmen des Projektes IPAS wurden Firmen in (West) Deutschland und der Schweiz untersucht, die entweder Software im eigenen Haus erstellen oder die Software-Projekte im Kundenauftrag durchführen. Dabei kamen für die Befragung nur solche Projekte in Frage, die mit Hilfe eines Teams durchgeführt werden. Weiterhin wurden militärische Anwendungen ausgeschlossen.

Stichprobengröße:

    Firmen: 19

    Projekte: 29

    Personen: 189 (Interview), 180 (Fragebogen) mit einer Überdeckung von 166 Personen

Darunter waren 62 % Software-Entwickler, 15 % Projektleiter, 11 % Teilprojektleiter, 10 % Benutzervertreter und 2 % nicht unmittelbar dem Projekt zugehörige Personen.

Bei 13 der Projekte handelte es sich um eine inhouse-Entwicklung, d.h. es wurde Software für eine andere Abteilung der gleichen Firma entwickelt. Bei weiteren 13 Projekten wurde Software von einem Software-Haus für einen externen Auftraggeber entwickelt. Drei Projekte waren im Software-Bereich eines Hardware-Herstellers angesiedelt.

Die durchschnittliche Projektgröße der inhouse-Projekte war 11,2 Mitarbeiter (minimal 2, maximal 18), die der Projekte von Software-Häusern lag bei 7,2 Mitarbeitern (minimal 3, maximal 18) und in den Projekten der Hardware-Hersteller waren durchschnittlich 11 Mitarbeiter beschäftigt.

In 9 Projekten konnten 100 % der Mitarbeiter befragt werden, in 2 Projekten nur 30 %; die durchschnittliche Abdeckung war 70 % der Projektmitarbeiter.

In den meisten Projekten (83 %) wurden betriebliche Informationssysteme für die Verwaltungen von Klein-, Mittel- und Großbetrieben sowie für Banken und Versicherungen entwickelt. Bei den übrigen Projekten handelte es sich um Prozeßsteuerungs-Software und Erstellung von Werkzeugen für andere Software-Entwickler.

Aufteilung der Projekte nach Entwicklungsphasen:

7 Projekte befanden sich in der Analyse oder Designphase (eine genaue Trennung war nicht immer möglich) - in folgenden Auswertungen als Analysephase bezeichnet.
8 Projekte befanden sich in der Realisierungs- bzw. Test- oder Integrationsphase (auch hier war eine Trennung nicht immer möglich).
9 Projekte waren in der Installations-, Erprobungs- oder Wartungsphase - im weiteren als Wartungsphase bezeichnet.
5 Projekte ließen sich keiner dieser 3 Grobphasen eindeutig zuordnen, da beispielsweise Teilprojekte in unterschiedlichen Phasen waren oder nicht nach einem Phasenschema vorgegangen wurde.

Kurzcharakterisierung der Projekttypen

Die Bezeichnungen **a** - **g** für die Projekttypen werden in späteren Kapiteln bei detaillierteren Auswertungen - besonders im Zusammenhang mit Änderungsanforderungen - in den zugehörigen Diagrammen verwendet. Generelles Problem ist bei einer Aufspaltung die sinkende Zahl der Fälle (Antworten) für jede Untergruppe. Deshalb wurde **f'** im weiteren auch nicht mehr in detaillierte Auswertungen einbezogen. Das Projekt **b"** wurde verwendet, da die Angaben aller Projektmitarbeiter sehr homogen waren.

Typ	Anzahl	Charakterisierung des Projekttyps
a	(6 Projekte)	Software für Verwaltung Kleinbetriebe, hauptsächlich Bestandsverwaltung und Abrechnung
b	(3 Projekte)	Verwaltung Großbetrieb, Prozeß- und Produktionsüberwachung
b'	(2 Projekte)	Verwaltung Großbetrieb, Telekommunikationsbereich
b"	(1 Projekt)	Verwaltung Großbetrieb, Verkehrswesen
c	(3 Projekte)	Verwaltung Großbetrieb, Bankbereich
d	(2 Projekte)	Software für Beratungen, Betriebswirtschaftliche Kalkulation, Investitionen
d'	(3 Projekte)	Software für Beratungen, Steuern
e	(2 Projekte)	Verwaltung Großbetrieb, Bestandsverwaltung
f	(2 Projekte)	Software für Prozeßsteuerung, Telekommunikationsbereich
f'	(1 Projekt)	Software für Prozeßsteuerung, Produktionsbereich
g	(3 Projekte)	Toolerstellung für andere SW-Entwickler

Stichprobe der Nacherhebung

Nach ca. 6-12 Monaten wurde allen Befragten ein weiterer 5-seitiger Fragebogen zur Erhebung des Projekterfolgs bzw. zur erneuten Einschätzung von Qualitätsmerkmalen zugesandt. Von 112 Teilnehmer der ersten Befragung liegen die entsprechenden Antworten vor. Hinzu kommen Angaben von 23 erstmalig Befragten. Insgesamt liegen zu 26 Projekten der ersten Befragung Daten der Nacherhebung vor.

Grundlage der Prozeßuntersuchung

Bei zwei Projektpartnern (Projekt A und Projekt B) wurden im Berichtszeitraum Untersuchungen durchgeführt. Bei beiden Firmen war ein in über 10 Jahren gewachsenes EDV-System zu pflegen und weiterzuentwickeln.

Die Untersuchung in Projekt A beinhaltete zusätzlich die Teilnahme an einem 3-tägigen Kurs zur Bedienung des Systems, wie sie als Einstieg von Endbenutzern, aber auch von neuen Mitarbeitern der Firma absolviert wird. In die Untersuchung wurden außer den 4 eigentlichen Projektmitarbeitern auch weitere involvierte Mitarbeiter benachbarter Projekte oder Gruppen einbezogen.

Projekt B wird in einer Firma durchgeführt, die typisch für ca. 5000 mittelständischen Unternehmen in Deutschland ist. Die Projektgruppe umfaßte 5 Mitarbeiter.

Instrumente und Kategoriensystem

Die erhobenen Daten beruhen zum einen auf jeweils einem ca. 3stündigen strukturierten Interview mit jeder Untersuchungsperson, zum anderen auf einem 50-seitigen Fragebuch, das jede Person ausfüllen mußte.
Hinzu kam eine einmalige Vorerhebung zu jedem Projekt.

Insbesondere sind zu erwähnen:

» Eine ca. einstündige Tätigkeitsanalyse als Bestandteil des Interviews, um ein genaues Anforderungsprofil für Software-Entwickler zu erhalten.

» 60 Fragen zur allgemeinen Werkzeugausstattung bzw. zur Einschätzung eines bestimmten Werkzeugs.

Tätigkeitsanalyse

Die von den Software-Entwicklern genannten 1700 Tätigkeiten wurden in ein 3-dimensionales Kategoriensystem eingeordnet, das auf der Grundlage der Interviews entwickelt wurde.

Dreidimensionales Kategoriensystem für die Tätigkeiten

Jeder Tätigkeit werden Merkmale aus den folgenden drei Bereichen zugeordnet:

1. Für **wen** wird die Tätigkeit in erster Linie ausgeübt? Hier sind folgende Zuordnungen möglich:

BENU	Benutzer
KOLL	Kollegen
SELF	für sich selbst

2. **Was** wird gemacht?

ADMI	formelles, wie z.B. Bescheinigungen einholen, Urlaubsantrag stellen
KALK	Kalkulation, d.h. alle Tätigkeiten, die wirtschaftlich motiviert sind. Bsp.: Aufwandsberechnungen, Angebote schreiben, Akquisition, Werbe-Präsentation eigener Produkte
SPEZ	Spezifizieren; hierzu gehören die „frühen Phasen", d.h. alles, was vor dem Programmieren geschieht, aber nicht in 'KALK' eingeordnet wird
CODE	Code schreiben, d.h. alles, was zum eigentlichen Programmieren gehört
DOKU	Dokumentation; Anm.: 'SELF,DOKU' sind Notizen und Protokolle, die der Entwickler aus eigener Initiative und nur für seine direkte Arbeit erstellt
DEBU	Fehlersuche, -beseitigung vor dem Testen. Anm.: Fehlersuche in bereits installierten Programmen wird in die Kategorie 'WART' eingeordnet
TEST	Testen; Anm.: Betreuung und Evaluation von Pilotsystemen beim Kunden wird unter 'TEST,BENU' eingeordnet.
PFLE	Mit Pflege ist die 'Grundlast' der Entwickler gemeint, d.h. Pflege der Entwicklungsumgebung incl. Werkzeuge, Datensicherung, allgemeine Systempflege. Die Pflege endet nach der Installation des Produkts beim Kunden. Was danach kommt, wird unter 'WART' eingeordnet.

WART	Wartung von bereits beim Kunden installierten Programmen. Betreuung von Ist-Systemen, Fehlerbehebung, Funktionserweiterung, allgem. Änderungen.
SONS	Sonstiges

3. Welche **Art** von Tätigkeit wird verrichtet?

SITZ	Sitzungen; im Unterschied zu 'GESP' ein stärker formaler Rahmen. Nach Möglichkeit mittels der Bereiche 1.und 2. den Sitzungsinhalt spezifizieren.
GESP	Gespräche. Formlose Kontakte; von Team-Meetings bis zur Rolle als allgemeiner Ansprechpartner für die Benutzer (= BENU,GESP).
LEIT	Projektleitertätigkeiten = Mitarbeiterführung, Personalplanung, Aufgabenzuweisung
KOOR	Koordination u. Abstimmungen bezgl. Schnittstellen, Arbeitsteilung, etc.
SOLL	Vorgaben, Richtlinien erarbeiten, diskutieren, festlegen
EARB	Einarbeiten - (aber nicht als Schulung) in Kombination mit SELF: sich selbst in irgendetwas einarbeiten in Kombination mit KOLL oder BENU: Fragen von anderen beantworten
SCHU	Schulung in Kombination mit SELF:an Schulungen teilnehmen in Kombination mit KOLL oder BENU: Schulungen abhalten
PLAN	Planen - nachdenken, Grobpläne überlegen
EVAL	Evaluieren - Nachbesprechungen, gemeinsame Auswertungen, Verbesserungsvorschläge von Programmen, Aufgaben, Projekten. Anm.: 'Revision' fällt also unter 'EVAL'

Bei vielen Tätigkeiten sind die Angaben jedoch nicht exakt genug, um die Tätigkeiten allen drei Dimensionen zuordnen zu können. In diesem Fall gibt die Reihenfolge an, welche Kategorisierung Vorrang vor den anderen hat. Beispielsweise charakterisiert SPEZ,SITZ eine Tätigkeit, bei der es sich in erster Linie um 'Spezifizieren' handelte, wobei dies in Form einer Sitzung erfolgte, SITZ,SPEZ hingegen eine Tätigkeit, die in erster Linie die Teilnahme an einer Sitzung war, wobei es auch um Fragen der Spezifikation ging.
Weiterhin treten nicht alle Kombinationen auf, wie z.B. SITZ, SELF.

Wertet man also nur die an erster Stelle genannten Kategorien aus, so werden die Tätigkeiten auf disjunkte Klassen verteilt. Durch die Angabe der drei Dimensionen behält man jedoch jederzeit die Option, auch Kommunikationsanteile 'typischen' Entwicklertätigkeiten zuordnen zu können, was bei einer sofortigen disjunkten Klassifikation (=Entscheidung für eine Kategorie) verloren wäre.

Auf eine Dimension abgebildet, ergeben sich für die Tätigkeiten die folgenden 17 disjunkten Bereiche:

SOLL	KOOR	GESP	SCHU
SPEZ	ADMI	SITZ	KALK
CODE	LEIT		SONS
TEST	(zusammen-	(zusammen-	(zusammen-
DEBU	gefaßt als	gefaßt als	gefaßt als
PFLE	**Organisatorisches**)	**Besprechungen**)	**Sonstiges**)
DOKU			
WART			
EARB			

Die folgende Tabelle gibt für diese Tätigkeitsbereiche den prozentualen Anteil an der Gesamtarbeitszahl an, sowie die durchschnittlichen Anteile an Planung, Kooperation und Hinzulernen von Neuem. Dabei wurden Tätigkeitsbereiche wie in der obigen Aufzählung zusammengefaßt.

Die Anteile an Planung, Kooperation und Lernen wurden dabei von allen Befragten für jede Tätigkeit auf einer 5-stufigen Skala eingeschätzt (1 = 'kein Anteil', 5 = 'höchster Anteil').

Tätigkeit	**proz. Anteil an der Gesamtarbeitszeit**	**geschätzter Anteil**		
		Planen	Kooperieren	Lernen
Analyse/ Spezifikation	14,4	3,7	2,8	2,7
Realisierung	11,7	3,1	2,1	2,3
Test	12,4	3,1	2,8	2,3
Fehlerbeseitigung	2,0	3,3	2,1	2,8
Wartung	6,3	3,4	2,9	2,5
Systempflege	4,7	2,8	2,7	2,8
Dokumentation	5,5	2,7	2,0	1,8
Einarbeitung	10,7	3,1	3,2	2,7
Organisatorisches	15,8	2,6	2,5	2,0
Besprechungen	13,9	3,0	4,1	2,0
Sonstiges	2,6			

Es soll jedoch abschließend auch deutlich der Nachteil eines disjunkten Kategoriensystems genannt werden: dadurch, daß Tätigkeiten beispielsweise als 'An Sitzung teilnehmen' statt als 'Spezifizieren' kategorisiert werden, wird für 'Spezifizieren' sowohl der Kommunikationsanteil als auch der Anteil an der Gesamtarbeitszeit als zu gering ermittelt.

Typische Überschneidungen ergeben sich auch bei der Kategorie 'Einarbeiten', da dies - wie in Kapitel 'Methodeneinsatz' ausgeführt - häufig als 'Training on the Job' erfolgt.

Werkzeugkategorien

Diese Kategorien sind im Kapitel 'Praxis des Werkzeugeinsatzes in Software-Entwicklungsprojekten' beschrieben.

Results from the IPAS Project: Influences of methods and tools, quality requirements and project management on the work situation of software developers[1]

W. Hesse, U.Bittner, J.Schnath

1   Introduction

In this paper we present some results of the project IPAS concerning the use and influence of methods, tools, product quality and project management issues in software development projects. The overall aim of the IPAS project is to analyze the work situation of software developers and to suggest guidelines for the improvement of their work conditions.

The research is based on an empirical study that involved 46 software development projects in Germany and Switzerland. Data have been collected from about 250 persons both through interview and questionnaire techniques. Focal points of the investigations were an analysis of the professional activities of software developers, their communication and cooperation, their use of methods and tools, the quality of software products and development processes and software project management.

It is rather difficult to summarize the results of the overall project including its informatics, psychology and sociology branches. Here we concentrate on the informatics aspects of the investigation concerning the last three points mentioned in the previous paragraph. To give a short (and necessarily coarse) summary: It turned out that the tasks of software engineers are heterogeneous and by no means restricted to pure technical (programming and testing) activities. Communication with managers, user representatives and other developers, reviews of work done by others, provision of tools and support for others and coordinating people and activities are at least as important as the technical tasks and sometimes even dominate them.

In the following we are going to present some remarkable results of the investigations formulated as 6 theses which cover the areas of method and tool usage, software quality and project management.

---

[1]   Dieser Beitrag entstand für den 4. IFAC-Workshop on Experience with the Management of Software Projekts, MSP-92, May 92, Graz

2 Six theses on current practice of software development and management

2.1 On the usage of methods and tools

<u>Thesis 1:</u>　Methods are primarily acquired through „training on the job",
a systematic training of methods is often missing.

In order to judge the acceptance and intensity of usage of a software development method, it is important to know the history of the method in that particular work environment and the way developers got acquainted with it. In our investigation, we asked the developers where their knowledge of the method used originated, whether it was, for example, acquired through a training course or by "on the job training". Fig. 1 shows the results: Graduated computer specialists brought their methodical knowledge significantly more often from previous projects than people who came from other disciplines. The most

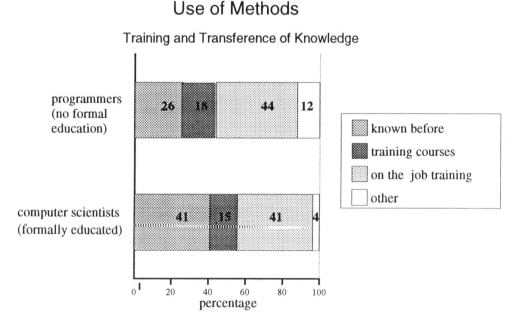

Fig. 1: Where software developers learned the method actually used.

common way of method acquisition for both groups though was on the job training (more than 40 %) followed by transfer from earlier projects (more than 30 %) and course training (15-18 %).

Sometimes the developers do not even know to apply a certain method because to them it simply appears as 'the way things are done' in their company. The lack of systematic training makes it difficult for the developer to know the exact objectives of a given method. Often he cannot decide which hindrances are caused by the method itself, which ones are due to a lack of tools or which obstacles are put in his way by the tradition in the company.

Looking at all methods that are used today it seems that only data modelling has gained a broader acceptance in practice, especially Entity/Relationship-Diagrams are used in many projects today. They are easy to be used even with people with no computational background, but are also exact enough as to capture the relevant aspects of the field to be examined.

The overall judgement on using methods was very good. The developers mainly wished some more support by software tools in order to get rid off such boring activities as editing data dictionary entries by hand, although they are already modelled in a diagram.

Thesis 2: Both software developers and 'normal' software users show the same attitude towards software tools: Simplicity of handling the system is more relevant than a broad functionality.

We investigated the wishes of software developers concerning tool properties and tool support for specific tasks. It turned out that the developers predominantly asked for properties such as "easy to learn" and "simple to use" (40 % in total). Compared to that, functional properties such as "free from errors", "adaptable to personal requirements" or "configurable" were rated less important.

Another result is that software developers strongly tend to accommodate themselves to a given environment in a project. Wishes or suggestions mainly came from those employees who had experienced other tools. Demands for additional support concentrated on project management tools, tools for editing graphics and generators.

We also investigated the overall tool support for all tasks of the development process. The amount of tools for different tasks varies considerably. There are many tools for those parts of software production that concern 'typical' activities like coding, debugging and testing, but there are still much less tools for specification and documentation. Generally, software developers rated the support given by tools to be fairly good.

Wishes concerning Tools

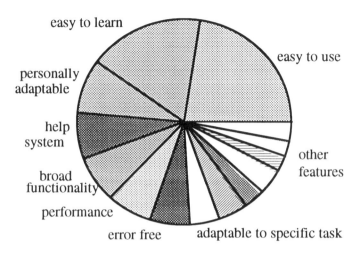

Figure 2

2.2   On software quality aspects: adaptability and reusability

Thesis 3:   Requests for changes (during the project) are not exclusively due to the client, but to a considerable part also caused by the developers themselves.

Flexibility of programs and readiness for adaptations to new or changed requirements is often advocated for as an essential quality criterion of software systems. In order to rank this criterion and to find the appropriate means to deal with change requests, it is necessary to know their frequency, origins and the subjects to be changed.

The frequency of change requests was as high as expected, e.g. one department of a DP service company had an average rate of one change request per day and the relation for modifications to error corrections was 85:15.

Our investigation concerning the origins of change requests revealed that only 60 % of all changes were due to clients' requests. About 25 % are caused by new and better ideas for solutions during development and about 15 % were necessary in order to remain compatible with other software developed by that company e.g. by sharing the same basic modules. As a consequence better user involvement which is currently being emphasized by new development methods will at most affect 60 % of all change requests. The second interesting result is, that 25 % of all changes were caused by finding new and better solutions during development. Obviously, in some projects the underlying problem is not fully understood until concrete development has started.

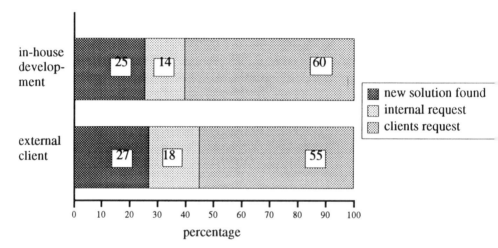

Figure 3

We were also surprised to find no significant differences between in-house development projects and software development for external customers.

A closer analysis revealed that 64 % of all changes applied to functionality, 28 % to data structures and 8 % to other program parts such as the user interface. Projects with an explicit data modelling phase preceding the realization showed the same distribution of changes, but the overall amount of changes was smaller.

Thesis 4: Reusability is not (yet) a major concern for average application development projects.

The focus of most activities concerning reusability is the current project: 30 % of all activities are spent for defining and implementing modules for multiple use within that particular project. Another 15 % of activities was concerned with cannibalizing existing software. In only 9 % it was already possible to use libraries of software modules prepared for reuse.

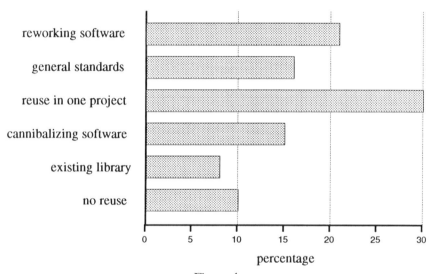

Figure 4

Nevertheless, the interest in producing reusable software is increasing. 21 % of all activities we found were devoted to rework existing software for reuse in future projects. In 16% of all cases work on reusable components was indirectly encouraged through company wide guidelines, style guides, standard architectures, documentation rules or special personnel.

Best suited for reuse are test and service modules, basic data manipulation modules and modules for user interfaces. Currently, 70% of the generalized modules we found are based on functional abstractions and 30% on data abstractions.

We revealed a significant difference between organizations concerning their interest in reuse. Software houses are very active - in most cases they already had defined a standard architecture for the type of applications they are specialized in and had collected generalized modules. In research organizations we found a highly developed ability for cannibalizing software. In large companies project teams rarely spend extra time and resources to rework their software for reuse in other projects. This task was done, if at all, by special departments qualified for this job.

2.3   On software project management

Thesis 5:   Software developers do expect from management to get always and quickly informed about the progress of the overall project.

Examining the distribution of activities in the working time of software developers, one can easily find communication to stand for about 20-30 % of their efforts [BF92]. In order to give valuable hints on possible improvements, e.g. how to avoid redundant communication, it is necessary to ask, for which aspects of the software development process information is judged to be most important.

In our investigation, the majority of answers was concerned with technical aspects. They include the following categories:

i)   general objectives (like reusability, maintenance, uniformity)
ii) technical coordination (like matching data structures or module interfaces)
iii) solutions to single technical problems.

More surprising, however, are two other results of our investigation: the role of user requirements and the demand for overall project information. In spite of the fact, that user participation has gained a lot of attention in the scientific community, the developers themselves do not seem to consider this very important. Thus there are only 14% of all answers dealing with this topic.

On the other hand there were many statements (28%) that emphasized the necessity to be informed about the project as a whole. The developers have a deep interest in getting to know what is going on besides there own work.

As a consequence, high priority should be given to regular dissemination of overall project information (e.g. in form of institutionalized project meetings). Such regular information prevents rumours, unjustified assumptions and their dangerous consequences and is extremely important in critical situations of the project. Furthermore, regular direct exchange of information among the developers has a lot of advantages: connections between different tasks, interfaces of modules and shared functions are detected early. Personal responsibilities

The most Important Aspects in the Exchange of Information

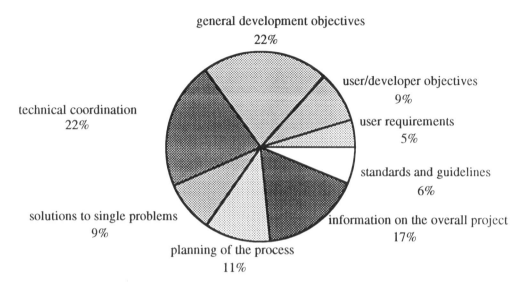

Figure 5

become clearly defined if this was not yet the case. Finally, the mere fact of "looking over the fence" often brings up unresolved problems which can then adequately be handled by project management.

Thesis 6: Many software developers are ready and keen to try out new software engineering methods, but there is still a lack of corresponding management techniques.

In our interviews, we often met software engineers (particularly young people in software houses with fresh academic background) who were very interested in new software engineering techniques such as prototyping, evolutionary development or object-oriented design and keen to try them out in concrete, "real-life" projects. Common points of critique on conventional methods and work procedures, as e.g. on the waterfall model and the lack of flexibility to deal with changing requirements, were often confirmed by our interview partners.

But, on the other side, the majority of projects we met was carried out on the basis of rather conventional methods and life cycle models. Only two (from a total of 29) projects followed an object-oriented methodology - and one of these was a "strategic" experimental project of a large manufacturer we deliberately selected for that reason.

Where does this obvious discrepancy between stated intentions and actual practice come from? We think the main reason is the following: A real-life project needs both adequate software engineering techniques and appropriate project management techniques corresponding to them. For software engineering techniques such as modular decomposition, information hiding and data abstraction, the waterfall model provided quite an adequate counterpart for project management: both supported work distribution to several developers, organization, synchronization and control of parallel work.

Going along with the turn to new software engineering techniques, a new situation has arisen. From the technical point of view, development procedures should be changed radically: sequential specification-realization-verification processes are to be replaced by circular, trial-and-error, prototyping and evolutionary enhancement procedures and even by larger project cycles. But what are the corresponding management techniques for fulfilling legitimate and necessary requirements such as detailed project planning, effort forecasting, work decomposition and synchronization, product quality control and budget adherence? Such techniques are still missing and will probably difficult to be found and installed.

3 Conclusion

The field of Software Engineering is now in a change situation. Conventional methods and tools, quality standards and management techniques are widely used and well adopted - in spite of their shortcomings which are considered unpleasant but still inevitable. In general, software engineers tend - as other workers do - to adapt to the given situation. New Software Engineering techniques would be positively accepted by many (particularly young) developers but will have only a chance when they are accompanied by corresponding, practicable management techniques.

4 References

[BHS91] Bittner U., Hesse W., Schnath J. (1991). Untersuchungen zur Arbeitssituation und Werkzeugunterstützung von Software-Entwicklern - Ein erster Zwischenbericht. Proceedings Software für die Arbeit von morgen. München.

[BHS92] Bittner U., Hesse W., Schnath J.: Änderbarkeit von Software - Als Qualitätsmerkmal unterschätzt, Computerwoche Heft 9/92, S. 17-18.

[BHS92] Bittner U., Hesse W., Schnath J.: Änderbarkeit von Software - Erfolgreiche Maßnahmen, Computerwoche Heft 10/92, S. 24-25.

[BHS92] Bittner U., Hesse W., Schnath J.: Änderbarkeit von Software - Die Architektur entscheidet, Computerwoche Heft 11/92, S. 16-17.

[BS92] Bittner U., Schnath J. (1992).: 'The Use of Tools in Software Development Projects: Results from an Empirical Investigation'. Proceedings WWDU 92, Berlin.

[BF92] Brodbeck F., Frese M. (1992): Psychologische Aspekte der Software-Entwicklung. IBM Nachrichten 42, Heft 309, S. 15-19.

[Jon84] Jones T. (1984) Reusability in Programming: A Survey of the State of the Art. IEEE Transactions on Software Engineering (9): 488-494.

[Krz86] Krzanik L. (1986) Software Development Standards for Nonmonolithic Project Management Strategies: Experience, New Suggestions and Conclusions. In: Elzer P. (ed.), Proceedings of the IFAC/IFIP Workshop, Heidelberg, 14-16 May 1986, Pergamon Press, Oxford, pp. 153-161.

[Leh80] Lehmann Meir M. (1980) Programs, Life Cycles, and Law of Software Evolution. Proceedings of the IEEE 68 (9): 1060-1076.

[Wel92] Weltz F. (1992): SW-Entwicklung ist ebenso Technik wie Arbeitsgestaltung. Projektmanagement in der Praxis Teil 1, Computerwoche Heft 10/92, S. 104-105.

Änderbarkeit und Flexibilität von Software-Systemen

U.Bittner, W.Hesse, J.Schnath, Universität Marburg

1 Einleitung

Die Frage nach der Software-Qualität gehört von Anbeginn zu den zentralen Themen der Softwaretechnik und hat schon frühzeitig zur Etablierung des Teilgebiets der *Software-Qualitätssicherung* ([Boe75], [ADM86]) geführt. Beim Versuch, Software-Qualität näher zu definieren, und bei der Aufstellung von Qualitäts-Kriterien hat sich eine Unterscheidung von Prozeß- (oder Herstellungs-) und Produkt-Qualität als hilfreich erwiesen ([AHS80], [Dun84], [PSB86]).

Entsprechend der früher vorherrschenden, vorwiegend produktorientierten Vorgehensweise standen Kriterien der Produkt-Qualität zunächst im Vordergrund der Betrachtung ([Bal85a], [Bal85b], [ADM86]). Dazu gehören einerseits Kriterien, die sich unmittelbar auf die Anforderungen der Anwender an das Produkt beziehen wie Schnittstellen-Gestaltung, Robustheit, Zuverlässigkeit und Laufzeiteffizienz. Andererseits sind Kriterien zu beachten, die sich auf die Langlebigkeit des Produkts, seine Fortentwicklung und Anpassung an sich ändernde Umgebungen oder Übertragung betreffen und die für die dafür zuständigen Software-Entwickler besonders wichtig sind. Zu diesen Kriterien gehören die Wartungsfreundlichkeit, Anpaßbarkeit und Übertragbarkeit.

In den letzten Jahren hat sich die Erkenntnis durchgesetzt, daß es bei wachsender Vielfalt, Variabilität und Interdependenz von Software-Systemen nicht länger vertretbar ist, jede benötigte Variante einer Software-Komponente jeweils neu zu schreiben, sondern daß man Mechanismen braucht, solche Varianten aus bestehenden Komponenten weiterzuentwickeln oder sogar automatisch zu erzeugen. Eine wichtige Voraussetzung für die in diesem Zusammenhang immer wieder geforderte *Wiederverwendbarkeit* ist die *Änderbarkeit* von Software (-Komponenten) ([DBC88]).

Die Änderbarkeit hat heute aus noch einem weiteren Grund einen besonderen Stellenwert unter den Qualitätskriterien: Früher gehörte die Stabilität der (Anwender-) Anforderungen zu den Grundannahmen der Software-Entwicklung, was sich z.B. aus unzähligen wasserfall-artigen Vorgehensmodellen ablesen läßt. Diese Grundannahme ist in den letzten Jahren nachhaltig erschüttert worden (vgl. [Hes 91]). Je anspruchsvoller (und damit oft einhergehend: weniger präzise) die Vorstellungen der Anwender werden und je länger Software-Entwicklungsprozesse dauern, desto wichtiger ist es für die Entwickler, sich auf diese Situation einzustellen und flexible, leicht erweiter- und änderbare Software-Komponenten herzustellen ([RS88]).

Änderbarkeit ist damit nicht nur ein Merkmal des entstehenden Produkts, sondern mindestens ebensosehr eines des dazu führenden Herstellungsprozesses: Je flexibler dieser ist und je mehr Änderungen und Erweiterungen am bereits Bestehenden dieser zuläßt, desto besser sind die Möglichkeiten, in diesem Prozeß immer weitere Versionen und Varianten bestehender Software-Komponenten auseinander zu entwickeln und den jeweiligen aktuellen Erfordernissen anzupassen ([PS84]).

Die Änderbarkeit eines Produkts ist aber auch für die Arbeitssituation der Software-Entwickler von Bedeutung, die im Mittelpunkt der Untersuchungen des Projekts IPAS steht. Die Arbeitssituation ist einerseits durch die arbeitspsychologischen Rahmenbedingungen, andererseits durch das technische Umfeld wie z.B. die eingesetzten Methoden und Werkzeuge bestimmt. Immer dann, wenn Entwickler mit den oben angesprochenen Fragen wie Wieder- bzw. Weiterverwendung bestehender Komponenten oder instabilen Anwender-Anforderungen konfrontiert werden, spielt die Änderbarkeit ihrer Produkte eine herausragende Rolle für die Arbeitssituation. Denn die damit einhergehenden Arbeitsanforderungen sind gekennzeichnet durch hohe Komplexität und Unvorhersehbarkeit, Knappheit von Ressourcen - insbesondere Zeit - und weite Streuung der benötigten Informationen. Nur wenn ihre Produkte sich leicht und mit vertretbarem Aufwand erweitern und ändern lassen, sind sie in der Lage, sich schnell auf unvorhergesehene Situationen einzustellen und wachsende Anforderungen von Anwendern und Management zu erfüllen.

Dieser Artikel faßt die wichtigsten Ergebnisse aus den empirischen Untersuchungen des Projekts IPAS zu diesem Thema zusammen.

1.1 Datengrundlage

Den in den folgenden Abschnitten dargestellten Ergebnissen liegt die Untersuchung von 29 Projekten in 19 Firmen zugrunde, in deren Verlauf 189 Mitarbeiter schriftlich und in Interviews befragt wurden. Darunter waren 118 Software-Entwickler, 49 Projekt- oder Teilprojektleiter, 19 Benutzervertreter und 3 nicht unmittelbar der Software-Entwicklung zuzuordnende Personen. Eine detailliertere Darstellung der Stichprobe, insbesondere der Aufteilung nach Projekttypen findet sich im zweiten Kapitel dieses Buches.

2 Änderungsanforderungen

2.1 Auslöser von Änderungen

Im Rahmen der schriftlichen Befragung wurden alle Befragten gebeten, die Ursachen von durchgeführten Änderungen am Produkt prozentual einzuschätzen. Dabei waren drei Ursachen vorgegeben: Neue Lösungsideen, interne Anforderungen (z.B. Kompatibilität zu anderen Projekten des gleichen Software-Hauses) und nachträgliche (oder falschverstandene) Wünsche des Kunden selbst. Bei Inhouse-Entwicklungen wurde die Fachabteilung dabei als interner Kunde gewertet.

Diagramm 1 zeigt die sich jeweils ergebenden Gesamtverteilungen.

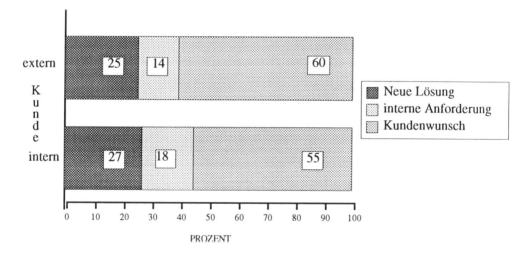

Diagramm 1: Auslöser von Änderungsanforderungen

Es ergab sich entgegen der Erwartungen kein wesentlicher Unterschied bei den Verteilungen zwischen Projekten mit externen Kunden und Inhouse-Entwicklungen. Die aufgrund der Kundenwüsche angefallenen Änderungen hatten sogar bei externen Kunden einen höheren Anteil. Offensichtlich wird der in den

Einzeluntersuchungen beobachtete direktere Zugriff der Fachabteilungen mehr als ausgeglichen durch nachträgliche Wünsche, die aufgrund des geringeren Kontaktes zu externen Kunden entstehen.

Das erstaunliche Ergebnis hierbei war, daß in beiden Fällen nahezu 40% aller Änderungen nicht auf Kundenwünsche, sondern auf Ursachen zurückgehen, die in der Software-Entwicklung selbst entstehen. Diese 40% aller nachträglichen Änderungsanforderungen können folglich auch nicht durch höhere Benutzerorientierung während der Entwicklung verhindert werden.

2.2 Verteilung von Änderungen nach Systemteilen

Analog zur Ermittlung der Auslöser von Änderungen wurden die an der Untersuchung beteiligten Mitarbeiter gebeten, die an ihrem Produkt duchgeführten Änderungen prozentual auf die vorgegebenen Kategorien 'Datenstruktur', 'Funktionen/Funktionalität' und 'Sonstiges' (wie z.B. Maskenlayout oder Ablaufgestaltung) zu verteilen.

Die sich daraus ergebende Verteilung (Diagramm 2) bestätigt, daß die Datenstrukturen der stabilere Teil eines Software-Systems sind. Eine detailliertere Analyse ergab, daß sich in Projekten, bei denen vorher ein Datenmodell entwickelt wurde, erstaunlicherweise das gleiche Verhältnis der Änderungen zeigte. Insgesamt waren in diesen Projekten jedoch weniger Revisionen nötig.

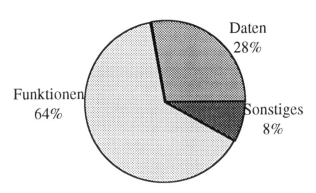

Diagramm 2: Verteilung der Änderungsanforderungen auf Teile des Produkts

3 Maßnahmen zur Erhöhung der Änderbarkeit

3.1 Einflußfaktoren auf die Änderbarkeit

Den Software-Entwicklern wurden die "offenen" Fragen gestellt, was das von ihrem Projektteam bearbeitete Gesamtprodukt besonders änderbar respektive schlecht änderbar macht. "Offen" heißt hierbei, daß keine Antworten vorgegeben waren, sondern die Befragten ihre Ansichten frei darlegen konnten. Die Antworten wurden protokolliert und anschließend nach Kategorien aufgeteilt und ausgezählt. Dabei handelt es sich bei einigen Nennungen eher um Produkteigenschaften, bei anderen Nennungen eher um Maßnahmen - wie beispielsweise Methodeneinsatz.

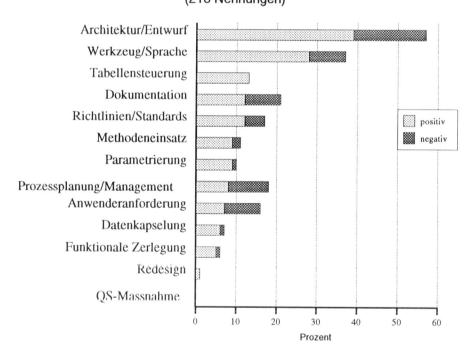

Diagramm 3: Gründe für erhöhte oder erniedrigte Änderbarkeit eines Software-Systems

Es zeigte sich, daß von den Entwicklern eines Projektes das gemeinsam bearbeitete Produkt weitgehend einheitlich charakterisiert wurde. Selten wurden mehr als zwei zentrale Merkmale genannt. Diagramm 3 zeigt die sich ergebende prozentuale Verteilung der Nennungen.

Zu beachten ist, daß ein geringer Prozentanteil nicht heißt, daß sich eine Maßnahme als ungeeignet erwiesen hat, sondern lediglich, daß diese wenig verbreitet ist - wobei der Grund hierfür offen ist. Aussagen zur Bedeutung von Einflußfaktoren und zur Eignung bestimmter Maßnahmen finden sich im nächsten Abschnitt.

In der Tabelle in Anhang A sind Beispielantworten zu den einzelnen Kategorien zusammengestellt, wobei diese wörtlich aus den Protokollen übernommen wurden.

Als Hauptgründe für eine hohe Änderbarkeit ihres Produkts nennen Software-Entwickler einen sauberen Entwurf bzw. eine klare und modulare Architektur des Gesamtsystems. Umgekehrt sind schlechte Entwürfe bzw. eine schlechte Architektur Hauptgründe für eine geringe Änderbarkeit. An zweiter Stelle der positiven Einflußfaktoren steht der Einsatz von Werkzeugen, hauptsächlich Generatoren. Unter dem dritten Punkt 'Tabellensteuerung' wurden in erster Linie die Auslagerung der Ablaufsteuerung und Maskenbeschreibungen aus dem Programmcode genannt. Dieser eigentlich unter 'Entwurf/Architektur' fallende Punkt wurde gesondert betrachtet, da er einen wichtigen, deutlich von den übrigen Nennungen abgrenzbaren Teilaspekt darstellt. Bei dieser Entwurfsentscheidung fällt auf, daß kein Fall genannt wurde, in der sich der Einsatz einer Tabellensteuerung negativ auswirkte oder in der diese so ungeschickt realisiert wurde, daß sich dies negativ auswirkte. Im Gegensatz dazu wurde beispielsweise eine niedrige Änderbarkeit durchaus auf den Einsatz eines falschen Werkzeugs oder einer falschen Sprache zurückgeführt.

Auf Qualitätssicherungsmaßnahmen wurde eine erhöhte Änderbarkeit in keinem Fall zurückgeführt.

3.2 Wirksamkeit von Maßnahmen

Wie im vorigen Abschnitt bereits dargestellt, ergibt sich ein erster Hinweis zur Wichtigkeit bestimmter Produkteigenschaften oder Eignung bestimmter Maßnahmen aus dem Verhältnis zwischen den berichteten negativen und positiven Beispielen.

Eine exaktere Aussage hierzu erhält man durch die gesonderte Betrachtung von Produkten mit hoher Erweiterbarkeit und von Produkten mit schlechter Erweiterbarkeit. Unter mehreren erhobenen Maßen zur Bestimmung der Änderbarkeit erwies sich der Anteil des Aufwandes zur Anpassung der bereits bestehenden Teile im Verhältnis zum Gesamtaufwand bei der Durchführung von Erweiterungen als aussagekräftigstes Kriterium für diese Fragestellung. Das Verhältnis variierte in den untersuchten Projekten von im günstigsten Fall 80% des Aufwands für die reine Erweiterung und 20% für die Anpassung der bestehenden Teile bis zum genau umgekehrten Verhältnis im schlechtesten Fall. Die Projekte wurden danach gruppiert, ob der größere Teil des Gesamtaufwandes für die Erweiterung verwendet werden konnte oder auf die dafür notwendige Anpassung anderer Produktteile entfiel. Dies ergab zwei nahezu gleich große Gruppen. Die für beide Gruppen getrennte Auszählung der Nennungen ist in Diagramm 4 dargestellt.

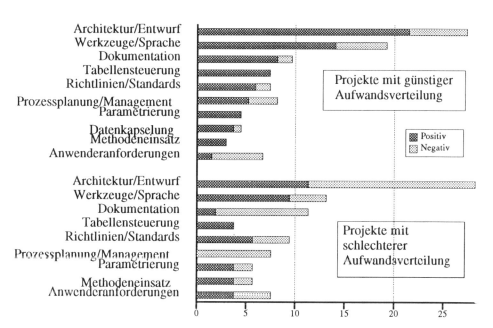

Diagramm 4: Gründe für erhöhte oder erniedrigte Änderbarkeit eines Software-Systems.

Dabei zeigte sich bei Projekten mit günstigerem Aufwandsverhältnis eine deutliche Verschiebung zugunsten der positiven Nennungen bei den Kategorien Architektur/Entwurf und Dokumentation. Es ist wichtig festzuhalten, daß diese beiden Merkmale unabhängig voneinander sind. Es war nicht der Fall, daß eine gute Architektur nur gleichzeitig mit guter Dokumentation genannt wurde, daß sich also beide Einflußfaktoren gegenseitig bedingen.

Weiterhin wiesen die Projekte mit günstigerem Verhältnis einen deutlich höheren Werkzeugeinsatz auf und man war dort auch in der Lage, die Auswirkungen von Anwenderanforderungen abzufangen, die eigentlich eine Verschlechterung der Änderbarkeit hätten bewirken müssen.

Zur Überprüfung dieser Schlußfolgerungen wurden die Projekte nach den Maßnahmen zur Erhöhung der Änderbarkeit gruppiert und die jeweiligen Durchschnittswerte der Aufwandsverteilungen berechnet. In die Gruppierungen aufgenommen wurden nur solche Projekte, in denen sich die Entwickler bezüglich des Grundes der guten oder schlechten Änderbarkeit ihres Produkts weitgehend einig waren. Im Einzelnen ergab sich:

Wichtigster Einflußfaktor der Projekte		durchschnittliches Verhältnis **Erweiterung : Anpassung**
Gute Werkzeugunterstützung	(4 Projekte)	55,4 : 44,6
Gute Architektur	(5 Projekte)	60,5 : 39,5
Schlechte Architektur	(5 Projekte)	39,2 : 60,8
Tabellensteuerung	(4 Projekte)	71,1 : 28,9
Gute Dokumentation	(2 Projekte)	64,2 : 35,8
Schlechte Dokumentation	(1 Projekt)	50,0 : 50,0
Schlechte Organisation/Management	(2 Projekte)	41,7 : 58,3

Tabelle 1: Auswirkungen der Einflußfaktoren auf den Aufwand für Erweiterungen

Es wird wie schon in Diagramm 4 deutlich, daß schlechte Planung und schlechtes Management des Entwicklungsprozesses sofort deutlich auf die Produktqualität durchschlagen, was auch in den Interviews von Seiten der Befragten immer wieder betont wurde. Eine Detailanalyse ergab, daß einige Einflußfaktoren immer gegenüber anderen gleichzeitig vorliegenden Einflußfaktoren überwiegen. Es ließen sich drei Stufen feststellen: die Architektur und im besonderen Tabellensteuerung dominieren gegenüber Werkzeugeinsatz und gut organisiertem Entwicklungsprozeß, die ihrerseits wiederum gegenüber Anwenderanforderungen dominieren. Dies bedeutet z.B., daß auch eine gute Werkzeugunterstützung die Auswirkungen einer schlechten Architektur nicht beseitigen kann, umgekehrt jedoch eine gute Architektur auch bei schlechter Werkzeugunterstützung zum Tragen kommt.

Ergänzend ist zu Diagramm 4 festzuhalten, daß sich unter den drei 'besten' Projekten mit weniger als 25 % Aufwand zur Anpassung der bestehenden Teile zwei objektorientierte Systeme und ein System mit konsequenter Datenkapselung befanden.

An dieser Stelle soll nicht versäumt werden, auf die doppelte Auswirkung einer Maßnahme hinzuweisen, die sich erst im Rahmen einer Tiefenuntersuchung deutlich zeigte und die gerade auch bei der Realisierung von objektorientierten Systemen zu erwarten ist:

> Die Konzentrierung von Parametern und Funktionalität in einem zentralen Baustein bewirkt einerseits eine erhöhte Änderbarkeit, da nur an einer Stelle geändert werden muß, was ja auch ein häufig genannter positiver Aspekt der Oberklassen in objektorientierten Systemen ist. Andererseits bewirkt dies eine erhebliche Verkoppelung unterschiedlichster Systemteile, unter Umständen sogar mehrerer Projekte und damit unbeabsichtigte Seiteneffekte bei Änderungen oder zumindest einen erheblichen Mehraufwand (vergl. auch [Pal78]). Solche zentralen Bausteine weisen eine gewisse Analogie zu globalen Variablen auf und sind mit den gleich Vor- und Nachteilen behaftet.

3.3 Der Stellenwert persönlicher Maßnahmen

Unabhängig von den Merkmalen des Gesamtprodukts und Durchführung des Projekts nutzen Entwickler noch den Freiraum, bei dem von ihnen erstellten Teilprodukt besonders auf Änderbarkeit zu achten. In einigen Fällen wurde dies damit begründet, daß die Vorgaben der Projektleitung häufiger wechseln. Diese persönlichen Maßnahmen werden teilweise zusätzlich oder in Abwandlung offizieller Vorgaben angewandt, wobei die Grenzen zur sogenannten 'creeping elegance' fließend sind.

Ziel der Erfassung der persönlichen Maßnahmen war einerseits, Hinweise auf besonders wirksame und eventuell wenig bekannte Techniken und Vorgehensweisen zu erhalten, und andererseits nachzuprüfen, ob eine erhöhte Änderbarkeit des Gesamtprodukts unter Umständen hauptsächlich auf die Summe der individuellen Maßnahmen zurückgeht. Die Verteilung der Antworten ist in Diagramm 5 dargestellt.

Auch hier rangiert die auf Änderbarkeit ausgelegte Architektur des Teilprodukts an erster Stelle. Gleichauf damit liegt die Dokumentation, wobei hierbei nicht die offiziell vorgeschriebene Dokumentation gemeint ist, sondern gerade die persönlichen Notizen und Kommentare im Programm.

Erstaunlich an der Verteilung ist aber in erster Linie, daß hier Konventionen direkt hinter der Architektur und Dokumentation auf den dritten Platz rangieren, obwohl Standards und Richtlinien relativ selten als Voraussetzung höherer Änderbarkeit des Gesamtprodukts genannt werden.

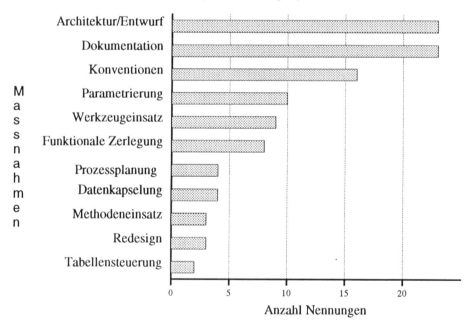

Diagramm 5: Individuelle Maßnahmen zur Erhöhung der Änderbarkeit

Eine Erklärung liegt darin, daß die persönlichen Konventionen eines Entwicklers seinen Kollegen entweder nicht bekannt oder diesen nicht einleuchtend sind. Es kann durchaus sein, daß in einem Projekt auf diese Weise mehrere Konzepte nebeneinander existieren, was dem Gesamtsystem kaum zugute kommt (siehe Beispiele zur Kategorie Standards in der Tabelle in Anhang A). Die Aufstellung geeigneter Standards und Richtlinien stellt somit eine von Software-Entwicklern als sinnvoll akzeptierte Maßnahme dar. Dieses große Potential wird jedoch in vielen Projekten noch kaum ausgeschöpft.

Als wichtiges Ergebnis ist zu vermerken, daß kein Effekt der individuellen Maßnahmen auf die Änderbarkeit des Gesamtprodukts feststellbar war. Die entscheidenden Maßnahmen zur Erhöhung der Änderbarkeit eines Produkts sind somit auf Projektniveau zu suchen. Darauf wird in Abschnitt 3.4 eingegangen.

Von besonderem Interesse sind über diese allgemein genannten Maßnahmen hinaus die Strategien und Maßnahmen der Entwickler, die von ihren Kollegen als besonders gute Software-Entwickler benannt wurden. Strategien von Entwicklern wurden durch die Rekonstruktion der Vorgehensweise bei Durchführung einer größeren Arbeitsaufgabe im Rahmen des Interviews ermittelt. Bei einem Vergleich dieser Rekonstruktionen konnten einige zentrale Strategien festgestellt werden:

» Es wurden erst alle Erweiterungen durchgeführt, die sich über den Einbau eines Parameters in die bestehenden Programme lösen ließen, und gründlich mit Testprotokoll ausgetestet. Dann wurden die Spezialfälle in einem Zusatzprogramm behandelt. Es wurde also erst unter Ausklammerung von Sonderfällen nach einer möglichst allgemeinen Lösung gesucht und diese realisiert.

» Es wurden über 50% der Zeit für die Abklärung der Aufgabe verwendet, bevor groß mit der Realisierung begonnen wurde. Dabei wurden auch häufiger mehrere Lösungsvorschläge erarbeitet und Konsequenzen durch die Realisierung der einen oder anderen Anforderung herausgestellt.

» Tätigkeiten, von denen zu erwarten war, daß man sie noch häufiger durchführen muß, wurden routinisiert und durch kleine selbstgeschriebene Werkzeuge automatisiert. Diese Werkzeuge wurden von diesen Entwicklern auch gleich dokumentiert und bekanntgemacht, damit sie auch von anderen verwendet werden können.

» Vor jeder Änderung wurden Besprechungen mit Kollegen durchgeführt, um sich einen Überblick zu verschaffen, wer in welcher Weise von dieser Änderung betroffen sein würde.

» Ein neues Modul wurde ähnlich wie bestehende Module konzipiert, auch wenn es eine bessere Lösung für diesen Fall gegeben hätte. Bedingung war allerdings immer, daß die bestehende Software bereits 'recyclingfähig' geschrieben war oder spätestens an dieser Stelle daraufhin überarbeitet wurde. In einem Fall suchte ein Entwickler so lange nach Gemeinsamkeiten, bis er einen Treiber 'plündern' konnte, um den Kern eines zweiten Treibers zu erstellen. Die 'Auslagerung von Gemeinsamkeit' wurde auch mit besserer Lesbarkeit begründet.

Diese sehr guten Software-Entwickler konzentrierten sich insgesamt darauf, das Wissen, das in Zusammenhang mit Änderungen von Bedeutung war, vorher möglichst genau abzuklären und anschließend geeignet festzuhalten - sei es durch einheitlichen Aufbau von Modulen, Auslagerung gemeinsamer Teile oder Festhalten von Tätigkeiten in Form von selbstgeschriebenen Werkzeugen.

Insgesamt zeigt sich aber, daß ein Produkt mit hoher Änderbarkeit nicht allein aufgrund des individuellen Einsatzes einzelner Entwickler entsteht, sondern zwingend der Koordination bedarf. Dies wird auch in [SB 94] im Zusammenhang mit dem Informationsaustausch in Software-Entwicklungsprojekten deutlich. Es ist also eine zentrale Aufgabe der Projektleitung, die Maßnahmen in die Wege zu leiten, die zu einem flexiblen Produkt führen.

3.4 Maßnahmen im Entwicklungsprozeß

Als weitere Ergänzung zu den Aussagen in den vorigen Abschnitten wurden die Entwickler danach befragt, ob es einen Punkt, eine Entscheidung oder Maßnahme im Entwicklungsprozeß gegeben hatte, von der man sagen konnte 'ab hier wurde es deutlich besser oder schlechter mit der Änderbarkeit'. Daraus lassen sich Hinweise ableiten, auf welche Weise man von Seiten der Projektleitung am ehesten wirksam eingreifen kann. Die Verteilung der Antworten wird in Diagramm 6 dargestellt.

Im wesentlichen gibt es zwei zentrale und gleich häufig berichtete Maßnahmen - ein explizites Redesign und die Einführung von Werkzeugen. Bei letzteren handelt es sich in erster Linie um Projektbibliotheken oder Data Dictionaries. Die hohe Bedeutung von Projektbibliotheken für die Produktqualität trotz ihrer noch unbefriedigenden Bedienbarkeit wird in [BSH 93] ausführlicher behandelt.

Negative Ereignisse wurden in diesem Zusammenhang nicht berichtet bis auf einen Fall von totaler Resignation fast aller Entwickler. Das betreffende Produkt wurde seit über zehn Jahren 'weiterentwickelt', wobei alle am ursprünglichen Design beteiligten Entwickler die Firma bereits verlassen hatten. Eine Dokumentation existierte nur rudimentär und war obendrein in weiten Teilen veraltet.

Um überhaupt Fortschritte zu erzielen, hatte das Management allen Entwicklern mittlerweile das Recht eingeräumt, in jedem Modul zu ändern, falls sie dies für nötig hielten, was die letzten Reste von Übersichtlichkeit in der Architektur beseitigte.

Änderbarkeit: massgebliche Entscheidungen

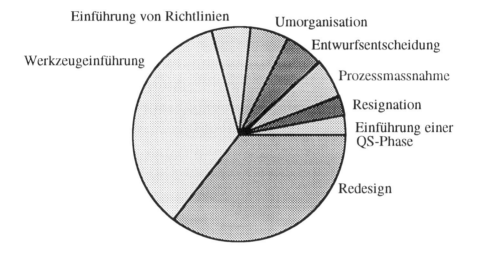

Diagramm 6: Maßnahmen im Entwicklungsprozeß, die die Änderbarkeit wesentlich beeinflußt haben

Hauptsächlich wurden jedoch wie in [PSB86] positive Erfahrungen zur expliziten Berücksichtigung potentieller künftiger Änderungsanforderungen berichtet. In einem Fall bekam ein Kernteam erfahrener Entwickler zu Projektbeginn drei Monate Zeit, ausschließlich Werkzeuge zu programmieren, die die spätere Durchführung von Änderungen unterstützen. Diese Werkzeuge wurden einhellig gelobt. Sogar die Anwender waren mittlerweile überzeugt von der Nützlichkeit dieses Vorgehens, obwohl sie zu Beginn eher skeptisch waren, daß hier Aktivitäten zu bezahlen seien, die dem Produkt nicht zugute kommen.

4 Detailliertere Auswertungen

Diese Auswertungen beruhen auf den Unterteilungen der Stichprobe nach Phasen und Projekttypen. Wie bereits eingangs in Kapitel 2 gesagt wurde, besteht dabei das Problem der geringen Fallzahlen in den einzelnen Untergruppen. Dieser Abschnitt enthält demzufolge kaum Schlußfolgerungen oder verallgemeinerte Aussagen.
Andererseits schienen die sich abzeichnenden Tendenzen - die auch durch die Informationen aus den Einzelinterviews bestätigt wurden - so wichtig zu sein, daß sie hier dargestellt werden sollen. Sie können zumindest Hinweise für weitere Forschungsaktivitäten geben.

4.1 Aufschlüsselung nach Phasen

Zur Erinnerung seien hier noch einmal die Aufteilung nach Phasen wiederholt:
<u>Analyse</u>: alle Projekte in der Analyse- oder Designphase (7 Projekte)
<u>Realisierung</u>: alle Projekte in der Realisierungs-, Test- und Integrationsphase (8 Projekte)
<u>Wartung</u>: alle Projekte in der Installations-, Erprobungs- oder Wartungsphase (9 Projekte)

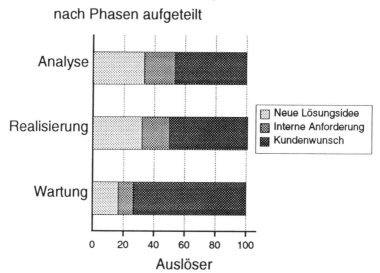

Diagramm 7: Aufschlüsselung von Änderungsanforderungen nach Phasen

Wie Diagramm 7 zeigt, fallen die meisten Änderungen aufgrund von Kundenwünschen in der Einführungs- und Wartungsphase an. Aber auch in der eigentlich eher technisch orientierten Realisierungsphase stellen sie mit ca. 50 % den Hauptteil der Anforderungen.

Wie weiterhin Diagramm 8 zeigt, können Fragen der Oberflächengestaltung etc. (Kategorie 'Sonstiges') in den frühen Phasen eines Projektes geklärt werden. Etwas unerwartet war, daß Datenstrukturen am stärksten in der Realisierungs-und Integrationsphase geändert werden müssen.

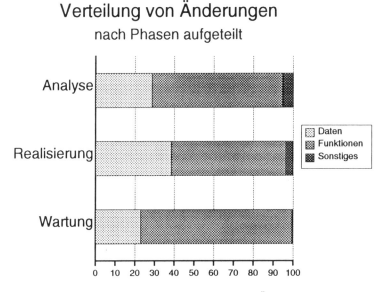

Diagramm 8: Aufschlüsselung der Verteilung von Änderungen auf Systemteile nach Phasen

Die Verteilung der Aufwände für Erweiterungen - getrennt nach Aufwand für die tatsächliche Erweiterung und Aufwand für die Anpassung des Bestehenden - sind in Diagramm 9 dargestellt. Es ergeben sich nur geringfügige Unterschiede, wobei unerwarteterweise die Aufwände für Anpassungen in der Analysephase und Wartungsphase höher sind als in der Realisierungsphase. Die Realisierung scheint also größere Freiheiten zu bieten, Erweiterungen ins System einzubringen, ohne Querbezüge ändern zu müssen.

Aufwände bei Erweiterungen
nach Phasen aufgeteilt

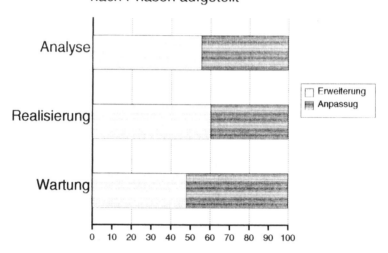

Diagramm 9: Aufschlüsselung der Erweiterungsaufwände nach Phasen

4.2 Aufschlüsselung nach Projekttypen

Auch hier soll die im 2. Kapitel beschriebene Einteilung in Kurzform wiederholt werden.

Typ	Anzahl	Charakterisierung des Projekttyps
a	(6 Projekte)	Software für Verwaltung Kleinbetriebe, hauptsächlich Bestandsverwaltung und Abrechnung
b	(3 Projekte)	Verwaltung Großbetrieb, Prozeß und Produktionsüberwachung
b'	(2 Projekte)	Verwaltung Großbetrieb, Telekommunikationsbereich
b"	(1 Projekt)	Verwaltung Großbetrieb, Verkehrswesen
c	(3 Projekte)	Verwaltung Großbetrieb, Bankbereich
d	(2 Projekte)	Software für Beratungen, Betriebswirtschaftliche Kalkulation, Investitionen
d'	(3 Projekte)	Software für Beratungen, Steuern
e	(2 Projekte)	Verwaltung Großbetrieb, Bestandsverwaltung
f	(2 Projekte)	Software für Prozeßsteuerung, Telekommunikationsbereich
f'	(1 Projekt)	Software für Prozeßsteuerung, Produktionsbereich
g	(3 Projekte)	Toolerstellung für andere SW-Entwickler

Die Verteilung der Auslöser von Änderungsanforderungen ist in Diagramm 10 dargestellt, die Verteilung der Änderungen nach Systemteilen in Diagramm 11. Es gab keinen erkennbaren Einfluß des Projekttyps auf die Verteilung der Aufwände bei Erweiterungen, weshalb diese Aufschlüsselung hier nicht mehr dargestellt wird.

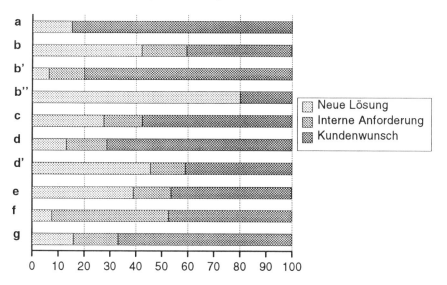

Diagramm 10: Aufschlüsselung der Änderungsanforderungen nach Projekttypen

Bei Kleinbetrieben ist der Kunde eindeutig die hauptsächliche Quelle von Änderungsanforderungen. Dafür entfallen Anforderungen, die über den Fokus eines Projektes hinausgehen, d.h. langfristige Planung von Datenstrukturen, Berücksichtigung künftiger Schnittstellen für weitere Ausbauten etc.

Bereits beim Übergang zu mittelständischen Unternehmen mit eigenen EDV-Abteilungen ist die Berücksichtigung interner Anmforderungen in gleichem Maße wie bei Großbetrieben vorhanden. Speziell bei diesen mittelständischen Unternehmen macht sich die Tatsache stärker bemerkbar, ob es sich um eine inhouse-Entwicklung (Typ d) oder eine Entwicklung für externe Kunden handelt (Typ d').

Großbetriebe weisen gegenüber mittelständischen Betrieben keine speziellen Verteilungen auf.

In Projekt b" wurde in weiten Bereichen durch alle Projektmitarbeiter Neuland betreten, wobei gleichzeitig eine neue Methode und neue Werkzeugausstattung anzueignen waren.

Die Erstellung von Prozeßsteuerungs-Software erfordert in erheblichem Maße die Berücksichtigung von gegebenen Randbedingungen des Umfeldes (z.B. Produktionseinrichtungen), dafür jedoch keine nennenswerte Gestaltung der Oberfläche. Jedoch bezogen sich 40 % der Änderungen entgegen der Erwartungen auf die Datenstrukturen.

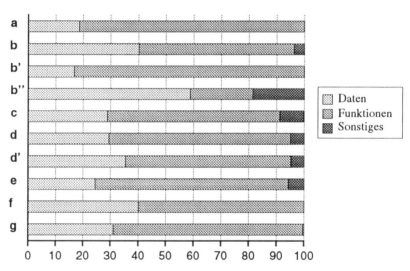

Diagramm 11: Aufschlüsselung der Verteilung von Änderungen nach Projekttypen.

Aus beiden Auswertungen ergab sich, daß Änderungsanforderungen zur Funktionalität zum überwiegenden Teil auf Kundenwünsche zurückgehen (klammert man andere Software-Entwickler als Kunden zunächst aus), während neue Lösungen schwerpunktmäßig Änderungen der Datenstrukturen zur Folge haben.

5 Zusammenfassung

Die Änderbarkeit von Software-Systemen ist ein zentrales Qualitätsmerkmal, das speziell für künftige evolutionäre Systementwicklungen noch an Bedeutung zunehmen wird. Gleichzeitig stellt die Änderbarkeit eines Systems einen wichtigen Faktor für die Arbeitssituation von Software-Entwicklern dar.

Im Rahmen von Projekt IPAS wurden 29 industrielle Software-Entwicklungsprojekte empirisch untersucht. Eine Auswertung der Interviews und Fragebögen zum Thema Änderbarkeit ergab, daß ca. 40 % aller durchgeführten Änderungen auf interne Gründe und nicht auf Kundenwünsche zurückging. Weiterhin konnte bestätigt werden, daß Datenstrukturen den stabileren Teil eines Software-Systems darstellen. Die wichtigsten Einflußfaktoren für die Änderbarkeit eines Systems sind die Architektur bzw. der Entwurf eines Systems und der Einsatz von Werkzeugen. Dokumentation und Projektmanagement machen sich hauptsächlich negativ bemerkbar, falls sie vernachlässigt werden. Die Realisierung einer Tabellensteuerung, d.h. die Möglichkeit, zentrale Systemgrößen und -konfigurationen erst zur Laufzeit festlegen zu können, wirkte sich in allen Fällen überaus positiv aus. Als Maßnahmen im Projektverlauf zur Erhöhung der Änderbarkeit bewährten sich die Einführung von Werkzeugen und die Durchführung eines Redesigns, während die nachträgliche Einführung von Richtlinien und Umorganisationen eine nebensächliche Rolle spielten.

6 Literatur

[AHS80] Abel, E, Harraß, E, Schoenen, H, Schwald, A. (1980). Untersuchungen über Maßnahmen zur Verbesserung der Software-Produktion, Teil 2 - Einsatz von Methoden. Berichte der GMD 131

[ADM86] Asam, R, Drenkard, N, Maier, H. (1986). Qualitätsprüfung von Softwareprodukten. Siemens AG, München.

[Bal85a] Balzert, H. (1985). Allgemeine Prinzipien des Software Engineering. Angewandte Informatik 1/85, pp. 1-8

[Bal85b] Balzert, H. (1985). Phasenspezifische Prinzipien des Software Engineering. Angewandte Informatik 3/85, pp. 101-110

[BSH93] Bittner, U.; Schnath, J.; Hesse, W. (1993). Werkzeugeinsatz bei der Entwicklung von Software-Systemen. Softwaretechnik-Trends Bd. 13, Heft 1, pp. 14-23 (und in diesem Buch)

[Boe75]   Boehm, B. (1975). The high cost of software. In: Horowitz, E. (ed.), Practical Strategies for Developing Large Software Systems, Addison-Wesley, Reading, Mass.

[DBC88]   Davis, A. M., Bersoff, E. H., Comer, E. R. (1988). A Strategy for Comparing Alternative Software Development Life Cycle Models. IEEE Transactions on Software Engineering SE-14 (10), pp. 1453-1461

[Dun84]   Dunsmore H. E. (1984). Software-Metrics: An overview of an evolving Methodology. Information Processing and Management 20, pp.183-192

[Gog84]   Goguen, J. A. (1984). Parameterized Programming. IEEE Transactions on Software Engineering SE-10 (5), pp. 528-543

[Hes91]   Hesse, W. (1991). Neues Denken in der Software-Welt. Vortrag auf der Systems 1991.

[MO87]   Mittermeir, R. T, Oppitz, M. (1987). Software Bases for the Flexible Composition of Application Systems. IEEE Transactions on Software Engineering SE-13 (4), pp. 440-460

[Pal78]   Palme, J. (1978). How I Fought with Hardware and Software and Succeeded. Software - Practice and Experience 8, pp.77-83

[PCW85]   Parnas, D. L., Clements, P., Weiss, D. M. (1985). The Modular Structure of Complex Systems. IEEE Transactions on Software Engineering 11(3), pp. 259-266

[PSB86]   Phillips, D., Sibuns, D., Bowden, F. (1986). Experience and Measurement of a Large Scale Real-time Software Development Project. In: Elzer P. (ed.), Proceedings of the IFAC/IFIP Workshop, Heidelberg, 14-16 May 1986, Pergamon Press, Oxford, pp. 67-76

[PS84]   Prell, E. M., Sheng, A. P. (1984). Building Quality and Productivity into a Large Software System. IEEE Software 1 (3), pp. 47-54

[RS88]   Reisin, F.-M., Schmidt, G. (1988). Konzepte und Strategien evolutionärer Systementwicklung. TU Berlin

[SB94]   Schnath, J., Bittner, U.: Der Informationsaustausch in Software-Entwicklungsprojekten. In diesem Buch

Anhang A

Tabelle 1: Beispiele für Einflußgrößen auf die Änderbarkeit eines Software-Systems (+ = positiv, - = negativ)

Architektur

+ Aufbau des Progamms mit den verschiedenen Teilen Datenbank und Berechnungsteil
+ Module sind ziemlich abgeschlossen mit klaren Schnittstellen (klar := klein oder groß, aber gut dokumentiert) und damit getrennt änderbar; der Sourcecode ist gut dokumentiert.
+ Sehr viele Konfigurationsdetails in der Datenbank
+ Strukturierter Aufbau, Pseudocode für Unterprogramme jeweils ca. 1 Seite
+ Schnittstellen austauschbar halten, z.B. über SQL-DB wurde eine OO-DB-Schicht gelegt
+ Modulare Struktur (Masken, Datendeklaration und Code wird getrennt verwaltet).
- mangelnde Strukturierung; es ist ein "Verhau"
- es gibt viele Verstrickungen, die das Eindenken erschweren
- Es gibt zu wenige allgemeingültige Funktionen
- viele Seiteneffekte durch Änderungen, Datenfluß über globale Variablen, nicht dokumentiert, wer welche Variablen benutzt
- Konzept der einzelnen Schichten war schlecht
- Problem ist nicht Größe: 15000 LoC; einzelne Module haben schwierige Logik: Pointer; es wurden Eigenheiten der Sprache benutzt.

Werkzeugeinsatz

+ Tooleinsatz (Viel wird generiert)
+ Entwicklungsumgebung xxx: Verwaltung von Masken, Änderung, Erstellung leichter durchführbar. Transaktionen sind leichter verknüpfbar
+ Guter Versionenzyklus: Die Datenbank wird automatisch generiert, Skripts zur DB werden automatisch erzeugt. Diese wandeln Daten um.
+ Durch Case-Tool sind sämtliche Querverbindungen der Moduln komplett erfasst und transparent gemacht.
- Konvertierungsprogramm wurde von einem externen Mitarbeiter geschrieben, in einer von ihm selbst entwickelten Programmiersprache; dieser Mitarbeiter hat die Firma inzwischen verlassen

- Datendefinition findet noch per Hand statt bei Attributänderungen
- Funktionsbeschreibungen lassen sich im yyy nicht kopieren, es müssen jeweils Teile gelöscht und neu eingegeben werden.
* freundlich: Ändern und Ergänzen von Datenstrukturen ist schnell möglich, Schnittstellen auf Flexibilität ausgelegt.

  unfreundlich: Man mußte sich auf spezielle Schnittstellen einstellen, wenn neue Funktion dazukommt (Schn.st. sind sehr prägend)

Tabellensteuerung

+ fast alles kann man konfigurieren; Bei ganz anderen Geräten geht es nicht reibungslos, denn da sind noch andere Stellen beteiligt.
+ Einige Funktionen sehr variabel, Änderungen (z.B: Sätze) müssen oft nicht im Programm gemacht werden, viele Tabellen
+ alle Größen die sich verändern können, sind in Tabellen gespeichert
+ die Programmsteuerung ist teilweise in externen Tabellen abgelegt: hier können die Fachabteilungen selbst Programmänderungen durchführen

Dokumentation

+ sehr strukturiert, single Software, ausführliche Dokumentation, überschaubare Funktionen, keine größer als 2 Seiten
+ gute Dokumentation in Form von Specs
- sehr komplex, umfangreich und für eine Person schwer überschaubar
- Es handelt sich um ein Sammelsurium von (z.T. uralten) Programmen ohne Dokumentation, was zur Folge hat, daß bereits kleine Änderungen unerwartete Dinge verursachen.

Richtlinien, Standards

+ Jeder hält sich an Standards, das wird erleichtert durch Muster und Programmierrahmen
+ Konventionen werden größtenteils eingehalten
+ grundlegende Anforderungen an die Programierung wurden erfüllt (z.B. Auslagerung von Werten; Arbeit mit include-Files)
- Viele halten sich nicht so an die Rahmenbedingungen. Am Anfang wurden viele Werkstudenten eingesetzt, sie wurden aus Zeitmangel auch schlecht betreut. Es herrschte kein einheitlicher Programmierstil, die Regeln waren noch nicht so ausgearbeitet.
- jeder macht halt doch etwas eigene Programme und Vorlagen

Methodisches Vorgehen

+ Alles basiert auf zentralem Datenmodell

+ Im eigenen Teilprojekt wurde bei der Entwurfsmethodik auf Änderbarkeit geachtet.
Das Gesamtprojekt ist sehr viel komplexer, und verschiedenste Systeme müssen miteinander arbeiten; das behindert die Änderbarkeit.

+ Halten an Vorgehensmodelle war hilfreich: Methode, Phasenmodell

+ Gute Abstraktion fördert Änderbarkeit

- Objektorientierter Ansatz ist noch nicht in die Verfahrenstechnik vorgedrungen

Prozeß

+ Es gab sehr viel Zeit, um Änderbarkeit im Entwurf zu berücksichtigen

+ Spezifikation (daß überhaupt spezifiziert wird) war sehr wichtig

- Drei Firmen arbeiten zusammen; alles muß abgesprochen werden

- Es gab wenig Zeit für sauberes Design; daher wenig änderungsfreundlich.

- C++ ist für ein großes Projekt mit wenig C++ Expertise nicht geeignet. Z.B. sollte die Typenkontrolle strenger sein.

Anforderungen vom Anwender

+ Vom „Auftraggeber" wurde Änderbarkeit explizit betont.

+ Die Anforderung nach „Zusammenarbeit" von PC und HOST macht eine gute Modularisierung notwendig.

- Die fachliche Komplexität erlaubt keine 100 %ige Änderungsfreundlichkeit

- Fachliche Zusammenhänge sind sehr komplex. Viele Nebeneffekte bei Änderungen

- Die Anforderungen wurden teilweise sofort geändert; man weiß manchmal gar nicht, ob sie überhaupt noch gelten, z.B. Sondertarife

Praxis des Methodeneinsatzes in Software-Entwicklungsprojekten

U. Bittner, W. Hesse, J. Schnath, Universität Marburg

Zusammenfassung

Seit über 20 Jahren befaßt man sich im Fachgebiet Software-Technik mit der Entwicklung von Methoden und Werkzeugen, die die Erstellung von Software verbessern sollen. Dabei gehört es schon fast zum gewohnten Bild, daß zunächst eine Software-Krise diagnostiziert wird, alles Bisherige in Frage gestellt und die endgültige Lösung aller Probleme in Aussicht gestellt wird, da nun endlich die richtige Methode gefunden worden sei. Dieses Bild entspricht jedoch nicht den Tatsachen. Die Software-Entwicklung kann durchaus auf Erfolge zurückblicken. Viele Methoden sind (glücklicherweise) wieder von der Bildfläche verschwunden, aber einige haben sich ihren festen Platz erobert. In diesem Beitrag wird ein Überblick über den Verbreitungsgrad einiger bekannter Methoden gegeben, und es werden Aussagen über ihre Eignung und ihren Einsatz zusammengestellt. Diese Aussagen beruhen auf Daten und Befragungsergebnissen, die im Rahmen des IPAS-Projekts erhoben wurden. Der Schwerpunkt der Untersuchung lag dabei weniger auf einer Klassifikation und systematischen Gegenüberstellung von Methoden und Werkzeugen als vielmehr auf einer quantitativen und qualitativen Bewertung aufgrund von Einschätzungen durch Software-Entwickler, die damit in ihrer täglichen Praxis arbeiten. In diesem Beitrag werden die qualitativen Aspekte des Methodeneinsatzes näher beleuchtet.

1 Einleitung

Unter Softwaretechnik (synonym: Software Engineering) verstehen wir "dasjenige Fachgebiet der Informatik, das sich mit der Bereitstellung und systematischen Verwendung von Methoden und Werkzeugen für die Herstellung und Anwendung von Software beschäftigt" [HKL 84]. Damit stehen Entwicklung, Einsatz und Bewertung von Methoden und Werkzeugen im Mittelpunkt der Betrachtung für dieses Fachgebiet.

Es gibt zahlreiche Arbeiten, Übersichtsartikel und Bücher, die sich mit der Klassifikation und vergleichenden Gegenüberstellung von Methoden und Werkzeugen zur Software-Entwicklung befassen, z.B. [Bal89, Hes81]. Dabei stehen meist eher *theoretische* Vergleichskriterien wie Grad der Formalität, Beschaffenheit der sprachlichen Ausdrucksmittel, Daten- vs. Funktionsorientierung oder Grad der Überprüfbarkeit im Vordergrund. Methoden und Werkzeuge sind jedoch in erster Linie für den Einsatz in der *Praxis* der Software-Entwicklung, d.h. als Arbeitsmittel für Menschen gedacht.

Für diesen Betrachtungs-Standpunkt sind statt der genannten theoretischen Kriterien Fragen der folgenden Art relevant:

» Wie kommen Software-Entwickler mit den von ihnen eingesetzten Methoden und Werkzeugen zurecht?

» Wie wurden Methoden eingeführt, wie konnte man sich das notwendige Wissen für ihren Einsatz aneignen?

» Was wünschen sich Entwickler zur Verbesserung der eingesetzten Arbeitsmittel, inwieweit und unter welchen Bedingungen sind sie bereit, diese durch neue zu ersetzen?

Im IPAS-Projekt hat man es sich zum Ziel gesetzt, den Prozeß der Software-Entwicklung und die dafür geleistete Unterstützung aus Sicht der betroffenen Menschen (d.h. der Entwickler, ihrer Projektleiter und -manager) empirisch zu untersuchen und daraus Gestaltungsleitlinien für die Software-Entwicklung abzuleiten. Gegenstand des Projekts ist die Arbeitssituation von Software-Entwicklern, wie sie sich z.B. in Qualifikationsanforderungen, im Tätigkeitsspektrum, in organisatorischen Randbedingungen und dem Methoden- und Werkzeug-Einsatz manifestiert. Tabelle 1 faßt typische Äußerungen im Rahmen von IPAS-Interviews zu eingesetzten Methoden zusammen, die bereits einen ersten Anhaltspunkt geben, was Entwicklern an Methoden wichtig ist und wo Problemfelder liegen:

Bei verschiedenen Methoden ständig wiederkehrende positive Bemerkungen

'Es ist eine Hilfe, daß man standardisiert, dadurch schneller verständlich.'

'Man sieht ganz klar, was zu machen ist, sogar besser als bei mündlicher Vorgabe. Bei Beschreibungen in Prosa fehlt viel.'

'Durch die systematische Vorgehensweise erhält man einen Grobüberblick über das, was zu machen ist.'

'Gutes Sprachmittel zwischen Anwender u. Entwickler.'

'Leistungsfähig durch Möglichkeit der Abdeckung aller Darstellungsstufen zwischen abstrakt bis konkret.'

'Kompakte Darstellung komplexer Informationen.'

'Steigert Produktivität bei guten Leuten.'

'Bei genügend Zeit erhält man stimmigere Systeme.'

> 'Hierarchisierung erleichtert das Fehlerfinden; schnellere Einarbeitung in Programme für Dritte.'
>
> **Bei verschiedenen Methoden ständig wiederkehrende negative Bemerkungen**
>
> 'Überarbeitungsbedürftig. Die Aufgabenverteilung Fach/DV/Org ist strittig.'
> 'Zu viel organisatorischer Aufwand; man kann zwar nichts vergessen, aber man wird auch nicht fertig.'
> 'Ein Abweichen oder Abbrechen der Vorgehensweise nach einem firmenspezifischen Modell muß für ein Projekt möglich sein.'

Tabelle 1: Beispiele typischer Äußerungen zum Methodeneinsatz

Im IPAS-Projekt arbeiteten je eine Gruppe von Arbeitspsychologen, Soziologen und Informatikern interdisziplinär zusammen. Untersuchungen dieser Art sind z. Zt. noch vergleichsweise selten. Am ehesten benachbart sind die Untersuchungen des BOSS-Projekts (vgl. [Str91]). Dort dominiert allerdings die psychologische Betrachtungsweise, und der Schwerpunkt der Untersuchungen lag bei der Benutzer-/Entwickler-Interaktion und der Gestaltung der Benutzer-Schnittstelle. Weithin ist die Untersuchung von EDV-Berufen [BR91] zu nennen, in der besonders das Tätigkeitsspektrum und Kommunikations- und Qualifikationsanforderungen untersucht wurden. Eine vergleichbare Untersuchung für den US-amerikanischen Bereich wurde von Curtis et. al. durchgeführt [CKI88].
Lesenswert sind in diesem Zusammenhang auch [Fis87] und [Flo84]. Ein Vergleich der hier vorgestellten Ergebnisse mit [AHSS80] beleuchtet besonders die rasanten Veränderungen im Bereich Software-Technik in den letzten 10 Jahren.

2 Untersuchung und Stichprobe

Den in den folgenden Abschnitten dargestellten Ergebnissen liegt die Untersuchung von 29 kommerziellen Software-Entwicklungsprojekten in 19 Firmen zugrunde. In deren Verlauf wurden 200 Mitarbeiter schriftlich und in Interviews befragt, wobei von 189 Befragten Daten aus beiden Erhebungen vorliegen. Von den Befragten waren 62% Software-Entwickler, 15% Projektleiter, 11% Teilprojektleiter, die i.a. auch noch gleichzeitig Entwickler waren, 10% Benutzervertreter und drei nicht unmittelbar der Software-Entwicklung zuzuordnende Personen. Nähere Angaben finden sich in Kapitel 2 dieses Buches.
Bei den Entwicklern, die sich zum Methodeneinsatz äußerten, handelt es sich etwa zu einem Drittel um Informatiker oder Absolventen verwandter Ausbildun-

gen mit Nebenfach Informatik. Die übrigen Untersuchungspartner kamen erst über ihre Berufstätigkeit zur Software-Entwicklung.

3 Ergebnisse

3.1 Vorgefundenes Methodenspektrum

Die Häufigkeit des Einsatzes der einzelnen Methoden wird in Diagramm 1 durch die Gesamtlänge der Balken dargestellt. Mit 24 Einsätzen rangiert die Datenmodellierung nach der Entity/Relationship-Methode an vorderster Stelle. Rechnet man noch die anderen Methoden zur Datenmodellierung (die in der Häufigkeit des Einsatzes an vierter Stelle rangieren) mit hinzu, so erkennt man deutlich, daß Datenmodellierung eine gewisse Schlüsselstellung in der Methoden-Landschaft einnimmt. Darüber hinaus zeigte sich, daß in Projekten, in denen eine Datenmodellierung durchgeführt wurde, der Einsatz anderer Methoden ebenfalls überproportional häufig zu finden ist.

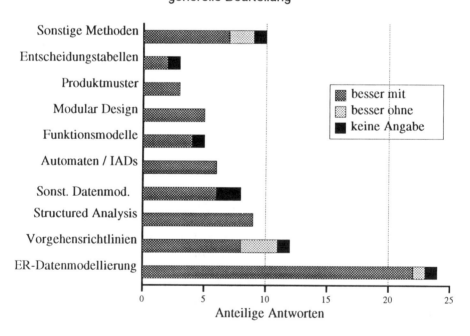

Diagramm 1: Generelle Beurteilung der Methoden

Neben der dominierenden Stellung der Datenmodellierung mutet der Einsatz eines expliziten Vorgehensmodells in 12 Fällen - also nicht einmal der Hälfte aller Projekte - eher unwichtig an. Hierzu ist jedoch anzumerken, daß die rein verbale Einteilung des Entwicklungsverlaufs in Phasen von uns noch nicht als Einsatz eines Vorgehensmodell gewertet, sondern zumindest die Erstellung dedizierter Zwischenprodukte gefordert wurde.

An dritter Stelle steht Structured Analysis mit 9 Einsätzen. Im allgemeinen beschränkt sich der Einsatz jedoch auf die Erstellung von Datenflußdiagrammen.

Die Gruppe der mittelhäufig eingesetzten Methoden, die durch Einsatz in mindestens drei der untersuchten Projekte definiert ist, umfaßt (nach absteigender Häufigkeit genannt):

» Automatentheoretische Modelle und Interaktionsdiagramme

» Modular Design

» Definition von Produktmustern

» Entscheidungstabellen oder -bäume

Selten, d.h. ein- oder zweimal angetroffen, wurden Programmablaufpläne, Niam (Nijssen-Methode), Prototyping, 4-GL-Sprachen, Pseudocode, brainstorming und private Schemata von Entwicklern. Hierzu ist anzumerken, daß es sich bei allen hier genannten Methoden zumindest in den Augen der interviewten Entwickler und Projektleiter um Methoden zur Software-Entwicklung handelt.

3.2 Generelle Beurteilung der übrigen Methoden

In Diagramm 1 werden alle Methoden aufgelistet, die mindestens dreimal vorgefunden wurden. Die Aussagen zu den selten vorgefundenen Methoden werden unter 'sonstige Methoden' zusammengefaßt. Die Autoren sind sich darüber im klaren, daß eine Zahl von drei Erfahrungsberichten keine stabile statistisch abgesicherte Aussage erlaubt, sind jedoch der Ansicht, daß man sie deswegen nicht vorenthalten sollte.

Die Beurteilungen in Diagramm 1 beruhen auf der Abschlußfrage des Interviewblocks zum Methodeneinsatz. In dieser Frage wurden die Interviewpartner (Entwickler, Benutzer und Projektleiter) nach Erörterung der Vor- und Nachteile der Methode um ein abschließendes Urteil gebeten, ob sie ein Vorgehen mit oder ohne diese Methode für besser halten. Die überwältigende Zustimmung zum Methodeneinsatz läßt den Zusatzeffekt vermuten, daß es den Interviewten schwerfiel, eine negative Gesamtantwort zu geben. Andererseits hatten die Autoren nur in Ausnahmefällen das Gefühl, daß man sich scheute, Kritik zu üben. Generell äußerten sich erfahrene Entwickler kritischer über den Nutzen von Methoden. Die Vermutung, daß dies ausbildungs- oder altersbedingt sein könnte, konnte nicht bestätigt werden.

In der Tabelle in Anhang A sind Beispiele typischer Äußerungen zu einzelnen Methoden zusammengefaßt. Aussagen zu ER-Datenmodellierung werden gesondert in Tabelle 2 angegeben.

Negative Gesamteinschätzungen findet man eigentlich nur bei Vorgehensrichtlinien und 'alten' Methoden wie dem Einsatz von Programmablaufplänen. Als Nachteile im einzelnen werden genannt, daß Methodeneinsatz häufig Mehrarbeit bedeutet, d.h. daß man mit Methodeneinsatz mehr Zeit zur Erledigung der Arbeit braucht, als man (vermutlich) ohne den Methodeneinsatz bräuchte. Diese Einschätzung wurde sowohl von erfahrenen Software-Entwicklern als auch von Neulingen abgegeben - von letzteren allerdings noch stärker betont. Die Befragten sahen sich jedoch auf Rückfrage im allgemeinen nicht in der Lage abzuschätzen, inwieweit sich die jeweiligen Ergebnisse mit und ohne Methodeneinsatz gleichen würden.

Interaktionsdiagramme und Automatenmodelle werden dafür gelobt, daß ihr Einsatz zu einem einheitlichen Aufbau des Software-Systems führte. Auch bei sehr großen Systemen können - besonders bei hierarchischer Anordnung mehrerer Automaten - Automatenmodelle gut als roter Faden dienen, sich im System zurechtzufinden. Im Spezialfall ihres Einsatzes in Form von Interaktionsdiagrammen sind sie ein wirksames Mittel, um die allmähliche 'Diffusion' des Arbeitsablaufes des Benutzers in der gesamten Kontrollstruktur zu verhindern oder zumindest einzudämmen. Andernfalls konnte immer wieder beobachtet werden, daß eine Änderung der Verarbeitungsreihenfolge, die eine Änderung der Arbeitsabläufe des Benutzers widerspiegelt, statt in der Steuerungsschicht (im Steuermodul) in der Verarbeitungsschicht durchgeführt wurde. Sie war damit äußerlich von den elementaren Kontrollstrukturen nicht mehr zu unterscheiden.

Datenflußdiagramme wurden sehr unterschiedlich bewertet. Es fiel den Autoren aber in den Beispielen aus den Projektunterlagen auf, daß sie oft unsauber ausgeführt wurden. Beispielsweise waren in den Knoten des gleichen Diagramms sowohl Daten als auch Funktionen aufgeführt. Entsprechend standen die Kanten im einen Fall für Datenflüsse, im anderen Fall führten sie die Bezeichnungen von Funktionen.

Insgesamt war es äußerst überraschend, daß von den befragten Entwicklern kaum Verbesserungsvorschläge gemacht werden konnten. Ebenso waren viele der geäußerten Nachteile eigentlich Nachteile des Werkzeugs, z.B. „Sie (Structured Analysis, Anm. der Autoren) ist nicht multi-user fähig". Eine Erklärung hierfür wurde aus den Daten zur Methodenschulung abgeleitet und durch die Beobachtungen während der Tiefenuntersuchung bestätigt (siehe Abschnitt 4).

Wenn Anpassungen von Methoden durchgeführt wurden, handelte es sich normalerweise immer um Vereinfachungen bzw. Weglassungen.

3.3 Entity/Relationship-Datenmodellierung

Wegen der zentralen Stellung, die ER-Modellierung in der Methodenlandschaft einnimmt, werden wir sie hier gesondert behandeln. Sie ist mit hoher Wahrscheinlichkeit als Einarbeitungsgrundlage neuer Mitarbeiter anzutreffen oder als Bestandteil von Entwicklungsaufträgen - insbesondere bei Vergabe an externe Stellen. Da meist projektübergreifende (firmenweite) Fragestellungen und Entscheidungen damit verbunden sind, werden dabei auch firmenpolitische Probleme sichtbar.

Auffallend war die Vielfalt der (meist werkzeugabhängigen) in den verschiedenen Firmen in Gebrauch befindlichen graphischen Symbole. Es war aber kein Einfluß der Symbole auf die Verständlichkeit der Diagramme bemerkbar. Alle Befragten waren mit den jeweiligen Symbolen vertraut und konnten sehr gut anhand der ER-Diagramme Sachverhalte erklären.

Als Vorteil der Datenmodellierung und besonders des ER-Modells wird in erster Linie ihre Eignung zur Aufgabenklärung genannt. Auch Anwendervertreter bezeichneten sie als gut verständlich. Ein Fall sollte dennoch nicht verschwiegen werden, bei dem der Systemanalytiker nach seiner Aussage lediglich 'Bleistift' war, der genau das festhielt, was ihm von den Fachbereichvertretern gesagt wurde. Die Anwendervertreter gaben in diesem speziellen Fall im Interview dagegen an, keine Auskunft zum Datenmodell geben zu können, da alles der Systemanalytiker gemacht habe. Sie erkannten in den Diagrammen ihre Aussagen offensichtlich nicht wieder.

Besonders hervorgehoben wird ihr positiver Einfluß auf die Begriffsbildung. Diejenigen, die an den langen Diskussionen über Entitäten und Relationen teilgenommen haben, haben sofort viele Randbedingungen parat, wenn eine der erarbeiteten Bezeichnungen - beispielsweise 'Agentur' - verwendet wird. Auch die wichtigsten Attribute konnten im allgemeinen genannt werden, auch wenn sie nicht auf dem Diagramm angegeben waren. Dies ist auch der Grund dafür, daß die Eignung der Methode (Modelle) zur Einarbeitung neuer Mitarbeiter gelobt wird.

Gelobt wurde ebenfalls, daß ER-Modellierung am Anfang zu genauerem Arbeiten zwingt und Abhängigkeiten klarer herausgearbeitet werden. Dabei wurde insbesondere immer wieder die Wichtigkeit der Unterscheidung von Muß- oder Kann-Beziehungen betont.

Typische Äußerungen zur Entity/Relationship-Methode und ER-Diagrammen

positiv

» 'Übersichtliche Darstellung von Mengenbeziehungen und Zusammenhängen' / 'Abhängigkeiten (M:1 oder M:N) sind klarer. Außerdem erkennt man sofort, ob dabei eine Muß- oder Kann-Beziehung vorliegt' / 'Man hat dadurch die Verknüpfungen der einzelnen Anwendungsbereiche im Griff.'

» 'ER ist gut bei der Definition (Finden) von Datenobjekten. Bei der Erstellung von Datenobjekten merkt man dann, ob im ER-Modell Fehler waren.'

» 'Erleichtert sehr stark die Kommunikation; besserer Überblick für Nicht-Spezialisten' / 'Gute Diskussionsgrundlage; wenn der Ansprechpartner die Modelle lesen kann' / 'Gut, um Kunden od. neue Mitarbeiter schnell einzuarbeiten.'

» 'Einarbeitungszeit ist kürzer (Der Verwaltungs- und Einarbeitungsaufwand war deutlich höher als gedacht; ein Großteil mußte umdenken).'

» 'Sehr hilfreich, besonders für den Überblick; gute Möglichkeit, eine schnelle Übersicht zu gewinnen' / 'Komplexe Zusammenhänge werden besser visualisiert; Abläufe sind am Datenmodell nachvollziehbar' / 'Optische Aufbereitung ist gut; Man konnte Inventarberechnung schon früh zeigen, ständig ändern, mit Abläufen verknüpfen (eine Art Prototyping).'

» 'Zwingt am Anfang, sehr genau zu arbeiten. Man muß sich frühzeitig mit der Materie befassen und sie strukturieren.'

» 'Eindeutige Strukturierung in Form wichtiger Begriffe' / 'Gut, weil einheitlicher Sprachgebrauch und Vorgehen, flexibler einsetzbar.'

» 'Ein einheitliches Layout' / 'Leicht zu durchschauen' / 'Man schaut drauf und versteht es.'

» 'Unterstützt Bottom-Up-Programmierung.'

negativ

» 'Hierarchie fehlt, deswegen schnell unübersichtlich' / 'Formaler Aufwand zunächst höher' / 'Vielleicht anschaulicher möglich.'

» 'Es sollte eine Schnittstelle zu SA vorhanden sein, so daß die Konsistenz gewahrt bleibt.'

» 'In der Anfangszeit ist man viel zu detailliert vorgegangen. Dabei hat man sich erstens ziemlich verzettelt u. zweitens viel Arbeit gemacht, deren Ergebnisse man bei weitem nicht nutzen konnte.'

Tabelle 2: Beispiele typischer Äußerungen zur ER-Methoden

Als Nachteil der ER-Methode wird hauptsächlich genannt, daß die Diagramme zu groß und unübersichtlich werden. Als Verbesserung wird in diesem Zusammenhang eine zusätzliche hierarchische Struktur gewünscht, ergänzt durch eine Werkzeugunterstützung, die es gestattet, auf 'einen Knoten und einer Kante einer oberen Hierarchiestufe zu klicken und dadurch ins Innere zu zoomen'. Generell wurde wie bei den meisten Methoden eine bessere Unterstützung durch Werkzeuge gewünscht.

Weitere verbreitete Probleme sind zum einen die Überschreitung der Projektabgrenzung, d.h. die Modellierung von Entitäten, Attributen und Beziehungen, die nicht mehr Bestandteil des Projektes, aber natürlich in Rahmen einer firmenweiten Betrachtung vorhanden sind. Zum anderen besteht eine Tendenz, zu Beginn bereits zu detailliert vorzugehen.

3.4 Werkzeugunterstützung von Methoden

Wie Diagramm 2 zeigt, wurden Structured Analysis und Modular Design vollständig werkzeuggestützt eingesetzt. Vorgehensmodelle existieren meistens auf Papier in Form von Entwicklungshandbüchern. Ausgeglichen ist die Situation bei Datenmodellierung nach dem Entity/Relationship-Modell. Hier beschränkt sich die Werkzeugunterstützung allerdings meist auf die Erstellung der Diagramme.

Bei Methoden zum Programmentwurf werden Generatoren gelobt; falls diese nicht vorhanden sind, werden sie dringendst gewünscht. Wie bereits im vorhergehenden Abschnitt erwähnt, wurde von den Interviewpartnern oft mit der Methode gleichzeitig das Werkzeug beurteilt. Dabei werden in erster Linie die schlechte Integration von Text und Graphik bzw. die rudimentären Graphikfähigkeiten bemängelt.

Kritik wird ebenfalls immer geäußert, wenn das Ergebnis des Methodeneinsatzes im nächsten Entwicklungsschritt nicht unmittelbar bruchlos weiterverwendet werden kann. Die interviewten Entwickler konnten auch immer konkret benennen, was an einer bestimmten Stelle schon klar sei und inwieweit sie dies jetzt automatisieren würden, wenn es in ihrer Macht stünde - beispielsweise die Umsetzung des Automatenmodells in eine Ablaufsteuerung. Solche Brüche sind auch meist Ursachen für eine Auseinanderentwicklung von Entwicklungsdokumenten und Endprodukt, da es wesentlich aufwendiger ist, Änderungen in zwei verschiedenen Darstellungen konsistent nachzuziehen und daher oft unterlassen wird.

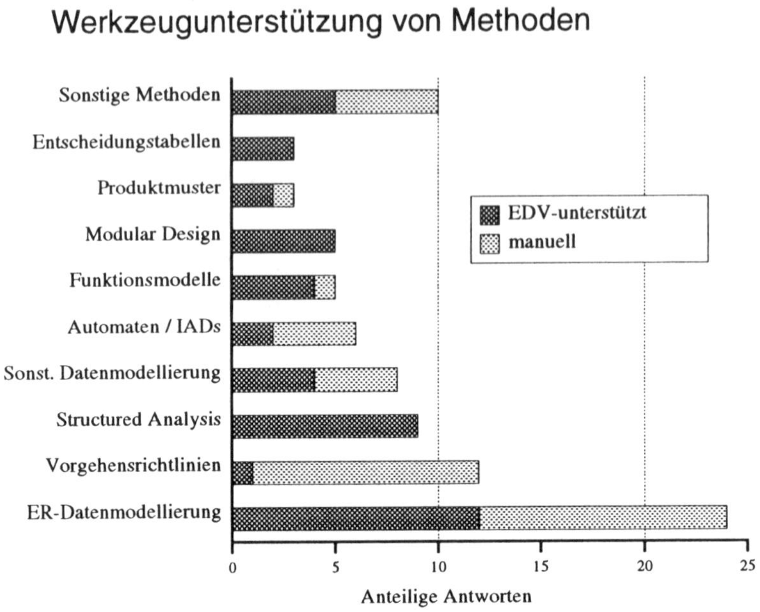

Werkzeugunterstützung von Methoden

Diagramm 2: Werkzeugunterstützung von Methoden

3.5 Methodenschulung

Diagramm 3 zeigt die prozentuale Verteilung der Art und Weise, nach der die befragten Personen mit der Methode vertraut gemacht wurden - aufgeschlüsselt nach Informatikern und Nicht-Informatikern. Dabei zeigten sich keine gravierenden Unterschiede; die Informatiker brachten etwas mehr Wissen mit, während die Nicht-Informatiker sich häufiger im Selbststudium (unter Sonstiges aufgeführt) Methodenwissen aneigneten.

Im Gesamtbild ist jedoch festzustellen, daß Training on the Job derzeit mit über 40% eine Schlüsselstellung bei der Vermittlung von Methodenwissen einnimmt. Hier liegt auch der Schlüssel zur Erklärung der Tatsache, daß zwischen Methode und Werkzeug schlecht unterschieden wurde. Die Methode wird gewissermaßen als integraler Bestandteil der Einarbeitung eines neuen Mitarbeiters unter der Devise 'das machen wir hier so und so' vermittelt.

Methodeneinsatz : Schulung/Wissensvermittlung

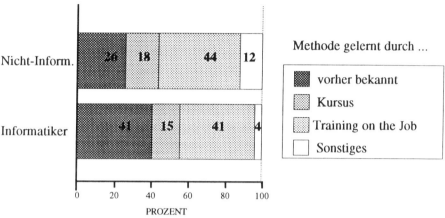

Diagramm 3: Methodenwissen von Informatikern und Nicht-Informatikern

Es kam sogar mehrfach vor, daß Interviewpartner die Auskunft gaben "Methoden setzen wir hier nicht ein", während neben dem Schreibtisch z.B. Entity/Relationship-Diagramme oder Automatendarstellungen an der Wand hingen. Dies hat natürlich auch Konsequenzen, was die Fähigkeit zum souveränen Umgang mit einer Methode betrifft - wie sie etwa durch die Kenntnis von Einsätzen in anderen Bereichen vermittelt wird. Ebenso fehlt dann das Wissen, was die Methode in ihrer ursprünglichen Ausprägung fordert und inwieweit sie aus vorhergehenden praktischen Erwägungen heraus eingeschränkt wurde.

Ein Beispiel eines vollkommen veränderten Einsatzes einer Methode wurde von uns ebenfalls angetroffen. Kommentar eines Entwicklers zur Eignung von Pseudocode als Entwurfshilfsmittel (laut Projektleiter wurde Pseudocode in der Entwurfsphase eingesetzt): 'Dokumentation durch Pseudocode funktioniert ganz gut; diesen erhält man durch Reverse Engineering mit X-DOC aus dem Programm.'

Als Ergänzung wurden die obigen Angaben in Diagramm 4 nach Methoden aufgeschlüsselt. Es konnte jedoch kein methodenspezifischer Unterschied des Wissenserwerbs zwischen Informatikern und Nicht-Informatikern festgestellt werden, weshalb diese Angaben sich wieder auf alle Untersuchungspartner beziehen.

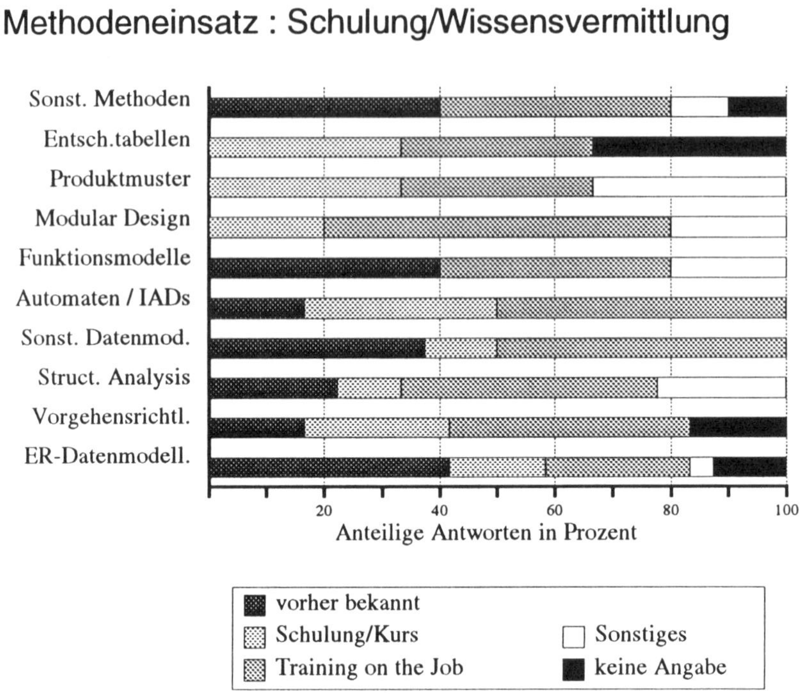

Methodeneinsatz : Schulung/Wissensvermittlung

Diagramm 4: Schulung und Wissensvermittlung für einzelne Methoden

Einige Besonderheiten fallen auf. Am ehesten durch die vorherige Ausbildung bekannt sind Daten- und Funktionsmodellierung, während Kenntnisse über Produktmuster und Modular Design von allen Befragten erst über die Arbeitsstelle erworben wurden.

Überraschend war, daß nur wenige Befragte ihre Kenntnisse zu Structured Analysis und Daten- und Funktionsmodellierung über Kurse vermittelt bekamen. Vereinfacht ausgedrückt bestand der Standardfall darin, daß diejenigen, die die Methode schon kannten (oft Projektleiter), sie den Neulingen im Rahmen der Arbeit beibrachten.

4 Zusammenfassung

Hinsichtlich des Werkzeug- und Methodeneinsatzes scheint noch eine recht große Lücke zwischen theoretisch erarbeiteten Lösungen und dem, was in der Praxis verwendet wird, zu bestehen.

Die gegenwärtige Praxis des Methodeneinsatzes in der Software-Entwicklung ist dadurch geprägt, daß Methodenwissen hauptsächlich während der Arbeit von den bereits damit vertrauten Kollegen erworben wird. Gezielte Schulungen stehen dahinter weit zurück. Ausgebildete Informatiker bringen zwar mehr Methodenwissen durch ihre Ausbildung mit, jedoch ist das in der Praxis geforderte Wissen damit bei weitem noch nicht abgedeckt. Folge dieser Situation ist eine mangelnde Fähigkeit zu unterscheiden, welche Forderungen und Einschränkungen des 'Methodeneinsatzes' auf die Methode selbst, das zugrundeliegende Werkzeug oder die im Unternehmen historisch gewachsene Praxis zurückgehen.

Insgesamt ist die Beurteilung des Methodeneinsatzes überaus positiv. Verbesserungswünsche von seiten der Entwickler zielen meist auf eine Verbesserung der Werkzeugunterstützung.

Von allen im Einsatz befindlichen Methoden haben sich nur die Methoden zur Datenmodellierung und hier insbesondere die Modellierung nach dem Entity/Relationship-Ansatz auf breiter Front durchgesetzt. Von dieser Methode wird in erster Linie ihre Eignung zur Klärung von Sachverhalten und Anforderungen aufgrund ihrer Einfachheit und Anwendernähe hervorgehoben.

5 Literatur

[AHSS80] Abel, E., Harraß, E., Schoenen, H., Schwald, A. (1980). Untersuchungen über Maßnahmen zur Verbesserung der Software-Produktion, Teil 2 - Einsatz von Methoden. Berichte der GMD 131

[Bal89] Balzert, H. (Hg.) (1989). CASE. Systeme und Werkzeuge. Angewandte Informatik, Band 7. BI Wissenschaftsverlag Mannheim

[BHS91] Bittner, U., Hesse, W., Schnath, J. (1991). Untersuchungen zur Arbeitssituation und Werkzeugunterstützung von Software-Entwicklern - Ein erster Zwischenbericht. In: Frese, M. (Hrsg.): Software für die Arbeit von morgen: Bilanz, Perspektiven.

[BHS92] Bittner, U., Hesse, W., Schnath, J. (1992). Änderbarkeit und Flexibilität von Software-Systemen. - In diesem Buch.

[BR91] Boß, Ch., Roth, V. (1991). Die Zukunft der DV-Berufe, Arbeitspapiere 1-12. Institut für Sozialwissenschaftliche Forschung Marburg.

[BSS91] Bittner, U., Schäfer, T., Schnath, J. (1991). Zur Eignung der neueren objektorientierten Entwurfsverfahren für die Benutzer-Entwickler-Kooperation: Softwaretechnik-Trends Band 11, Heft 3, pp. 177-183

[BSH93] Brodbeck, F. C., Sonnentag, S., Heinbokel T., Stolte W., Frese, M. (1993). Tätigkeitsschwerpunkte und Qualifikationsanforderungen in der Softwareentwicklung. Eine empirische Untersuchung. Softwaretechnik-Trends Band 13, Heft 2, pp. 31-40

[CKI88] Curtis, B., Krasner, H., Iscoe, N. (1988). A Field Study of the Software Design Process for large Systems. Communications of the ACM 31(11): 1268-1287

[Den91] Denert, E. (1991). Software Engineering - Methodische Projektabwicklung, Springer Verlag

[Fis87] Fischer, A. (1987). Methodenlust, Methodenfrust: Erfahrungen und Denkanstöße zur Einführung von Software-Engineering-Methoden und -Werkzeugen. (Organisationsberatung und Informationstechnik Hamburg)

[Flo84] Floyd, Ch. (1984). Eine Untersuchung von Software-Entwicklungsmethoden. In: Morgenbrod H.; Sammler W. (eds.), Programmierumgebungen und Compiler, Berichte des German Chapter of the ACM, vol. 18. B.G. Teubner, Stuttgart

[Flo85] Floyd, Ch. (1985). On the Relevance of Formal Methods to Software Development. In: Ehrig, H., Floyd, Ch., Nivat, C., Thatcher, M. (eds.), Proc. of the International Joint Conference on Theory and Practice of Software Development (TAPSOFT), vol 2., pp. 1-11

[GA89] Greutmann, T., Ackermann, D. (1989). Berücksichtigung verschiedener Kriterien in der Softwareentwicklung. In: Fachgruppe, „Software-Engineering" (eds.), Softwaretechnik-Trends, vol 9(2). Siemens AG/ZFE F2 SOF 3 Ref, München, vol 9 (2), pp. 27-31

[Gra89] Gramatke, H. (1989) Anmerkungen zur Methodik der Software-Entwicklung: Notwendigkeit eines Wandels. Automatisierungstechnische Praxis atp 31 (11): 538-544

[HBS92] Hesse, W., Bittner, U., Schnath, J. (1992) 'Results of the IPAS Project: Influences of Methods and Tools, Quality Requirements and Project Management on the Work Situation of Software Developers. Proceedings 4th IFAC-Workshop on Experience with the Management of Software Projects, MSP-92, May 92, Graz

[HBSS92] Heinbokel, T., Bittner, U., Stolte, W., Schnath, J., 'The Use of Tools in Software Development Projects: Results from an Empirical Investigation'. Proceedings 'Work With Display Units', WWDU '92 in Berlin

[Hes81] Hesse, W. (1981). Methoden und Werkzeuge der Software-Entwicklung - Ein Marsch durch die Technologie-Landschaft, in: Informatik-Spektrum 4.4, pp. 229-245.

[Hes84] Hesse, W. (1984). Von der Problemanalyse zum Software-Entwurf: Acht Kernfragen der Methodendiskussion. 'Entwurf großer Software-Systeme', Workshop des German Chapter of the ACM 19; pp. 38-67

[HKL84] Hesse, W., Keutgen, H., Luft, A., Rombach, D. (1984). Ein Begriffssystem für die Softwaretechnik. Informatik-Spektrum 7, pp. 200-213

[Hes90] Hesse, W. (1990). Two metamodels for application systems development - conventional vs. object-oriented approach. In Broy, M.,Wirsing, M. (eds.), Programming methodology, Springer Verlag

[MR88] Mittrach, S., Rheindt, M. (1988). Comparative Study of Methods for Requirements Engineering and Design. ESPRIT Project 125 - Graspin

[Sch89] Schaefer, H. (1989) Probleme mit neuen Methoden im Software Engineering. In: Lippe, W. (ed.), Software-Entwicklung, Proc. Fachtagung in Marburg, Juni 1989, Informatik-Fachberichte 212, pp. 258-265, Springer Verlag

[Schm84] Schmidt, S. (1984) Der Einsatz von Methoden und Werkzeugen zur Software-Produktion - Empirische Untersuchung bei Softwareherstellern. Informatik-Fachberichte 86, pp. 266-275

[Sel86] Selig, J. (1986) EDV-Management: Eine empirische Untersuchung der Entwicklung von Anwendungssystemen in deutschen Unternehmen. Betriebs- und Wirtschaftsinformatik

[Str91] Strohm, O. (1991) Arbeitsorganisation. Methodik und Benutzerorientierung bei der Software-Entwicklung. Eine arbeitspsychologische Analyse und Bestandsaufnahmen. In: Frese, M. (Hrsg.): Software für die Arbeit von morgen: Bilanz und Perspektiven anwendungsorientierter Forschung, pp. 431-444, Springer Verlag

[Wel92] Weltz, F.; Ortmann, R. (1992). Das Softwareprojekt - Projekt-Management in der Praxis. Frankfurt/M., Campus-Verlag

ANHANG A

Tabelle: Beispiele typischer Äußerungen zu einzelnen Methoden

Rapid Prototyping
'Wird den Anforderungen zu 90% gerecht' / 'Hervorragende Diskussionsgrundlage für Fachkonzept' / 'Prototyping muß aber beinhalten, daß der Anwender mit der Funktionalität des künftigen Systems wirklich in Verbindung tritt.'

Structured Analysis
Systematischere Vorgehensweise' / 'Gewährleistung eines einheitlichen Stils' / 'Programmiersprachenunabhängiges Kommunikationsmittel für alle' / 'Man gewinnt ein besseres Bild, wie die Funktionen zusammenhängen' / 'Widersprüche werden aufgedeckt' / 'Durch die Überprüfung ist man sich sicher, daß die Abhängigkeiten stimmen.'
'Gut für Kommunikation, bringt wenig für einzelnen' / 'Gewöhnungsbedürftigkeit: im Entwurf lange gebraucht' / 'Bringt nichts, wenn man zu tief geht, irgendwann muß es dann auch mal Code geschrieben werden' / 'Es sollte eine Schnittstelle zu ER-Modellen vorhanden sein, so daß die Konsistenz gewahrt bleibt.'

SA/SD
'Zwingt zum strukturierten Denken' / 'Zwingt zur Dokumentation und schafft dadurch Transparenz.'

Modular-Design
'Weniger nützlich bei Detailentwurf' / 'Als Diskussionsgrundlage mit Spezialisten und Nicht-Experten sehr gut, einsichtige Darstellung.'

Automatenmodell
'Ergibt einheitlichen Programmaufbau, viel Schreibarbeit entfällt.'

Interaktionsdiagramme (IADs)
'Es fehlt Werkzeugunterstützung, d.h. man könnte mehr daraus generieren. Beispielsweise automatische Umsetzung von IADs in einen Automaten. Ebenso Unterstützung des Übergangs zu Programmen, indem z.B. Dialogmakros für den Dialogmodul automatisch zusammengestellt werden.'

Abstrakte Datentypen
'Unterstützt Wiederverwendbarkeit'/ 'Bessere Wartbarkeit und Parallelisierung der Arbeit'/ 'Übersichtlichere Verteilung der Aufgaben im Team (besser abgegrenzt).'

objektorientierte Datenmodellierung

'Objektorientierte Modulabgrenzung mit einer Standardarchitektur als Vorlage klappt gut' / 'Bessere Interaktion zwischen Entwicklung und Anwendungsbereich, besseres Fachkonzept durch die Benutzervertreterbeteiligung.'

'Die Objekte sollten auf EDV zur Darstellung der Datenkonstruktion verfügbar sein' / 'Für den E/R-interessierten Anwender leider zu abstrakt.'

Funktionsablaufdarstellung

'Zwiespältig: Nützlich, da schnelle Einarbeitung, aber auch schädlich, da zu schnell beim Entwurf.'

SETEC

'Gutes Hilfsmittel, um effiziente Struktur in Projektablauf zu bringen' / 'Hat viel gebracht, besonders für große Projekte empfehlenswert' / 'Genauere Analyse, wie Subsysteme ausgeführt werden. Das hängt jedoch sehr stark von der fachlichen Qualifikation ab.'

'Eher für das Feinkonzept und die DV-technische Ausarbeitung geeignet, nicht aber für die Entwicklung in dem Maße wie erwünscht. Es ist an eine COBOL-Struktur angelehnt.'

'Mehr Formalisierung der Spec-Sprache ist möglich und nötig. Es gibt einen Beschreibungsteil der Funktion, der könnte auch automatisch weiterverarbeitet werden.'

Werkzeugeinsatz bei der Entwicklung von Software-Systemen

U. Bittner, J. Schnath, Universität Marburg

1 Einleitung

In diesem Kapitel soll nach einem kurzen Abriß relevanter Literaturstellen dargestellt werden, wie unterschiedliche Tätigkeiten in der Software-Entwicklung durch Software-Entwicklungswerkzeuge unterstützt werden. Die Tätigkeiten und Werkzeuge wurden zunächst Kategorien zugeordnet, um die aktuelle Praxis des Werkzeugeinsatzes in einer Art 'Landschaft' darstellen zu können. Diese Landschaft gibt jedoch nur die Häufigkeit des Werkzeugeinsatzes an, die erwartungsgemäß bei der Programmierung am höchsten ist. Weitergehende Aussagen erhält man durch die Bewertung der Angemessenheit der Werk-zeugunterstützung durch die Entwickler und die Auswertung von Werkzeugbeurteilungen.

Erfahrungsberichte zum Werkzeugeinsatz, Vorschläge für neue Werkzeuge und Werkzeugvergleiche nehmen einen breiten Raum in Informatik-Fachzeitschriften und auf Tagungen ein. Dabei werden Vergleichkriterien entweder aus einem Modell der Software-Entwicklung abgeleitet ([Bal87], [Bec89], [Koc90], [Sch86]) und auf dieser Grundlage Aussagen zur Eignung von Werkzeugen gewonnen. Oder die Aussagen über wichtige Werkzeugeigenschaften gehen auf langjährige Erfahrung mit dem Einsatz von Werkzeugen zurück ([And88], [SK86], [Hes84] und [Fis87]), ohne daß ein systematischer Vergleich durchgeführt wurde. [Wes88] faßt die Ergebnisse von Erfahrungsberichten und Studien zu CASE zusammen.

Es gibt auch bereits eine Reihe empirischer Untersuchungen zum Werkzeugeinsatz, von denen einige Arbeiten exemplarisch für die unterschiedlichen Ansätze herausgegriffen seien:

- In [BBF90] stellen die Autoren Anforderungen an Werkzeuge speziell bezüglich deren Eignung für Kommunikation und Kooperation aufgrund systematischer Einsätze in Seminaren mit Studenten auf.

- Bei AEG wurde in mehreren Projekten die Veränderung der Grundeinstellung von Entwicklern zu einem neuen Entwicklungssystem je nach Art der Auswahl und Einführung des Werkzeugs festgestellt, und es wurden hauptsächlich Konsequenzen für die Gestaltung des Outputs von Werkzeugen gezogen [Coy86]. Die Entwickler füllten hierfür im Verlaufe eines Jahres den gleichen Fragebogen mehrfach aus.

In [Elz86] wurden die Antworten auf offene Fragen eines Fragebogens nach verwendeten Werkzeugen und Gründen für deren Einsatz, Erfolg und Mißerfolg kategorisiert und einige wenige verallgemeinerte Aussagen abgeleitet.

- [CKI88] gibt ebenfalls nur verdichtete Empfehlungen aufgrund von Feldstudien in 17 Projekten, in denen jeweils mindestens 10 Personen in strukturierten Interviews ca. 1 Std. lang befragt wurden.
- In [Fis87] findet sich eine Fallstudie einer Werkzeugeinführung.
- Eine empirische Untersuchung zum Einsatz von Programmierwerkzeugen wird in [Han85] dargestellt. Für die Datenerhebung wurden von den Entwicklern vorgegebene Werkzeuge jeweils in Rangreihe gebracht. Der Kern der Auswertung besteht aus einer Einteilung der Werkzeuge und Entwicklungstätigkeiten in Kategorien und einer Betrachtung der jeweiligen Einschätzung der Unterstützung und Auswirkung.
- Die in [KRT89] zusammengefaßten Erfahrungen gehen auf einen Workshop mit ca. 100 Teilnehmern zum Thema CASE zurück. Es wird darin jedoch auch festgestellt, daß eine umfassende Studie zum CASE-Einsatz fehlt.
- Auf der Basis von standardisierten Interviews in 31 Unternehmen wird in [Sch84] eine Vielzahl von Statistiken zu positiven und negativen Erfahrungen beim Einsatz von Werkzeugen präsentiert. Festgestellt wird, daß die Werkzeugunterstützung in größeren Unternehmen und in der Programmierphase am stärksten ist, und daß die Qualität des Software-Produkts durch den Einsatz von Werkzeugen steigt. Gleichzeitig wird festgestellt, daß Aussagen zur Wirtschaftlichkeit des Werkzeugeinsatzes noch fehlen.
- Selig führte eine sehr umfassende Untersuchung zur Software-Entwicklung in 33 Unternehmen durch, wobei sowohl Fragebögen als auch strukturierte Interviews eingesetzt wurden, beschränkt sich jedoch weitgehend auf Managementfragen. [Sel86]

Anschließend ist festzustellen, daß in den Erfahrungsberichten nach wie vor von Akzeptanzproblemen berichtet wird. Demnach werden zwar viele Werkzeuge eingeführt, dann aber nicht mehr oder nur wenig verwendet.

Die in der vorliegenden Arbeit vorgestellten, im Rahmen des Projekts IPAS erarbeiteten empirischen Ergebnisse stellen eine Ergänzung zu den oben genannten Arbeiten dar. Besonderer Wert wird dabei auf die Beurteilung der Eignung der Werkzeuge zur Unterstützung der Software-Entwickler bei ihrer täglichen Arbeit gelegt.

2 Untersuchung und Stichprobe

Den in den folgenden Abschnitten dargestellten Ergebnissen liegt die Untersuchung von 29 Projekten in 19 Firmen zugrunde, in deren Verlauf 189 Mitarbeiter schriftlich und in Interviews befragt wurden. Darunter waren 118 Software-Entwickler, 49 Projekt- oder Teilprojektleiter, 19 Benutzervertreter und 3 nicht unmittelbar der Software-Entwicklung zuzuordnende Personen. Weitere Angaben finden sich in Kapitel 2 dieses Buches.

2.1 Tätigkeitskategorien

Die Tätigkeitskategorien wurden auf der Grundlage von teilstandardisierten Interviews gebildet. Ausgehend von dem letzten Arbeitstag wurden unterschiedliche Tätigkeiten gesammelt, die in dem letzten Vierteljahr ausgeführt worden waren. Für jede Person wurden nach dieser Sammelphase ähnliche und häufig vorkommende Tätigkeiten zusammengefaßt. Im Anschluß an die Sammlung der Tätigkeiten wurde für jede Tätigkeitsgruppe gefragt, ob für diese Tätigkeiten ein Werkzeug eingesetzt wird. In diesem Fall mußten die Befragten auf einer 5-stufigen Skala einschätzen, wie angemessen die Werkzeugunterstützung für diesen Tätigkeitsbereich ist.

Mit dieser Erhebung der Tätigkeiten in der Software-Entwicklung und deren anschließender Kategorisierung konnte ein differenziertes Bild der verschiedenen Tätigkeitsbereiche und der damit verbundenen Anforderungen, sowie der Werkzeugunterstützung hierfür erstellt werden. Das dreidimensionale Kategoriensystem und die zugehörigen 17 disjunkten Tätigkeitsbereiche wurden in Kapitel 2 beschrieben.

2.2 Werkzeugkategorien

Die bei den einzelnen Tätigkeiten genannten konkreten Werkzeuge wurden ebenfalls in ein Kategoriensystem eingeordnet, das einen Kompromiß zwischen den vielfältigen, in der Informatik bereits vorgestellten Kategoriensystemen darstellt. Zentrale Bedeutung kommt hier der Beachtung der mit einem Werkzeug durchgeführten Tätigkeit zu. Prinzipiell wird in dem hier benutzten Kategoriensystem zwar auch zuerst von der Funktionalität eines Werkzeugs ausgegangen, d.h. von dem Leistungsspektrum, das es eigentlich abdecken sollte. Falls jedoch die damit ausgeführten Tätigkeiten von vornherein so definiert wurden, daß nur ein spezieller Ausschnitt der Funktionalität verwendet wurde, so wird dieses Werkzeug wie ein Werkzeug dieser speziellen Funktionalität betrachtet. Ein CASE-System, das nur aufgrund seiner Graphikfähigkeiten zur Erstellung von Dokumentation mit eingebundenen ER-Diagrammen und zu sonst keinen Tätigkeiten eingesetzt wird, gilt hier beispielsweise als ein high-level-Editor.

Die Abkürzungen geben die in den Diagrammen verwendeten Bezeichnungen an.

Bedienoberflächen (**bedi**)

In einzelnen Fällen wurde die gemeinsame Bedienoberfläche wie etwa *Windows* als zentrales Werkzeug zur Unterstützung der Arbeit genannt. Bei diesen Tätigkeiten handelte es sich immer um die Erstellung von Texten und Folien.

CASE-Systeme (**case**)

Erstaunlicherweise waren CASE-Werkzeuge bereits relativ häufig vertreten. Im Einzelnen wurden dieser Kategorie u. a. die Werkzeuge *Maestro*, *Maestro II*, *Promod*, *Case Micro Tool*, und *IEW* zugeordnet.

Der Einsatz reicht - wie zu erwarten - von der Analyse der Aufgabenstellung mit Daten- und Funktionsmodellierung über das Entwickeln von Lösungsansätzen, Grobentwürfen, Spezifikationen, Modulzerlegung und Programmierung bis hin zur Systemdokumentation, Test und Projektmanagement-Aufgaben.

Checker (**chek**)

Hierunter fallen Syntaxchecker wie *Lint* oder *Speed*. Ihr Einsatzgebiet beschränkt sich auf den DV-technischen Entwurf und die Realisierung.

Data-Dictionaries (**data**)

Hierunter finden sich Data-Dictionaries und verwandte Werkzeuge, z. B. *DMR* (Dateimanager), *INQUIRE*, *Oliver*, *debug-tool*, *DBX-Tool*, *IMS-Xpert*, *TIP-X*, *TRACE*. Diese Werkzeuge werden allgemein für verschiedene Tätigkeiten eingesetzt wie Nachdokumentation, Analyse und Entwurf, Schnittstellenentwurf, Systembetreuung, Test und Debuggen (Editieren) und bei der Fehleranalyse.

Entwurfswerkzeuge (**desi**)

Hierbei handelt es sich um Werkzeuge, die auf den Einsatz in der Analyse- und Designphase beschränkt sind, wie beispielsweise *Structured Architect*.

High-Level-Editor (**edih**)

Es zeigte sich, daß eine Unterscheidung von high-level- und low-level-Editoren notwendig ist. Als Kriterium zur Unterscheidung der Editoren diente zumindest der Möglichkeit, Pseudographik einzubinden. Die Verteilung beider Kategorien auf die Tätigkeitsklassen zeigt, daß diese Unterscheidung sinnvoll ist. In diese Kategorie wurden folgende Werkzeuge eingeordnet: *WORD4* (MICROSOFT), *WORDPERFECT, DCF / OPUS, INTERLEAVE, FRAMEMAKER,* und *WORD for WINDOWS.*

Als Tätigkeiten wurde in diesem Zusammenhang genannt: Texte zusammenstellen, Dokumentieren, Voruntersuchung, Entwerfen (Dokumentation), Interaktionsdiagramme erstellen und dokumentieren, verfassen der Anwenderdokumentation, Konzept erarbeiten und dokumentieren und Berichterstellung.

Low-Level-Editor **(edil)**

Diese Kategorie umfaßt die Low-Level-Editoren, wie den Unix-Editor VI, Max-Ed, den *Nixdorf-Editor,* den *Quick C Editor, PF 2* (das eigentlich eine Entwicklungsumgebung ist), einen als Produktbestandteil selbsterstellten Editor, *emacs,* den Editor der *HIT-Library,* den *tso-editor* und eine adaptierte Version von *BRIEF.*

Deutlicher Schwerpunkt ihres Einsatzes ist das Editieren von Programmcode bei der Realisierung und Fehlerbehebung. Aber wie schon vorher erwähnt, finden sich auch etliche Angaben, daß diese Editoren zur Textverarbeitung und Dokumenterstellung (etwa bei der Spezifikation) eingesetzt werden.

Entwicklungsumgebungen **(entw)**

Als Entwicklungsumgebungen wurden u.a. *ISP-F-PDF, MKS-Tools, Programmers Workbench* (MicroSoft), *Sun-Open-Windows, logic GEM, TSO, TSO-ISPF, TSO/ISPF/DCF,* und die Kombination *WINDOWS/PC3270/PRO-COM/EX* genannt.

Die Tätigkeiten umfassen in erster Linie Editieren, Programmieren und Testen. Es wurde aber auch Systemintegration, Entscheidungstabellenentwurf, Systemänderungen und das Verfassen von Dokumentationen und Besprechungsprotokollen genannt.

Generatoren **(gene)**

Unter Generatoren wurde folgende Werkzeuge zusammengefaßt: *FMS* (Formular-Editor), *ABF* (Application by forms), *Job-Control Generator, Vitamin-C* und *VC-Screen, SQL-REPORT-WRITER, SQL-FORMS, CHACK.*

Der Einsatz von Generatoren besteht schwerpunktmäßig bei der Definition, Erstellung und Änderung von Masken. Bei Einsatz bei der Programmierung ist die Grenze zu Sprachen fließend. Weitere Anwendungen sind die Erstellung von Dialogabläufen und Erzeugung von Listen. Auffallend ist, daß in allen Fällen mit den Generatoren immer auch direkt Teile des Endprodukts generiert wurden. Es fand sich kein Fall, in dem der Einsatz auf die Erzeugung von Zwischenprodukten für die Entwicklung beschränkt war.

Integrierte Systeme (**inte**)

Hierunter fallen integrierte Systeme wie *Framework* und *ALIS*. Sie werden zur Administration und zum Schreiben von Dokumenten und Protokollen eingesetzt.

Projektbibliotheken (**pbib**)

Unter die Kategorie Projektbibliotheken fielen *CM, LOGOS* und *PVCS*. Sie fanden sich im Rahmen dieser Untersuchung lediglich bei der Programmentwicklung und der zugehörigen Dokumentation und Versionskontrolle. Hervorgehoben wurde ihre Eignung zum Auffinden von Zusammenhängen.

Projektmanagement-Werkzeuge (**prom**)

Projektmanagement-Werkzeuge wie *MS-PROJECT* werden normalerweise exklusiv zur Projektplanung eingesetzt. In einem Fall dienten die vom Projektleiter sorgfältig aktuell gehaltenen in *MS-PROJECT* gespeicherten Arbeitspakete als Ersatz für eine Projektbibliothek, um sich einen Überblick über den Bearbeitungszustand des Gesamtprodukts zu verschaffen.
Die Beurteilungen von Projektmanagementwerkzeugen fallen i.a. unterdurchschnittlich aus.

Simulatoren (**simu**)

Unter diese Kategorie gehören Simulations- bzw. Prototyping-Werkzeuge wie *DEMO2* und selbstgeschriebene Simulationstest-Software. Sie werden in erster Linie bei der Prototyperstellung aber auch beim Integrationstest eingesetzt. In letzterem Fall wird das fertige Produkt also nicht gegen die in einem Dokument abgelegten Anforderungen, sondern gegen den gemeinsam verabschiedeten Prototypen getestet.

Sprachen (**spra**)

Als Sprachen wurden genannt *Quick C, Delta, PL1, Microsoft C, supernova, Fortran, Cobol, Pascal*, etc.
Sprachen als wichtiges Werkzeug werden interessanterweise nicht nur bei den Tätigkeiten Implementieren und Testen genannt sondern auch für Fehleranalyse, Bestandsdatenpflege und Qualitätssicherung.

Testwerkzeuge (**test**)

Hierunter fallen sowohl selbstgeschriebene Testdatenerfassungs- und Testwerkzeuge (*Assembler, Cobol*), wie auch *VIO-Soft-Smartest, DATA XPERT, tss*. Die Tätigkeiten, für die Werkzeuge aus dieser Kategorie eingesetzt werden, sind beschränkt auf Testdatenerfassung und -erstellung, das Testen selbst und die Erstellung von Testunterlagen.

Spezialisierte Werkzeuge **(tool)**

Hierunter fallen 'kleine' spezialisierte Werkzeuge wie die Unix-Tools *LEX* und *YACC*. Werkzeuge dieser Kategorie werden hauptsächlich für die Fehlerbeseitigung und beim Programmieren eingesetzt. Hier finden sich auch viele selbstgeschriebene, an eine spezifische Aufgabenstellung angepaßte Werkzeuge.

3 Ergebnisse

3.1 Die Werkzeuglandschaft

Der tatsächliche Einsatz von Entwicklungswerkzeugen zur Unterstützung von Tätigkeiten bei der Software-Entwicklung wird in Diagramm 1 dargestellt. Einer Zeile entspricht eine Tätigkeitskategorie, einer Spalte entspricht eine Werkzeugklasse. Die Höhe einer Säule an jedem Schnittpunkt gibt an, wie häufig für Tätigkeit T Werkzeugtyp W eingesetzt wurde. Dabei beschränkt sich das Diagramm auf die als 'typisch' angesehenen Tätigkeiten von Software-Entwicklern, die etwa 60 % der Gesamtarbeitszeit ausmachen.

An der Zahl der Säulen in einer Spalte erkennt man, wieviele verschiedene Werkzeuge für diese Tätigkeit benutzt wurden und umgekehrt an der Menge der Säulen in einer Zeile, für wieviele verschiedene Tätigkeiten ein Werkzeugtyp verwendet wird. Projektbibliotheken wurden beispielsweise von den befragten Entwicklern nur im Zusammenhang mit Programmiertätigkeiten angegeben, machen dort aber nur einen kleineren Anteil an der gesamten Werkzeugunterstützung aus. Für die Tätigkeit 'Debuggen' wird umgekehrt - wenn überhaupt ein Werkzeug -, dann ein Debugger eingesetzt.

Interessant ist dabei jedoch, daß dies nur einen geringen Teil des gesamten Einsatzes eines Debuggers ausmacht. Daß dieser ebenfalls in den Tätigkeitsbereichen 'Programmierung' (CODE), 'Testen' (TEST) und 'Wartung' (WART) eingesetzt wird, war zu erwarten. Bedeutung bekommt dieser Befund dadurch, daß hier nicht etwa das 'Debuggen' unsauber von anderen Tätigkeiten getrennt wurde. Diese Tätigkeitsbereiche wurden schließlich von Entwicklern als getrennte Aufgabengebiete empfunden.

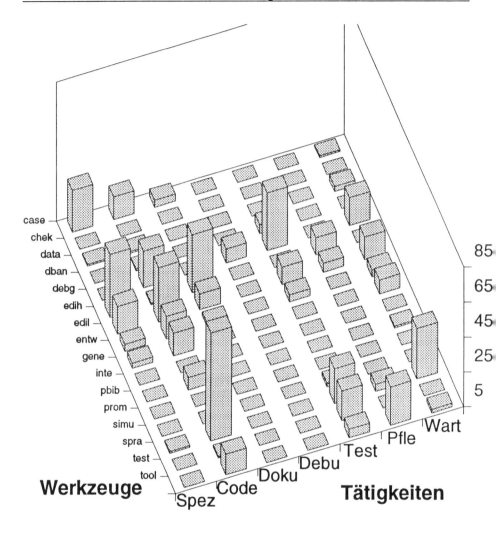

Diagramm 1: Anzahl eingesetzter Werkzeugarten pro Tätigkeitsklasse

Für Werkzeugentwicklungen ist hier vielmehr ein Umdenken erforderlich. Statt 'Debuggen' als solitäre Tätigkeit und den Debugger als das dafür erforderliche Werkzeug anzusehen, sollten vielmehr die unterschiedlichen Tätigkeitsbereiche und damit verbundenen Arbeitszusammenhänge (Kontexte) gesehen werden, in denen ein Debugger eingesetzt wird. Je nach Tätigkeitsbereich und dem darin erforderlichen „Werkzeugkasten" verschieben sich auch Anforderungen an den Debugger.

Analog gilt dies auch für alle anderen Kategorien von Werkzeugen, die für mehrere Tätigkeitsbereiche eingesetzt werden.

Gewichtet man die Werkzeugunterstützung mit dem prozentualen Anteil der unterstützten Tätigkeit an der Gesamtarbeitszeit, so ergibt sich, daß ca. 25 % der gesamten Tätigkeiten von Software-Entwicklern werkzeugunterstützt sind.

3.2 Werkzeugwünsche

Fragt man im Anschluß an die Bestimmung der Tätigkeiten und der dabei eingesetzten Werkzeuge noch danach, für welche der oben genannten Tätigkeiten sich die jeweiligen Entwickler Werkzeuge wünschen und welcher Art die Unterstützung dabei sein soll, so ergibt sich eine Verteilung der Werkzeugwünsche gemäß Diagramm 2. Zum besseren Vergleich von benutzten und gewünschten Werkzeugen erfolgt die Angabe jeweils in Prozent der Nennungen.

Die wesentlich geringere Zahl an Wünschen war überraschend (285 Nennungen bei 1679 Tätigkeiten). Ursprünglich war davon ausgegangen worden, bei dieser Frage eine Fülle von detaillierten Aussagen zu erhalten, die Hinweise auf eine Verbesserung der Werkzeugunterstützung von Software-Entwicklern geben würden. Tatsächlich zeigte sich jedoch, daß sich die Entwickler in der von ihnen vorgefundenen Umgebung einrichten. Am deutlichsten wurden Wünsche von denjenigen Entwicklern genannt, die Alternativen vom Studium oder früheren Arbeitsplätzen her schon kannten. Dies deckt sich exakt mit den Ergebnissen in [Han85]. Wünscht man sich also eine konstruktive Mitarbeit der Entwickler bei der Ausstattung ihres Arbeitsplatzes, so setzt dies voraus, daß man ihnen vorher die Möglichkeit gibt, die in Frage kommenden Werkzeuge kennenzulernen.

Die Werkzeugklassen in Diagramm 2 sind nach abnehmender Zahl von Wünschen sortiert. Die meisten Wünsche nach Werkzeugen oder Verbesserung der bisherigen Werkzeugunterstützung fallen demzufolge in die Bereiche Projektmanagement, Grafik und Generatoren.

Interessant ist das Verhältnis zwischen der Zahl benutzter und gewünschter Werkzeuge. Hier wird am deutlichsten, wo der größte Handlungsbedarf besteht. Programmiersprachen werden beispielsweise sehr häufig benutzt, lassen aber kaum etwas zu wünschen übrig. Werden für eine Tätigkeit kaum Werkzeuge eingesetzt, solche aber häufig gewünscht, so fehlen offensichtlich Werkzeuge wie etwa bei Projektmanagement oder Graphik. Werden häufig Werkzeuge eingesetzt und trotzdem Werkzeugunterstützung gewünscht, so läßt dies den Einsatz schlecht geeigneter Werkzeuge vermuten.

Ein Sonderfall liegt bei den Editoren vor. Die Wünsche nach High-Level-Editoren stammen in erster Linie von Entwicklern, die für Textverarbeitungsaufgaben Low-Level-Editoren verwenden mußten, die eigentlich eher zur Eingabe von Programmcode gedacht sind.

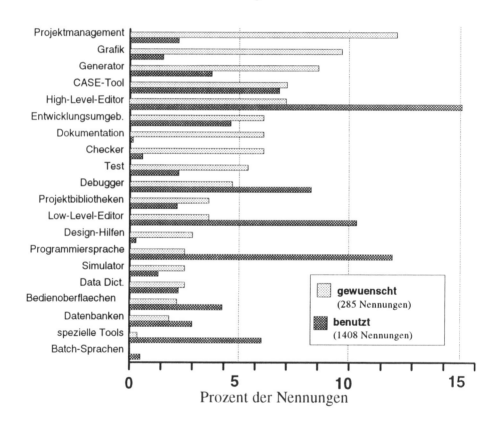

Diagramm 2: Tätigkeitsbereiche, für die sich Entwickler Werkzeuge oder Verbesserungen der Werkzeuge wünschen.

Ein wichtiges Ergebnis ist auch, daß generell ein Werkzeug vermißt wird, das speziell zur Dokumentation geeignet ist, d.h. zur Erstellung von Texten, in die leicht Skizzen und die im Rahmen der Entwicklung anfallenden Diagramme eingebunden werden können und die bei Änderung eines Diagramms auch die betroffenen Texte aktualisieren. Derzeit wird dies entweder händisch über DTP-Programme - soweit vorhanden - gelöst oder als Unterfunktion eines CASE-Systems, wobei wiederum große Einschränkungen bezüglich der Einbindung anderweitig erstellter Graphiken bestehen.

3.3 Merkmale von Werkzeugen

Die Anforderungen, die Software-Entwickler an ein gutes Werkzeug haben, unterscheiden sich kaum von denen, die Benutzer an ihre Software haben. Die Tabelle in Anhang A stellt exemplarische Antworten zu den einzelnen Kategorien dar. Die Kategorien wurden den Antworten erst nachträglich zugeteilt, den Entwicklern wurde im Verlaufe des Interviews die offene Frage gestellt, was ein gutes Werkzeug ihrer Meinung nach haben müßte.

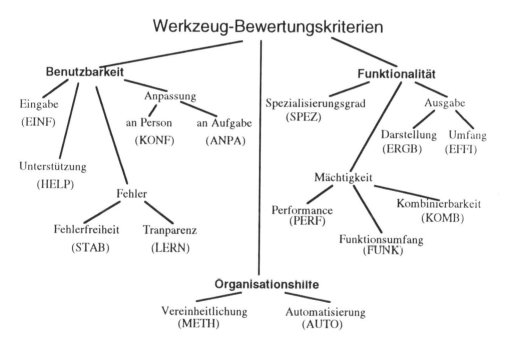

Diagramm 3: Kategorien der Werkzeugbeurteilung

Der Einteilung in Kategorien lag dabei das in Diagramm 3 dargestellte Modell zugrunde. Dieses Modell ist eine Abwandlung des in [JV85] vorgestellten Modells, das dort zur Bewertung und Auswahl von Datenbank-Abfragesprachen diente. Das 4-buchstabige Kürzel gibt dabei die Bezeichnungen an, die in den folgenden Diagrammen verwendet werden.

Auffallend war generell, daß - wie schon bei der Frage nach Werkzeugen - , nur diejenigen Entwickler, die von früheren Arbeitsplätzen oder von der Ausbildung her etwas Anderes kannten, in den Interviews auch sagen konnten, welche Verbesserungen sie sich an bestehenden Werkzeugen wünschen oder welche Tätigkeiten sie werkzeugunterstützt haben wollten. Dies bestätigt die These, daß eine konstruktive und kreative Mitarbeit der Software-Entwickler an ihrer Arbeitsumgebung voraussetzt, daß man sie vorher mit den existierenden Alternativen vetraut macht. Dies ist auch konsistent mit den Ergebnissen zu Wünschen von Software-Entwicklern, bei denen das Kennenlernen neuer Werkzeuge und Methoden an vorderster Stelle steht (siehe Kapitel 'Wünsche von Software-Entwicklern' in diesem Buch).

Diagramm 4a zeigt die Verteilung der Antworten auf die einzelnen Kategorien. Festzuhalten ist, daß es von den Entwicklern neben der schnellen Erlernbarkeit eines Werkzeugs als genauso wichtig erachtet wird, es auch nach einiger Zeit sofort wieder bedienen zu können. Dies erstaunt niemanden, der selbst in der Software-Entwicklung gearbeitet hat. Speziell die Realisierungsphase zeichnet sich dadurch aus, daß eine Vielzahl von Werkzeugen gleichzeitig eingesetzt wird, wie auch in der Werkzeuglandschaft deutlich zu erkennen. Aus eigener Erfahrung weiß man, wie nervend es sein kann, wenn sich gleiche Funktionen in der Bedienung von Werkzeug zu Werkzeug unterscheiden. Öfters wendet man ein Werkzeug auch nur in größeren Zeitabständen an und wenn man dann mehrmals erst wieder umständlich die Befehle nachschlagen muß, vemeidet man früher oder später den Gebrauch des Werkzeugs. Bemerkenswert ist in diesem Zusammenhang auch, daß sich die Verteilung der Wünsche zwischen einzelnen Entwicklern kaum danach unterscheidet, ob diese viele Werkzeuge oder wenige einsetzen. Bei geringer Werkzeug-Ausstattung ist lediglich der Wunsch nach umfassender Funktionalität ausgeprägter. Es ist aber nicht der Fall, daß - wie zu erwarten wäre - Entwickler, die viele Werkzeuge benutzen, einen wesentlich größeren Wert auf die Erinnerbarkeit der Bedienung legen.

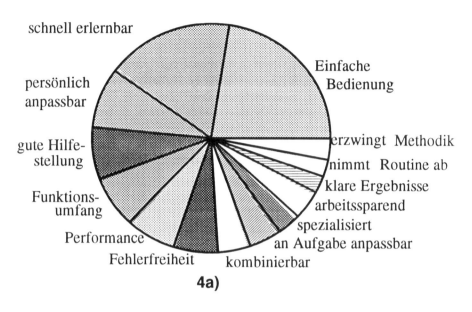

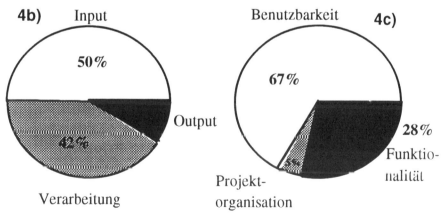

Diagramm 4: Bedeutung von Werkzeug-Merkmalen

Mit 5% relativ unwichtig eingestuft und fast nur von Projektleitern genannt wird die Eignung des Werkzeugs für organisatorische Maßnahmen.

Verdichtet man diese Verteilung gemäß der klassischen Einteilung eines Prozesses in Input-Process-Output (Diagramm 4b), so zeigt sich ein deutliches Übergewicht der Wünsche an die Eingabeseite gegenüber den Wünschen an die produzierten Ergebnisse.

Diese Verteilung steht insbesondere in Widerspruch zu den meisten Werkzeugentwicklungen, bei denen großer Wert auf die breite Funktionalität und Vollständigkeit gelegt wird, während man den Entwicklern eigentlich glaubte zumuten zu können, mit Low-Level-Eingaben oder eine Überfrachtung mit einzustellenden Parametern zufrieden zu sein. Ein Slogan eines Werkzeugherstellers zur Zeit der ersten sich verbreitenden Personal Computer war 'Real men don't need menus, I want to have the full power'.

Noch deutlicher wird die Bedeutung der Eingabe, wenn man eine Verdichtung der Daten nach Bedienung, Funktionalität und Eignung für Management-Aufgaben durchführt, wie in Diagramm 4c dargestellt.

Vorige Verteilungen bezogen sich allerdings darauf, was ein (evtl. hypothetisches) gutes Werkzeug können müßte, so daß die Schlußfolgerungen durch Antworten zu konkreten Werkzeugen abzusichern sind. Dies geschieht u.a. durch die Antworten auf zwei weitere offene Fragen:

Haben Sie ein Werkzeug, mit dem Sie besonders gern arbeiten?
Ja / Nein
Wenn ja, welches?
Bitte beschreiben Sie kurz die positiven Aspekte dieses Werkzeugs:

Gibt es ein Werkzeug, über das Sie sich immer wieder ärgern, mit dem Sie arbeiten müssen? Ja / Nein
Wenn ja, welches?
Bitte beschreiben Sie kurz die negativen Aspekte dieses Werkzeugs:

Diagramm 5 zeigt die Verteilung der hier gegebenen Antworten, die sich also alle auf konkrete Werkzeuge beziehen. Der Einteilung der Antworten auf die Kategorien liegt dabei das Modell aus Diagramm 3 zugrunde.

Die Gesamtlänge eines Balkens in Diagramm 5 gibt an, wie wichtig eine Eigenschaft eines Werkzeugs insgesamt ist. Dabei kann man auch deutlich erkennen, daß einige Eigenschaften erst dann als wichtig bemerkt werden, wenn sie schlecht erfüllt werden, während sie im positiven Fall als selbstverständlich angesehen werden. Dies gilt für Fehlerfreiheit/Absturzsicherheit, Hilfefunktionen und Dokumentation, Performance und Erlernbarkeit.

Die Verteilung der Antworten bestätigt im wesentlichen das Ergebnis des vorigen Abschnitts. An vorderster Stelle stehen Bedienbarkeitsaspekte mit insgesamt 62 % der Nennungen, wobei 29 % positiv bemerkte Eigenschaften sind und 33 % negative aufgefallene Eigenschaften. Allerdings gehören die drei vorrangig genannten Eigenschaften der Lieblingswerkzeuge von Entwicklern zur Funktionalität.

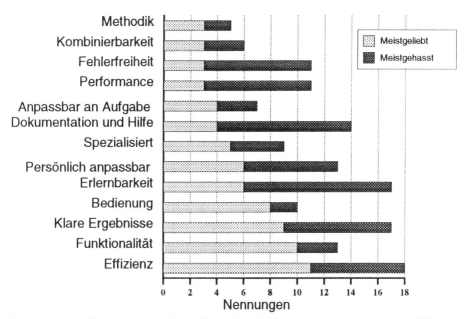

Diagramm 5: Merkmale der jeweils meistgeliebten und meistgehaßten Werkzeuge: Verteilung der Nennungen

In diesem Zusammenhang ist noch abzuklären, ob diese Verteilung für einzelne Werkzeugklassen spezifisch ist, ob es also Werkzeuggruppen gibt, die sich durch besondere Ungeeignetheit auszeichnen und ebenso andere, die sich als besonders passend herausstellen. Es zeigte sich jedoch, daß bei allen Werkzeugklassen, zu denen sich genügend Aussagen fanden, etwa gleich viele Werkzeuge unter den meistgeliebten wie unter den meistgehaßten eingestuft wurden. Bei diesen Kategorien handelt es sich um Low-Level-Editoren, Entwicklungsumgebungen, CASE-Tools, Makrosprachen, 4GL-Sprachen und Debugger.

Bei den selten genannten Werkzeugklassen gab es auffallende Unterschiede, die aufgrund der geringen Anzahl von Nennungen jedoch noch nicht zu verallgemeinern sind. So fanden sich alle drei Nennungen zu Projektmanagement-Tools unter den meistgehaßten Werkzeugen, ebenso beide Nennungen zu Datenbanken.

Ein Grenzfall sind Data Dictionaries: sieben wurden bei den meißtgehaßten Werkzeugen genannt, drei bei den Lieblingswerkzeugen. Diese Werkzeug-Kategorie soll in den nächsten Abschnitten näher betrachtet werden.

4 Auswirkungen des Werkzeugeinsatzes

Die statistischen Auswertungen ergaben eine Korrelation zwischen der Häufigkeit des Einsatzes von CASE- oder Spezialwerkzeugen und dem Produktmerkmal Änderbarkeit und dem Prozeßmerkmal Beteiligungsmöglichkeiten.

Dies ist in Diagramm 6 graphisch veranschaulicht. Die Werte der Prozeß- und Produktmerkmale liegen im Intervall [0,1], wobei 0 den schlechtesten, 1 den besten erreichbaren Wert darstellt. Für die einzelnen Projekte wurde die durchschnittliche Häufigkeit des Einsatzes von CASE oder Spezialwerkzeugen von allen Mitarbeitern erfragt und als Projektwert gemittelt.

Dabei wurden 6 Häufigkeiten unterschieden. Für jede der Häufigkeiten des Einsatzes gibt die Höhe des Balkens in Diagramm 6 an, welchen durchschnittlichen Wert die Merkmale 'Änderbarkeit' und 'Beteiligungsmöglichkeiten' in den entsprechenden Projekten hatten.

Der geringe Wert bei der Häufigkeitsgruppe 'täglicher Einsatz' beruht auf einem Seiteneffekt der vorgegebenen Antworten. Die Entscheidung zwischen täglich und mehrmals wöchentlich war schlecht zu treffen. Trotzdem ist im Diagramm deutlich zu erkennen, daß ein häufiger regelmäßiger Einsatz von CASE-Werkzeugen die Änderbarkeit des erstellten Produkts erhöht. Bemerkenswert ist aber auch, daß dieser Einsatz von CASE-Werkzeugen nicht nur keinen negativen Einfluß auf die Beteiligungsmöglichkeiten hat, sondern diese im Gegenteil sogar erhöhte. Offensichtlich sind die heutigen Werkzeuge doch schon soweit ausgereift, daß sie nicht mehr die pure geronnene Software-Bürokratie darstellen [Den87].

Diagramm 7 stellt dar, welchen Einfluß es auf eine Reihe von Produkt- und Prozeßmerkmalen hat, wenn alle für die Arbeit notwendigen Werkzeuge vorhanden sind. Die Einteilung der Projekte nach Grad der Werkzeugausstattung erfolgte dabei analog der Ermittlung der Häufigkeit des CASE-Tool-Einsatzes.

Auswirkungen des Einsatzes von Spezial- oder CASE-Werkzeugen

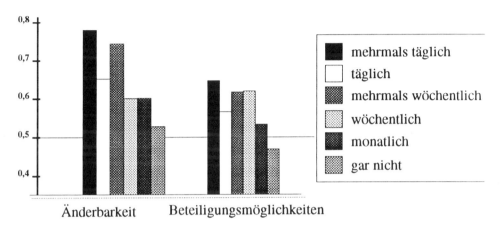

Diagramm 6: Auswirkungen des Einsatzes von CASE- oder Spezialwerkzeugen auf Änderbarkeit und Beteiligungsmöglichkeiten

Es ergab sich ein Zusammenhang des Grades an Werkzeugunterstützung mit den Merkmalen informelle und formelle Kommunikation und Kooperation, dem methodischen Vorgehen, der Dokumentationsqualität und der von den Entwicklern beurteilten Effizienz des Entwicklungsverlaufs.

In das letzte Merkmal gingen Antworten der Entwickler auf Fragen wie 'Zeit wurde oft nutzlos verbraucht' oder 'Die Zeitvorgaben stehen in einem sinnvollen Verhältnis zur Arbeitsaufgabe' ein.

Für eine Interpretation dieser Zusammenhänge war jedoch eine detailliertere Überprüfung der einzelnen Projekte notwendig. Eine genauere Klärung der Zusammenhänge war durch eine Tiefenuntersuchung in einem mittleren Softwarehaus möglich.

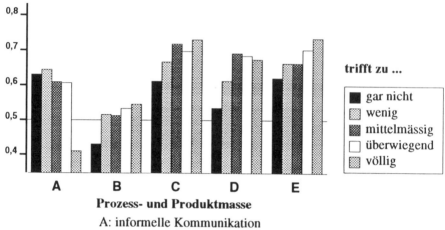

Diagramm 7: Auswirkungen, wenn alle aus Sicht des Entwicklers notwendigen Werkzeuge vorhanden sind

Eine umfassendere Werkzeugunterstützung war in allen Projekten mit einem stärker strukturierten Entwicklungsprozeß gekoppelt. Dies äußert sich zum einen in einem methodischen Vorgehen, das u.a. auf einer höheren Anzahl von Vorgaben aufbaut, zum anderen in einer Erhöhung der formellen Kommunikation in Form von Projektbesprechungen. Dabei wurden Informationen zum Entwicklungsstand ausgetauscht und die weiteren Planungen gemeinsam besprochen. Interessant ist der Umstand, daß sich die informelle Kommunikation gleichzeitig verringerte. Dieser Sachverhalt ist im Kapitel 'Informationsaustausch' näher beleuchtet. Die höhere Reibungslosigkeit des Entwicklungsverlaufs beruht zu gleichen Teilen auf dem methodischen Vorgehen und dem Werkzeugeinsatz. Die Erhöhung der Qualität der Dokumentation ist Ergebnis der Werkzeugunterstützung und der genaueren Vergaben zu Layout, Zuständigkeiten etc.

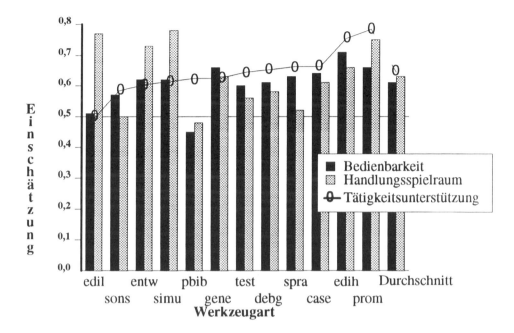

Diagramm 8: Tätigkeitsunterstützung durch Werkzeuge

Wichtige Hinweise erhält man auch durch eine getrennte Betrachtung der einzelnen in Abschnitt 2 beschriebenen Werkzeugklassen. Bei der Beschreibung der Werkzeuglandschaft und Untersuchung der Tätigkeitsunterstützung wurden bereits erste Aussagen zu Werkzeugen gemacht.

Diagramm 8 zeigt die durchschnittliche Einschätzung der Werkzeuge aus den einzelnen Klassen bezüglich des Handlungsspielraums, den sie einem Entwickler gewähren, der Gesamteinschätzung der Bedienungsqualität und der Unterstützung der mit diesem Werkzeug ausgeübten Tätigkeit. Dabei wurde zwischen befragtem Entwickler und Interviewer gemeinsam festgelegt, bezüglich welcher Tätigkeit welches Werkzeug einzuschätzen sei. Es wurde darauf geachtet, eine typische Konstellation zu wählen, damit nicht die Eignung von Assembler zur Anfertigung von Zeichnungen beurteilt würde.

Auffallend ist die schlechte Gesamteinschätzung von Projektbibliotheken im Gegensatz zu ihrem relativ guten Wert bezüglich der Tätigkeitsunterstützung.

Dem gegenüber steht die Einschätzung von Low-Level-Editoren und teilweise auch Entwicklungsumgebungen und Simulatoren. Diese lassen dem Entwickler einen großen Handlungsspielraum und auch ihre Bedienbarkeit wird sehr hoch eingeschätzt, ihre Tätigkeitsunterstützung verglichen mit den anderen Werkzeugklassen jedoch eher unterdurchschnitlich.

In obige Bewertungen (Skalen) gehen jeweils die Antworten auf mehrere Fragen ein. Durch Betrachtung der Einzelaussagen läßt sich ein noch detaillierteres Bild gewinnen. Die folgende Tabelle faßt die wesentlichen Ergebnisse hierzu zusammen:

Mit über 60 prozentiger Zustimmung wurden die folgenden Fragen beantwortet:

WK 1 *Der Dialog ist den Anforderungen der Tätigkeit angepaßt.*

WK 2 *Der Bedienungsablauf dieses Werkzeugs ist analog dem Handlungsablauf gestaltet.*

WK 3 *Der Bearbeitungszustand wird angezeigt*

WK 14 *Für diese Tätigkeit bietet das Werkzeug alle notwendigen Funktionen.*

WK 15 *Begriffe, Funktionstastenbelegungen etc. sind bei diesem Werkzeug einheitlich.*

WK 34 *Es kommt sehr selten vor, daß ich die Tätigkeit teilweise oder vollständig von vorne beginnen muß, weil das Werkzeug fehlerhaft ist.*

Mehr als 40 Prozent schätzten dagegen die folgenden Aspekte negativ ein:

WK 13 *Das Werkzeug ist mit ausführlichen, klaren Hilfstexten ausgestattet.*

WK 25 *Für das Werkzeug gab es spezielle Schulungsmöglichkeiten.*

Einzelaspekte:

WK 4 *Die Bearbeitungsoptionen werden angezeigt:* Vor allem Editoren mit mehr Funktionalität scheinen den Benutzer mit wesentlich mehr Informationen über mögliche Operationen zu versorgen. Die Antworten aus dieser Kategorie bestätigen diese Aussage zu über 90 Prozent. Vor allem Low-Level Editoren und auch Projektbibliotheken dagegen bieten in dieser Hinsicht zu wenig.

WK 5 *Die Dokumentation des Werkzeugs ist ausreichend*: Nur die genannten Projektmanagement-Werkzeuge erhalten hier sehr gute Noten.

WK 7 *Das Werkzeug läßt sich gut mit anderen Werkzeugen kombinieren.*

> WK 8 *Das Werkzeug verfügt über Optionen, mit denen es für künftige Anforderungen ausgebaut werden kann*: Projektbibliotheken schneiden hierbei wesentlich besser ab, während Testwerkzeuge eher auf spezielle Probleme ausgerichtet zu sein scheinen, weshalb sie schlecht beurteilt werden.
>
> WK 16 *Die Funktionsweise des Werkzeugs ist einfach nachvollziehbar* (Transparenz des Systems): Dies ist die einhellige Meinung in Bezug auf Debugger.
>
> WK 17 *Der Zeitaufwand für die Ausführung der Tätigkeit nahm ab.*
>
> WK 18 *Der Aufwand für lästige Routinearbeit nahm ab*: Dies gilt in besonderem Maße für Entwicklungsumgebungen und Test-Werkzeuge.
>
> WK 27 *Ist der Arbeitsablauf für diese Tätigkeit durch die Benutzung des Werkzeugs genau vorgeschrieben?* Dies wird für Projektbibliotheken, im Gegensatz zu den meisten anderen Werkzeugen, bejaht.
>
> WK 30 *Hilft das Werkzeug dabei, die Problemstellung in dieser Tätigkeit übersichtlich zu ordnen?* Dies wurde zu jeweils 100 % bei Data Dictionary und Projektmanagement-Werkzeugen bejaht.

5 Zielgerichteter Einsatz von Werkzeugen

Bei der direkten Einschätzung der Wirksamkeit des Werkzeugeinsatzes wird deutlich, daß dabei zwei Ziele sorgfältig auseinanderzuhalten sind. Dabei handelt es sich zum einen um die Erhöhung der Qualität des zu erstellenden Produkts, zum anderen um die Unterstützung der Entwickler bei ihrer täglichen Arbeit, respektive um Produktivitätssteigerung.

Die Ergebnisse des vorigen Abschnitts werden in Diagramm 9 bestätigt. Hier werden die durchschnittlichen Einschätzungen zu 4 konkreten Fragen dargestellt. Die Linie gibt die Einschätzung an, inwieweit die befragten Entwickler der Meinung waren, daß der Einsatz des Werkzeuges die Produktqualität verbessert habe. Die Balken geben jeweils die Einschätzungen zu den Fragen an:

Der Zeitaufwand für die Ausführung der Tätigkeit nahm ab.

Der Aufwand für lästige Routinearbeit nahm ab.

Die Verwendung dieses Werkzeugs hat die Informationsbeschaffung erleichtert.

Auch hier werden Projektbibliotheken relativ gut eingeschätzt, was ihre Auswirkung auf die Produktqualität betrifft, aber deutlich unterdurchschnittlich, was ihre Eignung zur Arbeitserleichterung angeht. Projektbibliotheken sind somit von zentraler Bedeutung für die erfolgreiche Durchführung von Projekten, sogar trotz ihrer offensichtlich noch mangelhaften Ausführung. Es bleibt zu überlegen, wieviel sie noch an Bedeutung gewinnen würden, wenn sie erst an die Arbeit von Software-Entwicklern besser angepaßt wären.

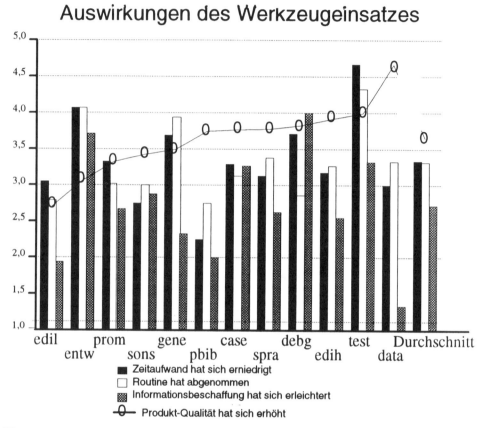

Diagramm 9: Durchschnittliche Einschätzung der Auswirkung des Werkzeugeinsatzes auf Produktqualität und Produktivität.

Führt man sich darüber hinaus die Eigenschaften objektorientierter Systeme vor Augen, so gewinnen diese Ergebnisse eine große Bedeutung. Bibliotheken sind bei objektorientierten Systemen wesentlich wichtiger, da dort sehr viel größerer Wert auf die Wiederverwendung von Software-Bausteinen oder deren Teile gelegt wird. Eine gut funktionierende Klassen- oder Projektbibliothek wird damit ausschlaggebend für den Projekterfolg.

Noch stärker sichtbar wird die unterschiedliche Auswirkung des Werkzeugeinsatzes bei der Einschätzung von Data Dictionaries. Wie Diagramm 9 zeigt, werden sie fast einhellig dahingehend eingeschätzt, daß sie die Informationsbeschaffung nicht erleichtern, aber genauso einhellig, daß ihr Einsatz die Produktqualität erhöht hätte. Letzteres sogar mit deutlichem Abstand gegenüber der Einschätzung der Werkzeuge aus den anderen Klassen.

Auch hier läßt sich dies aus der persönlichen Erfahrung eines ehemaligen FORTRAN-Programmierers leicht an einem Beispiel erklären. Diese Sprache kennt die Möglichkeit der impliziten Typdeklaration. Eine nicht explizit deklarierte Variable wird bei ihrer ersten Verwendung je nach Anfangbuchstabe ihres Bezeichners einem Datentyp zugewiesen (H bis N für Integer, sonst Real). An diese Möglichkeit kann man sich durchaus gewöhnen, um eben mal schnell eine vergessene Variable einzuführen, ohne in den Deklarationsteil und dann wieder an die richtige Stelle im Code springen zu müssen (wobei man sich vornimmt, dies bei nächster Gelegenheit 'sauberzumachen'). Unnötig zu bemerken, daß dies auch zu interessanten Effekten bei Tippfehlern führt.

Wechselt man nun auf eine Sprache, die explizite Typdeklarationen der Variablen fordert, so empfindet man dies durchaus häufiger als Behinderung. Würde einem in dieser Situation die Frage gestellt, ob sich die Deklaration von Variablen nun erleichtert habe oder ob der Zeitaufwand nun geringer geworden sei, so könnte man dies ohne Zögern mit 'kaum' oder 'gar nicht' beantworten. Umgekehrt müßte man die Frage, ob dies nun die Qualität des Programms erhöht hätte, ehrlicherweise mit 'ja' beantworten.

Auch bei diesen Fragen liegen die Einschätzung von Entwicklungsumgebungen wieder umgekehrt.

Ein Projektleiter sollte somit sorgfältig darauf achten, wozu er ein Werkzeug einführt und wie er die Einführung eines Werkzeug begründet. Es wäre vollkommen falsch, eine Projektbibliothek gegenüber den Entwicklern damit motivieren zu wollen, daß die tägliche Arbeit damit deutlich erleichtert würde. Umgekehrt wäre es nicht sinnvoll, die Anschaffung einer Testhilfe oder einer Entwicklungsumgebung gegenüber der Firmenleitung mit einer zu erwartenden deutlichen Qualitätserhöhung zu begründen.

6 Zusammenfassung

Bei einer Untersuchung der Werkzeugunterstützung aller anfallenden Tätigkeiten bei der Software-Entwicklung zeigte sich, daß deren Angemessenheit durch die Entwickler relativ positiv eingeschätzt wurde. Dies liegt zum Teil auch daran, daß sich Entwickler in der vorgefundenen Landschaft einrichten, was sich sowohl in der geringen Anzahl von Wünschen nach zusätzlichen Werkzeugen als auch in der Zahl der Verbesserungsvorschläge für vorhandene

Werkzeuge zeigt. Die meisten Wünsche betreffen Werkzeuge für Projektmanagement, Graphik und Generatoren. Ebenso wurde ein Werkzeug vermißt, das speziell zur Dokumentation geeignet ist.

Die Werkzeugunterstützung durch Editoren wird gerade dann als besonders unangemessen bezeichnet, wenn die Entwickler gezwungen sind, für Textverarbeitungsaufgaben Low-Level-Editoren zu verwenden, die an sich für die Programmerstellung gedacht sind.

Die Untersuchung der phasenspezifischen Werkzeugunterstützung ergab ebenfalls, daß die Unterstützung für die späten Phasen *Programmierung, Test* und *Integration* am höchsten ist und diese Tätigkeiten auch als am besten unterstützt beurteilt werden.

Als wichtigste generelle Anforderungen an Werkzeuge wurden statt der erwarteten breiten Funktionalität eine einfache Bedienung und schnelle Erlernbarkeit genannt. Weiterhin zeigte sich bei der Auswertung der Auswirkungen von Werkzeugeinsätzen, daß sorgfältig zwischen den Zielen 'Produktivitätssteigerung' und 'Qualitätserhöhung' unterschieden werden muß. Nicht jede Werkzeuggruppe ist gleichermaßen für beide Ziele geeignet.

7 Literatur

[And88] Andresen, T. (1988). Warum scheitern SW-Entwicklungsumgebungen? In H. Österle (Ed.): Anleitung zu einer praxisorientierten Software-Entwicklungsumgebung, Band 1: Erfolgsfaktoren werkzeugunterstützer Software-Entwicklung (pp. 247-259). Hallbergmoos: AIT Angewandte Informations-Technik Verlags GmbH.

[Bal87] Balzert, H. (1987). Vom singulären Werkzeug zur integrierten Software-Entwicklungsumgebung. Angewandte Informatik 5/87, pp.175-184.

[BBE90] Bartl, B., Biskup, H., Ebert, R. (1990). Integration von Case-Tools über ein zentrales Repository zur Förderung von Kooperation und Kommunikation im Team. In: Tagungsband TOOL 90, Karlsruhe, pp. 166-172.

[Bec89] Beck, A. (1989). Perspektiven zur Mensch-Maschine-Funktionsteilung. In: Softwaretechnik-Trends, Vol. 9(2), pp. 4-13.

[Cas90] Marktübersicht: CASE-Technologien. (1990). Die Computerzeitung, 21. Feb. 1990. pp. 14-19.

[Coy86] Coy, D. (1986). Experiences with an Imposed Use of Software Development Tools.

[CKI88] Curtis, B., Krasner, H., Iscoe, N. (1988). A Field Study of the Software Design Process for large Systems. Communications of the ACM, 31(11), pp. 1268-1287.

[Den87] Denert, E. (1987). Objektorientierte Kreativität statt Software-Bürokratie. Computer Magazin, September 1987, pp. 52-54.

[Elz86] Elzer, P. (Ed.). Proceedings of the IFAC/IFIP Workshop, Heidelberg, 14-16 May 1986, Oxford: Pergamon Press.

[Fis87] Fischer, A. (1987). Methodenlust, Methodenfrust: Erfahrungen und Denkanstöße zur Einführung von Software-Engineering-Methoden und -Werkzeugen. Hamburg: Organisationsberatung und Informationstechnik.

[Han85] Hanson, S. J., Rosinski, R. R. (1985). Programmer Perceptions of Productivity and Programming Tools. In Edgar H. Sibley (Ed.): Communications of the ACM, Vol. 28 (2), pp. 180-189

[Hes84] Hesse, W. (1984). S/E/TEC - Software-Produkttionsumgebung von Softlab. in: Moderne Software-Entwicklungssysteme und -werkzeuge, BI-Reihe Informatik. Mannheim: Bibliographisches Institut, 44, pp. 163-194.

[Hes81] Hesse, W. (1981). Methoden und Werkzeuge zur Software-Entwicklung - ein Marsch durch die Technologie-Landschaft. In: Informatik-Spektrum 4.4, pp. 229-245

[JV85] Jarke, M., Vassilio, Y. (1985). A Framework for Choosing a Database Query Language. In: Computing Surveys Vol. 17, No. 2, pp. 320-340.

[Koc90] Koch, G. (1990). CASE als Bestandteil einer praxisorientierten Ausbildung von Wirtschaftsinformatikern - Anforderungen und Tool-Auswahl. In: Tagungsband TOOL 90, Karlsruhe. pp. 173-177.

[KRT89] Kölsch, R., Reischmann, J., Tempelmeier, T. (1989). CASE-Tools. In: Fachgruppe „Software-Engineering" (Ed.), Softwaretechnik-Trends 9.3, pp. 31-38

[Mai86] Maier, H. H. (1986). Tools for Supporting Project Management. In P. Elzer (Ed.), Proceedings of the IFAC/IFIP Workshop, Heidelberg, 14-15 May 1986 (pp. 142-150). Oxford: Pergamon Press.

[PR87]	Pomberger, G., Remmele, W. (1987). Werkzeuge und Hilfsmittel für Rapid Prototyping - Ergebnisse einer Untersuchung. Information Management, 4/87, pp. 20-25.

[Rau91]	Rautenberg, M. (1991). Interaktive Aufsetzpunkte: ein Konzept zur Beschreibung und Klassifizierung von Benutzeroberflächen. (ETH-IfAP & UNI-Ifl). Zürich: Universität Zürich, Eidgenössische Hochschule.

[FBBS9]	Fleischer, P., Behdjati, A., Bagdon, S., Schlüter, P. (1991). Der objektorientierte Software-Entwicklungsprozeß und seine Unterstützung durch Werkzeuge. In Softwaretechnik-Trends, Februar 1991, pp. 23-53.

[Rod89]	Rivers, R. (1989). Embedded user models - where next? Interacting with Computers, Butterworth & Co, 1 (1), pp 13-29.

[Sch84]	Schmidt, S. (1984). Der Einsatz von Methoden und Werkzeugen zur Software-Produktion - Empirische Untersuchung bei Software-'Prozeßrechner', Informatik-Fachberichte, 86, pp. 266-275.

[SFK86]	Schuler, T., Frank, R. J., Kratschmer, W. (1986). Successes and Failures Using EPOS as a Software Production Tool. In: P. Elzer (Ed.), Proceedings of the IFAC/IFIP Workshop, Heidelberg, 14-16 May 1986 (pp. 125-130). Oxford: Pergamon Press.

[SK86]	Schuler, T., Frank, R., Kratschmer, W. (1986). Successes and Failures Using EPOS as a Software Production Tool. In: Elzer P. (ed.), Proceedings of the IFAC/IFIP Workshop, Heidelberg, 1986, Pergamon Press, Oxford, pp. 125-130

[Sch86]	Schulz, A. (1986). Ein Klassifizierungs- und Bewertungsschema für Software-Engineering-Werkzeuge, insbesondere für CASE-Systeme. Angewandte Informatik, 5/86, 191-197.

[Sel86]	Selig, J. (1986). EDV-Management: Eine empirische Untersuchung der Entwicklung von Anwendungssystemen in deutschen Unternehmen. Betriebs- und Wirtschaftsinformatik. Berlin: Springer-Verlag.

[Sim88]	Simonsmeier, W. (1988). Der CASE-Markt im Aufbruch. Computer Magazin, 7-8/88, pp. 41-44.

[Wes88]	Wesseler, B. (1988). Was bringt uns CASE?, online, 11/88, pp. 26-36

Anhang A

Tabelle: Beispiele für die Anforderungen an Werkzeuge
(möglichst wörtlich aus den Interviews übernommen)

einf

- einheitliche Funktionstastenbelegung
- klare und gut strukturierte Benutzeroberfläche und Dialogführung
- soll genau das machen, was man erwartet, komfortabel
- man ist schnell entscheidungsfähig
- gestellte Anforderungen sollen berücksichtigt werden, Eingabemöglichkeiten für konkrete Anforderungen
- gute Oberfläche - Menüstruktur, hinreichender Leistungsumfang
- als Vorgabe wenige Elemente, Komplexität wird dann selbst behandelt
- klare Konzeption der Benutzerschnittstelle
- leicht anwendbar, ohne groß nachzudenken
- stupide Sachen leicht und gut übernehmen
- Entlastung für inhaltliche Arbeit schaffen
- gute Verfügbarkeit der Basisfunktionen (auch wenn man bei schwierigeren, selteneren Funktionen ein paar Klimmzüge machen muß)
- benutzbar ohne lange Einarbeitungszeit
- Gebrauch sollte auch nach längerer Pause problemlos möglich sein
- ergonomisch: wenig tippen, konsistent, Befehle gut zu merken, evtl. graphische Oberfläche
- übersichtlich: nicht zu vollgepropfte Masken
- gut strukturiert: durchschaubar, nachvollziehbar, so daß man weiß, was man tut und dann gegebenenfalls reagieren kann
- optimale Benutzeroberfläche: Menüs, Hilfeunterstützung, klare Oberfläche, einfach zu erlernen
- es soll nicht, wie bei WordStar, dem Benutzer schwer zu merkende Tastencodes zumuten.

lern
- leichte Erlernbarkeit, muß nicht jeden Sonderfall erfassen, verständlicher Output
- intuitive Bedienbarkeit
- einfach & schnell erlernbar
- keine Einarbeitungszeit
- übersichtlich: Struktur des Tools muß erkennbar sein
- soll Verständnis des inneren Aufbaus ermöglichen.

- gute Wiedereinarbeitbarkeit
- Transparenz: Es muß klar sein, welche Wirkungen ein Befehl hat und warum es so funktioniert
- ohne Handbuch erlernbar/Soforteinstieg möglich
- soll zielgerichtet sein (auf die Arbeitsaufgabe)
- schnelle Einarbeitungszeit
- möglichst wenig Einschränkungen wie z.b. bei der Vergabe von Dateinamen etc.
- sollte nicht zu schwer erlernbar sein, d.h. für die Verwendung sollte nicht zu viel theoretisches Wissen nötig sein, so daß man es bald anwenden kann
- das „UNIX-Zeugs" ist nur mit graphischer Oberfläche zu ertragen
- durchschaubare, allgemein verständliche Methodik, auch ohne Handbuchwälzen, Selbsterklärung aus dem Zusammenhang; Ausbaufähigkeit
- in sich selbst erklärend - leicht erlernbar

help
- gutes Handbuch; es sollte ein Demoprogramm zur Einführung anbieten
- Dokumentation sollte es ermöglichen, nachzuvollziehen, was gemacht wurde
- gute, d.h. ausführliche und vollständige Dokumentation
- guter Support (Hotline)
- Bedienbarkeit: gute on-line-help-Funktionen, die der jeweiligen Teilfunktion angepaßt sind
- Helpfunktionen, die weiterhelfen und nicht in einer Sackgasse enden
- Helpfunktion soll direkt an dem konkreten Problem ansetzen und nicht lange Menüschlangen öffnen
- gute Helpfunktionen mit Beispielen ohne Fachtermini
- selbstdokumentierend (man weiß ohne Handbuch, was man tut oder wie man was tun kann)
- Infos über zugrundeliegende Prozesse sollen zugänglich sein (keine Black Box)

konf
- Parallelität zur eigenen Logik (Negativbeispiel: Assembler, sehr maschinennah)
- erweiterbar z.B. mit Makros (für eigene Ideen und Spielereien)
- Bedürfnisse erfüllen, ohne zu sehr einzuschränken
- hierarchisch strukturiert, damit man es auch stückweise einsetzen kann
- sollte verschiedene Kenntnisstufen unterstützen (Profi/Anfänger)
- optimale Unterstützung in individueller Arbeitsweise
- soll Arbeit erleichtern und transparent machen
- flexibel / anpaßbar an eigene Bedürfnisse und an eigenen Stil

anpa
- Es soll am konkreten Problem, das bearbeitet wird, orientiert sein
- es soll die gestellten Aufgaben voll unterstützen
- für die Arbeitsaufgabe adäquate Funktionalität (z.b. datenorientierte Strukturierung ermöglichen; den Aufbau von Funktionsstrukturen unterstützen)
- es soll eine gute Organisation der Arbeitsabläufe unterstützen
- Wichtig sind: Zweckdienlichkeit (d.h. Passung zwischen Aufgabe und Werkzeug) und einfache Bedienbarkeit. Z.B. mit dem Debugger kann man Binär-Dateien editieren - jedoch sehr umständlich, deshalb habe ich mir dafür ein eigenes Tool entwickelt.

perf
- Funktionen sollten flexibel (von der Oberfläche geführt) u. schnell (z.B. durch Hotkeys) benutzbar sein
- gute Performance, schnell
- kurze Antwortzeiten

stab
- stabil (ohne gravierende Fehler)
- es soll genau das machen, was man erwartet; komfortabel und zuverlässig sein

komb
- Man muß es in andere Umgebungen einbetten können (Schnittstellen)
- Ergebnisse sollen von einem Werkzeug auf ein anderes übertragbar sein
- offen / kombinierbar mit anderen Werkzeugen
- universell einsetzbar (im Verbund mit anderen Tools - wie z.B. bei UNIX)
- universell einsetzbar (d.h. Hardware-unabhängig; Universalität muß allerdings tatsächlich gegeben sein; meist wird sie nur von den Tool-Herstellern versprochen, aber nicht eingehalten)
- es soll sich in die vom Anwender (Entwickler) gewohnte Umgebung integrieren lassen

meth
- Es soll standardisierte Methoden zur Verfügung stellen
- methodisches Vorgehen soll unterstützt werden
- es soll sinnvolle Struktur produzieren: Standard/Konventionen; nachvollziehbar
- es soll „disziplinarisch wirken", d.h. bei unklarem Zustand von sich aus einen Vorschlag über die Verfahrensweise machen.

effi
- effizient: es soll tatsächlich Arbeit abnehmen
- es muß das, was es machen soll, auch machen
- es darf nicht behindern
- es sollte nicht als Last erscheinen, sollte keine Zeit kosten
- gute Bedienbarkeit, Minimum an Aufwand, Automatismen (z.B. Arbeitsersparnis)

ergb
- Arbeitserleichterung, durchschaubare Ergebnispräsentation
- Effekte des Werkzeugs sollen dokumentiert sein
- es muß gute Ausdrucke bieten
- übersichtliche Ausgabe

spez
- Aufgabenstellung soll eingeschränkt (spezialisiert) dargeboten werden
- Schlank, flexibel und transparent (im Ggs. zur zwar luxuriösen, aber wenig transparenten Microsoft Workbench)
- detailliert auf spezielle Funktion ausgerichtet
- kleine und handliche Tools, wie die selbstgeschriebenen Submit-files für Batch-Abläufe, d.h. man gibt eigentlich keine Befehlssequenzen oder Einzelbefehle mehr ein
- es soll mit wenigen Parametern auskommen (ist dann überschaubarer)
- es muß an die Aufgabe, für die es geschaffen wurde, gut angepaßt sein

auto
- automatische Dokumentation; Automatisierung komplexer Prozesse, Überprüfungen, Plausibilitätscheck, Portabilität
- es muß in der Arbeit möglichst weit unterstützen
- den Kopf für die eigentlichen Sachen freihalten
- Automatisieren routinemäßiger Arbeiten (z.B. durch Schreiben von *make*-Kommandos)

funk
- das Werkzeug soll sich als roter Faden durch alle Phasen durchziehen
- Schaffen einer integrierten Entwicklungsstruktur
- es soll nicht unnötig komplex sein, aber sehr leistungsfähig
- technische Funktionalität; großer Funktionsumfang ist erwünscht
- nicht bruchstückhaft, es soll größere Phasen abdecken
- komplex kann ein Werkzeug sein, aber es soll nicht kompliziert sein

sons
- Es soll Prototyping ermöglichen (also relativ schnell ein 'sichtbares' Produkt liefern)
- es soll weiterentwickelbar sein
- es soll mindestens zwei Fenster liefern (so daß man jeweils in einem die graphische Struktur und im anderen die Statements eines Programms einblenden kann)
- es bietet Unterstützung bei der Analyse (Querprüfungen, Vollständigkeitsprüfungen)
- gute Default-Einstellungen
- der Tool-Entwickler muß Wissen über die Anwendung haben
- vernünftige Aufgabenteilung in dem Werkzeug (z.B. durch modularen Aufbau) ermöglichen
- es soll sinnvolle Personenzuordnung zu Arbeitspaketen ermöglichen
- es geht auf eine Diskette
- die Installation sollte problemlos sein

Der Informationsaustausch in Software-Entwicklungsprojekten

J. Schnath, U. Bittner, Universität Marburg

1 Einleitung

Software-Entwicklung beinhaltet neben den technischen Anforderungen auch zu einem großen Teil Kommunikationsanforderungen an die Entwickler. Je nach Untersuchungsansatz und Forschungsinteresse wird ihr Anteil an der Gesamtarbeitszeit mit bis zu 40% angegeben. [FB92]. In diesem Artikel soll der hohe Anteil an Kommunikation und Kooperation innerhalb der Gesamttätigkeit von Software-Entwicklern näher untersucht werden. Dies betrifft sowohl den Inhalt des Informationsaustauschs als auch die verschiedenen Quellen, die von Software-Entwicklern benutzt werden, um Informationen zu gewinnen. Erst die genauere Kenntnis von Inhalt und Form des Informationsaustauschs bildet die Grundlage für mögliche Verbesserungen, will man nicht bei der allgemeinen Forderung nach 'mehr kommunikativer Kompetenz' stehenbleiben.

Die folgenden Auswertungen beziehen sich auf die Befragung von 189 SW-Entwicklern im Rahmen des Projekts IPAS.

2 Ergebnisse

2.1 Die wichtigsten Aspekte des Informationsaustauschs

Bei der Verteilung der auf die Frage: 'Für welche Aspekte in der Software-Entwicklung ist der Informationsaustausch am wichtigsten?' gegebenen Antworten fällt unmittelbar auf, daß sich ein Großteil der Nennungen eindeutig auf entwicklungsinterne Aspekte bezieht. Hierzu gehören alle Nennungen, die den folgenden Kategorien zugeordnet wurden.

(i) *allgemeine Entwicklungsziele:* Antworten, wie z.B. 'Wiederverwendbarkeit', 'Wartbarkeit' oder 'Einheitlichkeit' wurden unter dieser Kategorie zusammengefaßt.

(ii) *technische Koordinierung:* Dies umfaßt vor allem Nennungen, die sich auf das Abstimmen von Datenstrukturen und Schnittstellen beziehen.

(iii) *Lösung von Einzelproblemen:* Dies umfaßt Aspekte, die im Zusammenhang mit der Lösung auftretender technischer Probleme genannt wurden wie 'Programmabstürze', 'Tuning' oder 'gegenseitige Unterstützung bei Problemen'.

Für welche Aspekte in der SE ist der Informationsaustausch am wichtigsten

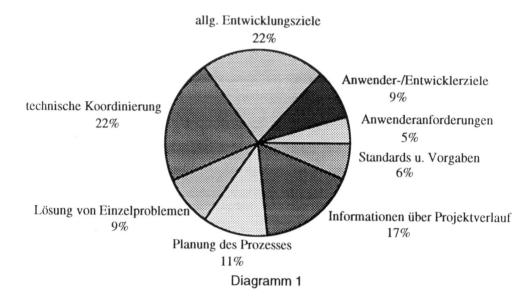

Diagramm 1

Die nächste Gruppe von Nennungen umfaßt Aspekte, sie sich mehr auf den Projektfortschritt beziehen. Die Kategorie

(iv) *Planung des Prozesses* beinhaltet Nennungen wie 'Synchronisierung der Arbeit', 'Verteilung der Aufgaben' oder 'Terminplanung'.

(v) *Informationen über Projektverlauf* umfaßt alle Nennungen, die sich auf die Weitergabe allgemeiner Informationen über das Projekt beziehen wie z.B. 'Zusammenhänge', 'Bekanntmachung des Arbeitsfortschritts' oder 'Terminsituation'. Unter

(vi) Standards und Vorgaben wurden Nennungen zusammengefaßt, die sich auf die Herstellung und Vermittlung einer gemeinsamen Vorgehensweise bzw. Sicht des Problems beziehen, wie beispielsweise 'Dokumentationsstil', 'Standards diskutieren' oder 'gemeinsames Problem- und Begriffsverständnis'.

Die beiden letzten Kategorien subsummieren unter

(vii) *Anwenderanforderungen* benutzerorientierte Nennungen wie 'Fachbereichsanforderungen' und 'richtige Funktionalität des Systems', unter der Kategorie

(viii) *Anwender-/Entwicklerziele* dagegen Nennungen, die nicht eindeutig einer Orientierung am Benutzer oder technische Aspekten zuzuordnen waren, wie 'Funktionalität', 'Zuverlässigkeit' und 'Effizienz'. Alle diese Nennungen sind auffallend unspezifisch. Selbst dort, wo der Informationsaustausch als wichtig für benutzerorientierte Anliegen erachtet wird, konnten die SW-Entwickler nicht genau benennen, worin ihre Informationsbedürfnisse bestehen.

Die Erwartung, daß sich bei den Befragten mit direktem Benutzerkontakt eine deutlich andere Gewichtung der Aspekte des Informationsaustauschs ergeben würde, konnte nicht bestätigt werden. Lediglich die allgemeinen Entwicklungsziele werden von Software-Entwicklern ohne direkten Benutzerkontakt noch häufiger genannt als von solchen mit diesem Kontakt.

Die Dominanz der entwicklungsinternen Aspekte zeigte sich über alle Projektphasen hinweg und nahm für diejenigen Projekte, die über die Phasen Anforderungsanalyse und/oder Technischer Entwurf hinaus waren, noch deutlich zu. Dies könnte bedeuten, daß der Informationsaustausch zu benutzerorientierten Aspekten im Verlauf der Software-Entwicklung in den Hintergrund gedrängt wird, weil mit Beginn der Realisierungsphase die Arbeit durch technische Aspekte beherrscht wird.

Für Projektleiter und -manager, die sich an den hier gezeigten Ergebnissen orientieren möchten, ist sicherlich der hohe Prozentsatz der gewünschten *Informationen zum Projektverlauf* interessant. Offensichtlich besteht ein großes Interesse seitens der Software-Entwickler daran, über den eigenen unmittelbaren Aufgabenbereich hinaus auch den Stand der anderen Arbeiten im Team zu kennen. Dieses Interesse zeigte sich in allen Phasen gleichermaßen.

Das regelmäßige Abhalten von Teamsitzungen erscheint als besonders geeignetes Mittel, den gesamten Projektverlauf transparent zu machen. Durch die Verbesserung des Informationsflusses wird es möglich, Querbeziehungen zu anderen Teilaufgaben leichter zu erkennen, zum anderen werden aber auch die persönlichen Zuständigkeiten für einzelne Teilaufgaben deutlich bzw. abgeklärt. Ähnlich äußert sich in einem Praxisbericht auch Hennenberg: 'It is desirable that all persons engaged in a project should take an interest in other functions as well. The mere fact of 'looking over the fence' often brings unresolved points to light; these points can be cleared up quickly by the project managers.' ([Hen86], S.5)

2.2 Formelle versus informelle Kooperationsbeziehungen

Der Bedeutung der Kommunikation in Software-Projekten wird im Rahmen des Software-Engineering schon seit langem gesehen. Balzert verweist auf den exponentiell steigenden Aufwand für die Kommunikation, wenn man die Anzahl der Mitarbeiter in einem Projekt erhöht. Er bespricht die Kommunikation allerdings fast ausschließlich in technischer Hinsicht und empfiehlt grundsätzlich, die Kommunikationspfade im Projekt zu minimieren. Offen bleibt bei ihm der Stellenwert der informellen Kommunikation, zu der er lediglich anmerkt: 'Es soll nochmals betont werden, daß die Reduktion der Kommunikationspfade sich nicht auf informelle und soziale Kommunikation zwischen Mitarbeitern bezieht.'([Bal82], S.466.)

Um die Mittel und Wege, die dem Software-Entwickler für den Informationsaustausch zur Verfügung stehen, besser einschätzen zu können, sollen im folgenden Ergebnisse vorgestellt werden, die sich damit befassen, *wie* der Software-Entwickler an die benötigten Informationen gelangt und wie er diese Informationsquellen einschätzt.

Zunächst einmal interessierte uns die Frage, ob es Unterschiede zwischen der Bedeutung von offiziellen bzw. formellen (FK) und inoffiziellen bzw. informellen (IK) Kooperationsbeziehungen gibt. Hierbei zeigte sich, daß die informellen Kooperationsbeziehungen, z.B. zufällige Treffen an der Kaffeemaschine oder oder Gespräche mit den Zimmerkollegen, insbesondere für die Produktivität eine deutlich höhere Bedeutung haben, während die "wirklich wichtigen" Dinge eher zu gleichen Teilen bei formellen und informellen Zusammenkünften besprochen werden.

Das Übergewicht der Bedeutung der informellen Kommunikation und Kooperation verstärkt sich, wenn man die Projektleiter aus der Fallsammlung herausnimmt.

Die Software-Entwickler wurden weiterhin danach befragt, wie sie sich am effektivsten notwendige Zusatzinformationen zu ihrem Arbeitsauftrag besorgen.

Welche Quellen werden benutzt, um effektiv Informationen zu erhalten

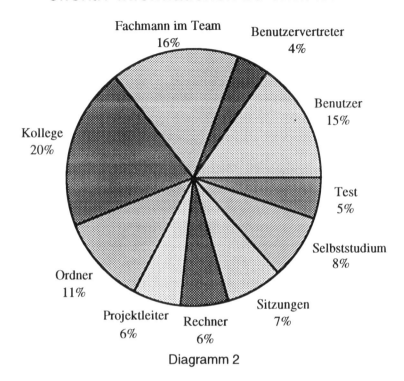

Diagramm 2

Wie man sieht, gibt es für die Software-Entwickler eine ganze Reihe von Möglichkeiten, sich Informationen zu besorgen. Mit einem Anteil von insgesamt 68% überwiegen dabei die Quellen, bei denen die Information über direkte Kommunikation ausgetauscht wird. Hierbei nimmt das Team als Informationsquelle eine Schlüsselstellung ein.

Besondere Bedeutung kommt dabei dem 'Fachmann' im eigenen Team zu. In den Interviews unserer Untersuchung wurde von den Befragten immer wieder darauf hingewiesen, wie wichtig es sei, erstens für sich selbst ein Raster aufzubauen, wer sich worin auskennt, und zweitens die Möglichkeit zu haben, den entsprechenden 'Fachmann' möglichst einfach erreichen zu können. Diese Bedeutung der Kollegen und Fachleute im eigenen Team wurde unabhängig von der aktuellen Projektphase gesehen und erhöht sich noch bei solchen Entwicklern, die über keinen direkten Kontakt zum Endbenutzer verfügen (siehe auch nächsten Abschnitt).

Die Schlüsselstellung der Mitarbeiter als Informationsquelle bestätigte sich auch bei einer Untersuchung von großen Software-Projekten in den USA: 'When used effectively, these sources (Verfasser: nets of people to gather information) helped coordinate dependencies among project members and supplemented their knowledge, thereby reducing learning time. Integrating information from these different sources was crucial to the performance of individual project members.' ([CKI88], S.1279).

Unerwartet hoch fällt weiterhin der Anteil *Selbststudium* aus. Hierunter fällt z.B. das Lesen von Fachbüchern oder das Studium von Handbüchern. Die Fähigkeit, sich selbständig Wissen zu erschließen, gehört offensichtlich mit zu den notwendigen Qualifikationen für Software-Entwickler. Es verdeutlicht zugleich die Notwendigkeit, den Entwicklern entsprechende Publikationen an ihrem Arbeitsplatz zur Verfügung zu stellen.

Um die informelle Kommunikation genauer zu erkunden, wurden die untersuchten Software-Entwickler auch dazu befragt, welche Gelegenheiten sie benutzen, um sich auf informellem Wege Informationen zu beschaffen.

Erstaunlicher als die Nennungen, die sich auf Gelegenheiten während der Arbeit beziehen, sind unserer Meinung nach solche, die sich auf Pausen und private Gelegenheiten beziehen. Zum einen wird deutlich, daß sich zumindest ein erheblicher Teil der Software-Entwickler über ihre Arbeitszeit hinaus mit ihrer Aufgabe beschäftigen, was als Ausdruck ihrer hohen Motivation gewertet werden kann.

Zum anderen dienen Einrichtungen wie eine Kaffeebar oder eine gemeinsame Kantine demzufolge nicht nur dem individuellen Wohlergehen während der Arbeit (vgl. [KKST79]: 'Die informelle Kommunikation liegt im Interesse der Beschäftigten, die als soziale Wesen an guter Kommunikation mit ihren Arbeitskollegen interessiert sind.'). Es bestätigt sich vielmehr die Aussage, daß solche von der Firma zur Verfügung gestellten Einrichtungen über die Förderung des Arbeitsklimas hinaus auch unmittelbar den Informationsfluß vereinfachen.

Von seiten der Projektleitung birgt die Informationsbeschaffung per informeller Kommunikation leicht das Manko in sich, daß sie ohne Kontrolle der Ergebnisse verläuft und somit der Projektfortgang schwerer verfolgbar ist. Vor dem Schluß, deshalb den Anteil der informellen Kommunikation möglichst gering zu halten, kann aufgrund der vorliegenden Ergebnisse nur gewarnt werden.

Gelegenheiten für informellen Informationsaustausch

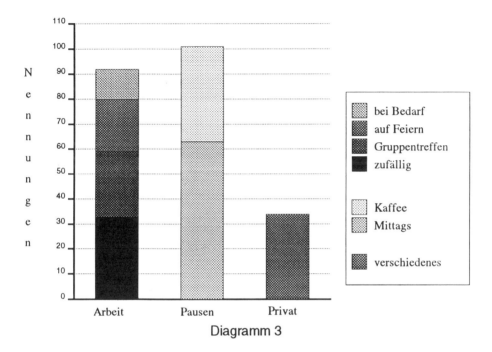

Diagramm 3

Als ein probates Mittel, den Aufwand für die informelle Kommunikation zu verringern, wird häufig der Einsatz von mehr Dokumentation empfohlen. Dies läßt sich aufgrund unserer Interviews nicht bestätigen. Dokumentation wird in der Regel als zu schwerfällig und zu unvollständig angesehen. Zu dem gleichen Ergebnis kommt die bereits erwähnte große Untersuchung in den USA (vgl. [CKI88]).

Ein interessanter Zusammenhang zeigt sich bei einem Vergleich der Einschätzungen der Software-Entwickler zur allgemeinen Werkzeugunterstützung ihrer Arbeit und den berechneten Maßen für die informelle bzw. formelle Kommunikation, den die nachfolgende Graphik darstellt. (Der 'Kommunikationswert' ist mindestens 0 und kann maximal 1 annehmen.)

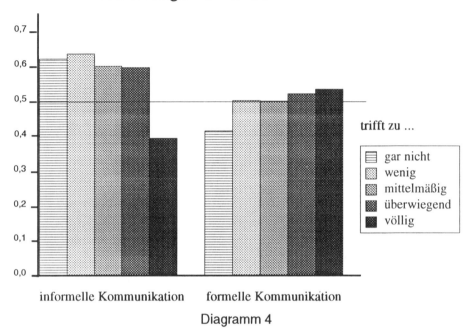

Diagramm 4

Wie man sieht, hat das Ausmaß der Werkzeugunterstützung durchaus unterschiedliche Auswirkungen auf die verschiedenen Arten der Kommunikation: Während sich bei vermehrtem Werkzeugeinsatz die Bedeutung der formellen Kommunikation erhöht, reduziert sich die Bedeutung der informellen Kommunikation.

2.3 Wissen über den Anwendungsbereich

Bezogen sich die bisherigen Aussagen in erster Linie auf projektinterne Informationsflüsse, so wollen wir abschließend der Frage nachgehen, woher die Software-Entwickler ihr Wissen über den Anwendungsbereich beziehen und damit über den Bereich, den sie mit ihrer Arbeit selbst maßgeblich mit gestalten. Dazu werden im folgenden die Ergebnisse auf die Frage dargestellt: "Woher kommt Ihr Wissen über den Anwendungsbereich, für den Sie im Projekt Software entwickeln? Mit Anwendungsbereich ist alles gemeint, was mit den tatsächlichen Arbeitsabläufen des *End*Benutzers zu tun hat."

Woher kommt das Wissen über den Anwendungsbereich

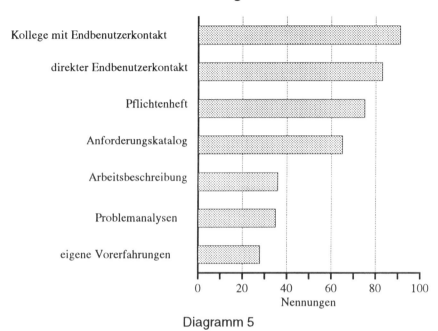

Diagramm 5

Prozentual ergibt sich daraus die folgende Verteilung (Mehrfachnennungen waren möglich):

(1) verschiedene Dokumentationen, die Aufschluß über das Anwendungsfeld geben:

26% Arbeitsbeschreibungen der Endbenutzer

25% Problemanalysen

53% Pflichtenheft

46% Anforderungskataloge

(2) 59% direkter Kontakt mit dem Endbenutzer oder Endbenutzervortreter

(3) 20% eigene, frühere Erfahrungen in der Software-Entwicklung für diesen spezifischen Anwendungsbereich

(4) 65% Austausch mit Kollegen, die mit dem Anwendungsbereich in direktem Kontakt stehen.

Hierbei fiel zunächst auf, daß 14 % der Befragten auf keinerlei Dokumentation über den Anwendungsbereich zurückgreifen können. Diese Entwickler sind ausschließlich auf den direkten Kontakt mit dem Endbenutzer angewiesen bzw. auf den Austausch mit Kollegen, da in dieser befragten Entwicklergruppe zudem keine Vorerfahrung auf dem Gebiet des zu entwickelnden Programms vorhanden ist.

Interessanter noch als die quantitative Auswertung der Frage nach dem Wissen über den Anwendungsbereich, die zunächst einen Überblick über die in der Praxis gebräuchlichen Verfahren gibt, ist der Versuch, die Güte der benutzten Informationsquelle zu beurteilen. Hierzu vergleichen wir die Einschätzung der Entwickler, wie gut sie die Aufgaben des Endbenutzers kennen, in Abhängigkeit von der zugrundeliegenden Wissensquelle.

In der folgenden Tabelle sind die durchschnittlichen Angaben bei der Frage: 'Ich kenne die Aufgaben des Endbenutzers' dargestellt (eingeschätzt auf einer Skala von 1 bis 5), je nachdem, ob die links genannte Wissensquelle vorhanden oder nicht vorhanden ist:

	vorhanden	/	nicht vorhanden
Vorerfahrung in der SW-Entwicklung	3.91	/	3.57
direkter Endbenutzerkontakt	3.86	/	3.29
Arbeitsbeschreibung	3.86	/	3.57
Anforderungskatalog	3.82	/	3.48
In der Problemanalyse dokumentiertes Wissen	3.80	/	3.58
Kollegen, die Endbenutzerkontakt haben	3.57	/	3.78

Im Durchschnitt schätzen die von uns untersuchten Software-Entwickler ihre Kenntnis der Aufgaben der Endbenutzer mit 3.6 zwischen 'zum Teil' (=3) bis 'überwiegend' (=4) ein. Dennoch zeigen sich zwischen den einzelnen Quellen durchaus Unterschiede. Den relativ stärksten Einfluß (Differenz von 0.6) übt die Möglichkeit / Unmöglichkeit aus, sich direkt mit dem Endbenutzer in Verbindung zu setzen. Die Bedeutung dieses Endbenutzerkontakts zeigt sich auch daran, daß diejenigen Entwickler, die ohne diese Möglichkeit auskommen müssen, insgesamt ihre Kenntnis der Aufgaben der Endbenutzer am schlechtesten einschätzen (3.29). (Die oben bereits erwähnte Entwicklergruppe ohne jede Dokumentation schätzt übrigens ihre Kenntnis der Endbenutzeraufgaben mit 3.6 genauso gut wie alle übrigen ein).

2.4 Eingesetzte Hilfsmittel

Da der Kontakt zu Kollegen eine derart zentrale Stellung einnimmt, wurden abschließend noch die Mittel untersucht, mit denen eigene Ideen und eigenes Wissen vermittelt wurden. Die Antworten wurden in folgende Kategorien eingeteilt, deren prozentuale Verteilung in Diagramm 5 dargestellt ist:

Kategorien:
- freie Zeichnung oder Skizze
- Programmcode, Datenstrukturen und Masken
- Pseudocode und Struktogramme
- Diagramm entsprechend einer SWE-Methode, formale Spez.
- reiner Text, Aktennotizen
- reines Gespräch, Vortrag
- Vorführung am Rechner
- Beispiele, Arbeitsabläufe von Benutzern

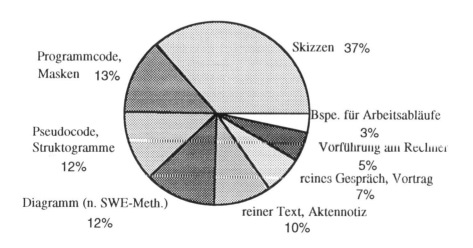

Diagramm 5

Zeichnungen sind eindeutig das zentrale Hilfsmittel. Dabei sind die auf SWE-Methoden beruhenden Diagramme offensichtlich noch nicht ausreichend praktikabel, weshalb auf freie, der Situation angepaßte Skizzen zurückgegriffen wird. Am geeignetsten scheinen dabei noch Automatengraphen, ER-Diagramme und Datenflußdiagramme zu sein, denn hauptsächlich diese haben Eingang in die persönlichen Darstellungsweisen (Methodiken) gefunden. Bei letzteren muß man allerdings feststellen, daß sich hier auch Diagramme finden, die mit den Datenflußdiagrammen nach deMarco nur die Tatsache gemeinsam haben, daß Kreise und Pfeile gezeichnet und beschriftet werden.

Reiner Text wird hauptschlich von Projektleitern bzw. Vertretern des Managements oder Benutzervertretern eingesetzt. Teilweise gilt das auch das reine Gespräch.

Die formaleren, realisierungsnäheren Diagramme und insbesondere Programmiersprachen bzw. Pseudosprachen werden hauptsächlich von Entwicklern untereinander verwendet. Das heißt aber auch, daß Entwickler ihre Ideen erst selbst in Lösungsansätze umsetzen, bevor sie sich Rückkopplung holen.
Die Ausnahme ist, daß Ideen anhand von Beispielen aus dem bestehenden oder künftigen Arbeitseinsatz dargestellt werden (Szenarien).

Erstaunlich häufig werden Ideen schon in prototypische Lösungen umgesetzt. Daß diese nicht stärker zur Komunikation eingesetzt werden, sondern nur 5% Anteil ausmachen, beruht auf der Tatache, daß sie sich nicht überallhin mitnehmen lassen, bzw. es kaum möglich ist, zu viert oder fünft an einem Bildschirm (und ev. mit einer Maus) ein künftiges System zu entwerfen, im Gegensatz zu einer Flip-chart. Gleiches gilt auch in starkem Maße für den Entwurf von Datenmodellen. Hier hat sich in allen Firmen gezeigt, daß dies zunächst am besten mit Karten geht, die man an eine Pinnwand heftet bzw. auf dem Tisch hin- und herschieben kann. Erst bei genügend Stabilität des Datenmodells lohnt es sich, dies in den Rechner zu übertragen.

3 Zusammenfassung und Ausblick

In den von uns durchgeführten Untersuchungen hat sich gezeigt, daß der direkte Informationsaustausch, d.h. das Gespräch mit den Kollegen im Team bzw. dem Fachmann im eigenen Arbeitsbereich, eine sehr wichtige Rolle für die Arbeitseffizienz spielt. Eine Konsequenz daraus sollte es sein, die räumliche Nähe von Informationsträgern sicherzustellen. Es ist sehr wichtig, den entsprechenden Mitarbeiter ohne viel Aufwand aufsuchen und mit ihm einen Sachverhalt mündlich abklären zu können.

Die Konsequenz aus den Ergebnissen zu den Inhalten des Informationsaustausches ist nicht so eindeutig: Zum einen könnte man aus der relativ gering eingeschätzten Bedeutung des Informationsaustausches mit den Benutzern den Schluß ziehen, die technischen Fragen seien also 'wichtiger' für die Software-Entwickler. Andererseits muß man aber auch das Problem sehen, daß die Entwickler, solange sie in sehr starkem Maße mit technischen Problemen befaßt sind, gar keine Möglichkeit haben, sich intensiver mit Fragen der Benutzerkooperation zu beschäftigen. Insofern fehlt ihnen häufig die Zeit, überhaupt ein größeres Problembewußtsein für die Belange des Benutzers zu gewinnen. In den Fällen, in denen ein engerer Benutzerkontakt möglich war, wurde er von den Entwicklern immer positiv erwähnt.

4 Literatur

[Bal82] Balzert, H. (1982). Die Entwicklung von Software-Systemen: Prinzipien, Methoden, Sprachen, Werkzeuge. Mannheim: BI Reihe Informatik.

[CKI88] Curtis, B., Krasner, H., Iscoe, N. (1988). A Field Study of the Software Design Process for Large Systems. Communications of the ACM 31(11), pp. 1268-1287

[FB92] Frese, M., Brodbeck, F. (1992). Psychologische Aspekte der Software-Entwicklung. IBM-Nachrichten 42, Heft 309, S. 15-19.

[Hen86] Hennenberg, H. (1986). Software Project Management - There is More To It Than Just Technology. In: Elzer P. (ed.), Proceedings of the IFAC/IFIP Workshop, Heidelberg, 14-16 May 1986, Oxford: Pergamon Press, pp. 1-8

[KKST79] Kimm, R., Koch, W., Simonsmeier, W., Tontsch, F. (1979). Einführung in Software Engineering. Berlin: de Gruyter Verlag

Wünsche von Software-Entwicklern an ihre Entwicklungssituation

U.Bittner, J. Schnath, Uni Marburg

1 Einleitung

In den vorigen Kapiteln wurde hauptsächlich die vorgefundene Praxis in heutigen Software-Entwicklungsprojekten beschrieben. Darin waren teilweise bereits Hinweise auf eine Gestaltung der Entwickler-Arbeitsplätze enthalten. Weitere wesentliche Gestaltungsvorschläge ergeben sich aus der arbeitspsychologischen Bewertung der Arbeitsplätze von Software-Entwicklern. Dies ist jedoch nicht Gegenstand dieses Berichtes, sondern hierfür wird auf den Abschlußbericht des Teilprojekts Psychologie verwiesen. Diskussionen von Maßnahmen des Projektmanagements finden sich hingegen im Bericht des Teilprojektes Soziologie [WO92].
Von Seiten der Informatik wurden den Software-Entwicklern als ergänzende Datenerhebung direkte Fragen nach ihren Wünschen gestellt, um weitere Hinweise für Gestaltungsansätze zu erhalten.

2 Stichprobe

Den in den folgenden Abschnitten dargestellten Ergebnissen liegt die Untersuchung von 29 Projekten in 19 Firmen zugrunde, in deren Verlauf 189 Mitarbeiter schriftlich und in Interviews befragt wurden. Darunter waren 118 Software-Entwickler, 49 Projekt- oder Teilprojektleiter, 19 Benutzervertreter und 3 nicht unmittelbar der Software-Entwicklung zuzuordnende Personen.

3 Ergebnisse

3.1 Gewünschte Verteilung der Arbeitszeit

Die Befragten wurden gebeten, ihre Wunschverteilung in Prozent der Gesamtarbeitszeit auf die sechs Tätigkeitsbereiche:
- Entwurf
- Realisierung/Test
- Wartung
- Qualitätssicherung/Werkzeugauswahl
- Projektorganisation
- Kundenberatung

anzugeben. Diagramm 1 zeigt die sich ergebende durchschnittliche Verteilung nach Entwicklern, Projektleitern und Benutzervertretern.
Generell überraschend ist die Übereinstimmung zwischen Entwicklern und Benutzervertretern. Dies zeigt sich vor allem bei der gewünschten Anteilen an Realisierungs- und Teststätigkeiten und Kundenberatung. Lediglich bei der Projektorganisation stimmen Benutzervertreter eher mit Projektleitern überein. Insgesamt entsprechen die Werte aber im wesentlichen den Erwartungen.

Unerwartet war, daß die angegebenen Wunschverteilungen keine signifikante Abhängigkeit von der Phase zeigten, in der sich die Projekte befanden und damit auch weitgehend unabhängig von den Tätigkeitsschwerpunkten der letzten Monate waren.

Gewünschte durchschnittliche Arbeitszeitverteilung

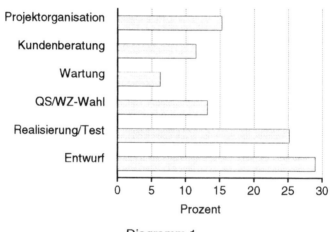

Diagramm 1

Eine projektspezifische Auswertung zeigte:

Entwurf: Diese Angaben streuen am meisten. Die angegebenen Werte liegen projektspezifisch zwischen 10 und 50%, allerdings wie schon erwähnt unabhängig von den Tätigkeitsschwerpunkten der letzten Monate. Allerdings war eindeutig, daß bei "alten" Systemen, bei denen also Projektentwicklung eher ständige Wartung bedeutet, deutlich niedrigere Werte angegeben wurden. Die höchsten Angaben fannden sich bei Entwicklungen, bei denen Neuland betreten wurde, unabhängig davon, ob dafür im tatsächlichen Entwicklungsverlauf viel oder wenig Zeit dafür zur Verfügung stand.

Realisierung: Hier bewegten sich die Angaben gleichmäßig zwischen 15 und 35%, wobei die hohen Prozentzahlen hauptsächlich in Projekten angegeben wurden, die unter Zeitdruck arbeiten mußten oder generell einen drängenden Kunden im Rücken hatten.

Qualitätssicherung / Werkzeugauswahl: Hier liegen die Angaben in allen Projekten ziemlich konstant zwischen 10 und 20%. Es war kein Einfluß des Projekttyps oder der aktuellen Qualitätssicherungsmaßnahmen erkennbar (dies ließ sich leicht anhand von Projekten aus der gleichen Firma feststellen, die im gleichen Umfeld durchgeführt wurden).

Wartung: Wartung ist allgemein sehr ungeliebt. Die Angaben lagen weitgehend konstant bei 5% mit drei 'Ausreißern, die auf sehr hohen (>80%) Angaben einzelner Personen zurückgehen, wobei sich die Hintergründe nachträglich nicht mehr klären ließen.

Kundenbetreuung: Die Angaben streuen hier zwischen 5 und 25%, wobei die Zahlen eindeutig bei Projekten ohne direkten Kundenkontakt geringer sind (< 10%) als bei Projekten mit hohem und direkten Kundenkontakt.

Projektorganisation: Auch hier liegt eine starke Streuung zwischen 5 und 30% vor, wobei in Projekten mit externen Kunden und kleinen Projektteams deutlich höhere Anteile gewünscht wurden.

3.2 Wünsche nach Arbeitsinhalten

Um Hinweise für gewünschte Arbeitsinhalte und insbesondere eine Aussage über den Stellenwert der Methoden- und Werkzeugwissen für Software-Entwicklern und den Stellenwert von Benutzerkontakten zu erhalten, wurden die Befragten gebeten, folgende 12 Aussagen auf einer 5-stufigen Intervallskala einzuschätzen:

Ich hätte gerne mehr Zeit und/oder Möglichkeiten...

A1   mir Informationen vom Anwender zu holen.

A2   mir mehr Fachwissen aus dem Anwendungsbereich anzueignen.

A3   alternative Lösungsideen für Teilaufgaben auszuprobieren.

A4   mit Kollegen deren Programme zu besprechen und zu verstehen.

A5   den Systementwurf mitzugestalten.

A6   meine Programme auf Änderbarkeit zu überarbeiten.

A7   neue Werkzeuge und Methoden kennenzulernen.

A8   zum Nachdenken vor der Realisierung.

A9   zur Ausgestaltung der Bedienoberfläche.

A10 zur generellen Überarbeitung meiner Programme.

A11 nach Projektende mein Produkt im Einsatz zu sehen.

A12 mit den Abnehmern meiner Module diese zu diskutieren.

Diagramm 2 gibt an, wieviele Prozent der Befragten diese Aussagen mit "trifft größtenteils zu" oder "trifft völlig zu" beantworteten. Anhand der Streuung der Angaben innerhalb eines Projektes und zwischen Projekten konnte festgestellt werden, daß manche Angaben unabhängig von der Tätigkeit der letzten Zeit sind, andere wiederum davon beeinflußt werden.

Unabhängig sind eindeutig die Wünsche, neue Methoden und Werkzeuge kennenzulernen und mehr Fachwissen aus dem Anwendungsgebiet zu erhalten.

Deutlich abhängig von den Tätigkeiten ist der Wunsch, den Systementwurf mitgestalten zu können. Der Wunsch, das Produkt im Einsatz zu sehen, ist deutlich ausgeprägter bei technischer Anwendungen - besonders Prozeßsteuerung.

Bei einigen Aussagen sind hier deutliche Unterschiede zwischen Entwicklern und Projektleitern sichtbar (Benutzervertreter wurden für diese Frage herausgenommen):

- Deutlich niedriger (um ca. 1/3 bis 1/2) lag die Prozentzahl der Projektleiter bei den Aussagen A3 (23% gegenüber 40%), A5, A6, A8 und A12.

- Andererseits gab es auch auffallende Übereinstimmungen (auf 2% genau) bei den Aussagen A7 (Methoden und Werkzeuge kennenlernen!), A4 und A11.

- Bei den übrigen Aussagen liegen die Abweichungen zwischen den beiden Gruppen von Befragten im Bereich der Abweichungen innerhalb einer Gruppe.

Ich hätte gerne mehr Zeit und/oder Möglichkeiten, um ...

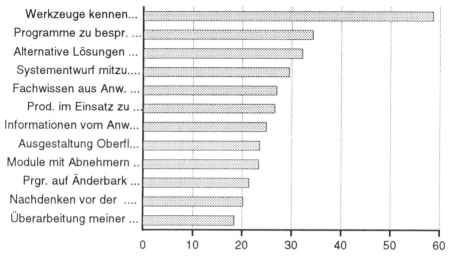

Prozent der Entwickler, die die „betreffende Frage" mit „trifft vollständig zu" oder „trifft überwiegend zu" beantworteten.

Diagramm 2

Insgesamt ergibt sich das Bild, daß generell mehr Zeit und Möglichkeiten gewünscht werden, sich neues Wissen anzueignen. Dabei steht der Wunsch, neue Methoden und Werkzeuge kennzulernen, mit Abstand an vorderster Stelle. Dies ergänzt sich sehr gut mit der Feststellung in den vorigen Kapiteln, daß nur diejenigen Entwickler, die von früheren Arbeitsplätzen oder von der Ausbildung her andere Methoden und Werkzeuge kannten, in den Interviews auch sagen konnten, welche Verbesserungen sie sich wünschen oder für welche Tätigkeiten sie Werkzeugunterstützung haben wollten. Eine konstruktive und kreative Mitarbeit der Software-Entwickler an ihrer Arbeitsumgebung setzt also voraus, daß man sie vorher mit den existierenden Alternativen vertraut macht.

Das anschließende Überarbeiten der Programme ist wie schon die Wartungstätigkeit eher unbeliebt. Überaschenderweise schein en Entwickler auch der Ansicht zu sein, vor der Realiserung ausreichend nachdenken zu können. Dies deckt sich mit Ergebnissen in anderen Untersuchungsteilen, daß Entwickler im wesentlichen der Ansicht waren, die bestmögliche Lösung realisert zu haben und nicht den Eindruck hatten, daß sich Zeitdruck negativ auf die Qualität ihrer Lösung auswirkte.

3.3 Methodenunterstützung von Software-Entwicklern

Wie im Kapitel 'Praxis des Methodeneinsatzes' bereits dargestellt wurde, haben Software-Entwickler an die Methoden kaum Wünsche. Sofern sie Methoden einsetzen, ist ihre Beurteilung erstaunlich positiv. Hier spielt sicherlich auch die Art der Wissensvermittlung mit hinein. Insgesamt war es äußerst überraschend, daß von den befragten Entwicklern kaum Verbesserungsvorschläge gemacht werden konnten. Ebenso waren viele der geäußerten Nachteile eigentlich Nachteile des Werkzeugs. Eine Erklärung hierfür wurde aus den Daten zur Methodenschulung abgeleitet und durch die Beobachtungen während der Tiefenuntersuchung bestätigt. Im Gesamtbild ist festzustellen, daß Training on the Job derzeit mit über 40% eine Schlüsselstellung bei der Vermittlung von Methodenwissen einnimmt. Die Methode wird gewissermaßen als integraler Bestandteil der Einarbeitung eines neuen Mitarbeiters unter der Devise 'das machen wir hier so und so' vermittelt.

Bei Methoden zum Programmentwurf werden Generatoren als Werkzeug gelobt; falls diese nicht vorhanden sind, werden sie dringendst gewünscht. Wie bereits im vorhergehenden Abschnitt erwähnt, wurde von den Interviewpartnern oft mit der Methode gleichzeitig das Werkzeug beurteilt. Dabei werden in erster Linie die schlechte Integration von Text und Graphik bzw. die rudimentären Graphikfähigkeiten bemängelt.

3.4 Werkzeugunterstützung von Software-Entwicklern

Wünsche an Werkzeuge wurden bereits ausführlich im Kapitel zum Werkzeugeinsatz. behandelt, so daß hier nur Befunde zusammengefaßt werden.

Bei den Wünschen nach Werkzeugunterstützung ihrer Tätigkeiten ergab sich deutlich das Bild, daß die untersuchten Software-Entwickler sich in der gegebenen Umgebung einrichten.
Die Software-Entwickler unterscheiden sich somit nicht von den normalen Benutzern. Auch diese fordern bei einem neuen Produkt oft wieder die Funktionalität, die sie vom alten Produkt her kennen. Es obliegt eigentlich eher den

Entwicklern, ihnen vorzuführen, was möglich ist, ohne sie dabei wiederum zu bevormunden. Software-Entwicklung ist also im wahrsten Sinne Arbeitsgestaltung.

Bei den von Software-Entwicklern geäußerten Wünschen an ihre Werkzeuge stehen Wünsche nach leichter Erlernbarkeit und nach komfortabler Bedienoberfläche im Vordergrund. Dabei zeigte sich, daß diese Verteilung der Wünsche unabhängig davon ist, wieviele Werkzeuge die Entwickler bereits haben. Eine einfache und auch nach längerer Zeit noch präsente Bedienung eines Werkzeugs wurde beispielsweise von allen Entwicklern gefordert und nicht nur von denjenigen, die mit sehr vielen verschiedenen Werkzeugen umgehen.

Verdichtet man diese Verteilung gemäß der klassischen Einteilung eines Prozesses in Input-Process-Output, so zeigt sich ein deutliches Übergewicht der Wünsche an die Eingabeseite gegenüber den Wünschen an die produzierten Ergebnisse. Noch deutlicher wird die Bedeutung der Eingabe, wenn man eine Verdichtung der Daten nach Bedienoberfläche, Funktionalität und Eignung für Managementaufgaben durchführt.

3.5 Wünsche bezüglich Weiterbildung

Die untersuchten Projektmitarbeiter wurden um die Einschätzung gebeten, ob sie ihr Wissen verbreitern oder eher vertiefen wollen (1 = Wissen vertiefen, 5 = Wissen verbreitern).
Die Antworten darauf variieren beträchtlich zwischen einzelnen Projekten, während die Streuung innerhalb eines Projektes vergleichsweise gering ist. Dies legte die Vermutung nahe, daß dies mit dem Spezialisierungsgrad innerhalb eines Projektteams zusammenhängt.
Der Spezialisierungsgrad der Befragten wurde über eine Skala von 4 Items gemessen
(1 = volle Spezialisierung, 5 = keine Spezialisierung).

Diagramm 3 stellt jeweils beide Werte für ein Projekt dar, wobei nach abnehmender Spezialisierung sortiert wurde. Der Projektwert ergab sich als Mittelwert aller befragten Projektmitarbeiter. Für die beiden 'Ausreißer' ließ sich keine Erklärung finden. Es handelt sich um höchst unterschiedliche Projekte.

Der Schwerpunkt der Weiterbildungswünsche liegt jedoch bis auf die Projekte ohne nennenswerte Spezialisierung der Projektmitarbeiter auf einer Verbreiterung des Wissens. Dies steht entgegengesetzt zur derzeitigen Praxis der Aufgabenzuweisung an Entwickler, wie sie im Kapitel 'Ausgewählte Projektmanagement-Aspekte' dargestellt werden. Im allgemeinen werden Entwickler für Aufgaben eingesetzt, in denen sie Vorkenntnisse haben, was eine noch stärkere Spezialisierung zur Folge hat.

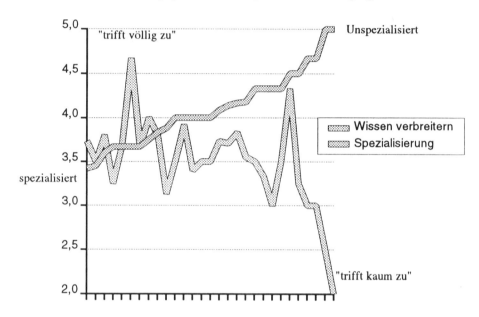

Diagramm 3

Zusammenfassung

Eine Befragung von Software-Entwicklern aus 29 Projekten im Rahmen von Projekt IPAS ergab, daß an der Spitze der Wünsche an ihre Arbeit die Verbesserung der Möglichkeiten zu Erweiterung ihres Wissens steht. Dazu gehört vorrangig der Wunsch, neue Methoden und Werkzeuge kennenzulernen. Dies ist gleichzeitig auch eine notwendige Voraussetzung, daß Entwickler konstruktive Vorschläge zur Verbesserung ihrer Arbeitsumgebung machen können.

Die gegenwärtige Praxis des Methodeneinsatzes in der Software-Entwicklung ist dadurch geprägt, daß Methodenwissen hauptsächlich während der Arbeit von den bereits damit vertrauten Kollegen erworben wird. Gezielte Schulungen stehen dahinter weit zurück. Insgesamt ist die Beurteilung des Methodeneinsatzes überaus positiv. Verbesserungswünsche von Seiten der Entwickler zielen meist auf eine Verbesserung der Werkzeugunterstützung.

Eine verbesserte Werkzeugunterstützung wird vor allen Dingen in den Bereichen Analyse und Spezifikation gefordert. Ebenso fehlen Werkzeuge, die durch leichte Erstellung von Dokumenten mit eingebundener Graphik speziell zu Dokumentationszwecken geeignet sind.

Im wesentlichen richten sich Software-Entwickler jedoch in der von ihnen vorgefundenen Werkzeuglandschaft ein.

In ihren Anforderungen an ein gutes Werkzeug unterscheiden sich Software-Entwickler nicht von anderen Benutzern. Auch sie wollen zunächst eine einfache Bedienung und gute Unterstützung durch Help-Funktionen und Handbücher. Dieser Wunsch rangiert mit Abstand vor einer breiten Funktionalität.

Der Schwerpunkt der Weiterbildungswünsche liegt auf einer Verbreiterung des Wissens gegenüber einer weiteren Spezialisierung. Dieser Wunsch verstärkt sich mit zunehmendem Spezialisierungsgrad.

4 Literatur

[BHS91] Bittner, U., Hesse, W., Schnath, J. (1991). Untersuchungen zur Arbeitssituation und Werkzeugunterstützung von Software-Entwicklern - Ein erster Zwischenbericht. In: Frese, M. (Hrsg.): Software für die Arbeit von morgen: Bilanz und Perspektiven anwendungsorientierter Forschung. Berlin, Heidelberg, New York: Springer Verlag

[HBS92] Hesse W., Bittner U., Schnath J. (1992). Results of the IPAS Project: Influences of Methods and Tools, Quality Requirements and Project Management on the Work Situation of Software Developers. Proceedings 4th IFAC-Workshop on Experience with the Management of Software Projects, Annual Review in Automatic Programming, Vol. 16, Part II. Oxford: Pergamon Press

[HBSS92] Heinbokel T., Bittner U., Stolte W., Schnath J. (1992). The Use of Tools in Software Development Projects: Results from an Empirical Investigation. Preceedings 'Work With Display Units', WWDU '92 in Berlin

[WO92]   Weltz F., Ortmann R. (1992) Das Softwareprojekt: Projektmanagement in der Praxis. Frankfurt: Campus Verlag

Projektmanagement-Aspekte

U. Bittner, J. Schnath, Universität Marburg

1 Einleitung und Stichprobenbeschreibung

Im Rahmen des Projektes IPAS wurden 29 Projekte in 19 Firmen in (West) Deutschland und der Schweiz untersucht, die entweder Software im eigenen Haus erstellen oder die Software-Projekte im Kundenauftrag durchführen. Dabei kamen für die Befragung nur solche Projekte in Frage, die mit Hilfe eines Teams durchgeführt werden. Im Verlauf dieser Untersuchungen wurden 189 Personen schriftlich und in Interviews befragt. Darunter waren 62% Software-Entwickler, 15% Projektleiter, 11% Teilprojektleiter, 10% Benutzervertreter und 2% nicht unmittelbar dem Projekt zugehörige Personen.

Die durchschnittliche Projektgröße der inhouse-Projekte war 11,2 Mitarbeiter (minimal 2, maximal 18), die der Projekte von Software-Häusern lag bei 7,2 Mitarbeitern (minimal 3, maximal 18) und in den Projekten der Hardware-Hersteller waren durchschnittlich 11 Mitarbeiter beschäftigt. Genauere Angaben zu Projekttypen und den Phasen, in denen sich die Projekte befanden, finden sich in Kapitel 2.

Zur Befragung der einzelnen Mitarbeiter hinzu kam eine einmalige Projektvorerhebung, wobei deren Inhalt zum Teil von Entwicklern während des Interviews auf Vollständigkeit überprüft und gegebenenfalls ergänzt oder Mißverständnisse ausgeräumt wurden.

Dieser Beitrag greift einige wesentliche Befunde zum Projektmanagement heraus. Eine umfassende Erhebung der Projektmanagement-Praxis wurde durch das Teilprojekt Soziologie durchgeführt und die Ergebnisse wurden in [WO92] zusammengefaßt.

2 Ergebnisse

2.1 Praxis des Phasenmodells

Bei allen Projekten wurde angegeben, daß nach einem Phasenschema vorgegangen würde. Es wurden dazu in der Vorerhebung anhand eines vorgegebenen ausführlichen Phasenschemas die Bezeichnungen und Grenzen des im jeweiligen Projekt angewandten Phasenschemas bestimmt; ebenso die jeweilige Anzahl an internen und externen Mitarbeitern. Die vorgefundenen Phasenschemata sind in Anhang A zusammengestellt.

Bei ca. 1/3 der Projekte wurden offiziell mehrere Phasen parallel durchlaufen (z.B. für verschiedene Teilsysteme), bei einem weiteren Viertel lag ein explizit zyklisch/iteratives Vorgehen vor. Darüber hinaus fanden sich jedoch bei allen Projekten mehr oder weniger stark ausgeprägt Schleifen in frühere Phasen. Um als Schleife gezählt zu werden, war dabei eine Überarbeitung bestehender Dokumente der früheren Phase, in die zurückgekehrt wurde, Bedingung. Diagramm 1 stellt die Schleifen graphisch dar.

Rückschleifen in vorangegangene Phasen

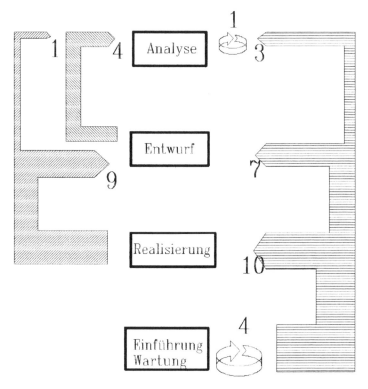

29 Projekte

156 Antworten zum Phasenverlauf

39 Berichte von expliziten Schleifen

Diagramm 1: Praxis des Phasenmodells

Wie deutlich zu sehen ist, kommt ein rein sequentielles (wasserfallartiges) Vorgehen in der Praxis kaum vor. Über die Hälfte aller Rückschleifen wurde nach Einführung des Produktes angestoßen. In drei Fällen mußte dabei sogar bis in die Analysephase zurückgegangen werden.

Bei diesen Befunden konnte kein signifikanter Einfluß des Projekttyps (Anwendungsgebietes) festgestellt werden.

Das Phasenschema ist damit aber nicht unnötige Illusion, denn es wurde andererseits von allen am Entwicklungsprozeß beteiligten Gruppen betont, daß es als Leitbild sehr nützlich sei. Die Tatsache, daß es bisher noch keine Alternative zum Phasenmodell als Grundlage von Projektmanagementmaßnahmen gibt, wird in [Hes91] und [HW94] erörtert.

2.2 Aufgabenzuteilung

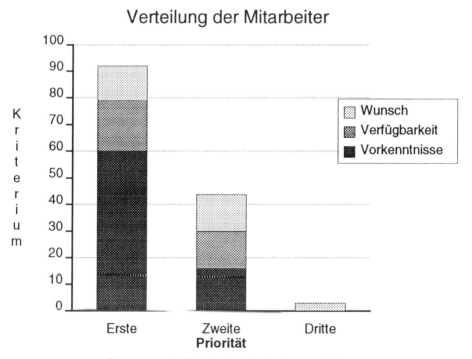

Diagramm 2: Praxis der Aufgabenverteilung

Wie Diagramm 2 zeigt, richtet sich die Aufgabenzuteilung zu Beginn eines Projektes eindeutig nach den Vorkenntnissen der Entwickler. Zu 60% erhält ein Entwickler im nächsten Projekt wieder vergleichbare Aufgaben, was zu einer immer weiteren Spezialisierung führen kann und oft erst durch einen Wechsel des Arbeitsplatzes durchbrochen werden kann.

An zweiter Stelle ist die Verfügbarkeit eines Entwicklers das Kriterium der Auswahl und erst an dritter Stelle geben Wünsche des Software-Entwicklers den Ausschlag.

2.3 Verbesserung der Effizienz

Um die Effizienz des Entwicklungsverlaufs zu messen, wurden alle Befragten unter anderem gebeten, die Aussage "Zeit wurde oft nutzlos verbraucht" auf einer 5-stufigen Likert-Skala einzuschätzen (1 = trifft gar nicht zu, 5 = trifft völlig zu).

Falls diese Aussage zutraf, waren aus vier vorgegebenen Maßnahmen diejenigen auszuwählen, durch die sich dies nach Meinung des Befragten hätte verhindern lassen:

1) Tools
2) bessere Vorbereitung des Projekts
3) bessere Abstimmungen
4) rechtzeitige Zulieferungen von Anderen (außerhalb des Projektes)
5) entfällt (da keine Zeit nutzlos verbraucht wurde)

Falls Zeit wurde nutzlos verbraucht wurde: Wodurch hätte sich dies verhindern lassen?

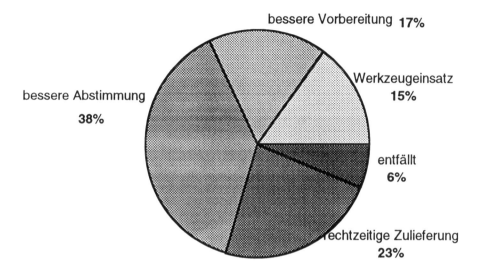

Diagramm 3: Gründe für Ineffizienz

Auch hier zeigte sich wie schon bei anderen Fragen dieser Art eine erstaunliche Übereinstimmung in den Antworten der Mitarbeiter eines Projektes. Diagramm 3 stellt die sich ergebende Verteilung der Antworten dar.
Dabei gab es an einer Stelle eine auffallende Verschiebung zwischen den Angaben von Benutzervertretern und Projektleitern. Erstere gaben 'bessere Abstimmung' mit 75% und 'rechtzeitige Zulieferung' mit 33% an. Bei Letzteren war das Verhältnis 65% zu 50%.
Ebenfalls bemerkenswert war, daß Entwickler und Projektleiter übereinstimmend mangelhafte Werkzeugunterstützung in ca. 25% der Fälle als Grund des Zeitverbrauchs sahen, die Benutzervertreter jedoch nur in 8% der Fälle.

2.4 Die verschiedenen Sichten ...

Dies führt zur Tatsache, daß verschiedene amEntwicklungsprozeß beteiligte Gruppen diesen anscheinend unterschiedlich beurteilen oder erleben. Zwei Beispiele sollen dies illustrieren.

Diagramm 4 zeigt die nach Beteiligtengruppen aufgeschlüsselten Antworten auf die Frage:

Beim Systementwurf ....

1) wird die Änderungsanfälligkeit nicht berücksichtigt
2) wird die Änderungsanfälligkeit von Teilen vermerkt
3) werden änderungsanfällige Teile separiert

Die Antworten zeigen, daß Projektleiter offensichtlich zu 60% davon ausgehen, daß änderungsanfällige Teile in eigenen Modulen separiert werden und die Änderungsanfälligkeit nur in Ausnahmefällen nicht berücksichtigt wird. Die Antworten der Entwickler zeigen dagegen eine Verschiebung um etwa 20% zur schlechteren Beurteilung. Benutzervertreter beurteilen die tatsächliche Separierung wie die Entwickler, gehen aber ansonsten davon aus, daß die Änderungsanfälligekit zumindest vermerkt wurde.

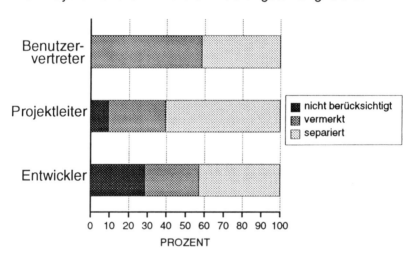

Diagramm 4: Die Änderungsanfälligkeit von Teilen

Das Zweite Beispiel bezieht sich auf die Stabilität von Vorgaben und Entscheidungen.

Diagramm 5 zeigt aus jeder Gruppe den jeweils prozentualen Anteil der Befragten, die die Aussage "**Vorgaben und Entscheidungen werden häufig revidiert**" mit "trifft gar nicht zu" oder mit "trifft wenig zu" beantworteten.

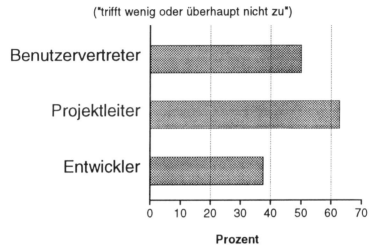

Diagramm 5: Die Revision von Entscheidungen

Hier sind die Projektleiter zum überwiegenden Teil der Ansicht, daß Vorgaben und Entscheidungen weitgehend stabil sind, die Entwickler empfanden dies offensichtlich nicht so.

Zu diesen Beispielen gehört auch der folgende Einzelfall:

> Im Rahmen des Interviews wurde erhoben, wodurch ein Projektmitarbeiter sich die Informationen beschafft und wie weit der Bearbeitungszustand von einzelnen Modulen oder Komponenten ist. Die Vorerhebung hatte ergeben, daß dafür eine Projektbibliothek eingesetzt und nach Aussage des Projektleiters auch verwendet wird. In jedem Einzelinterview gaben die Befragten jedoch an, daß sie dafür entweder direkt Kollegen fragen oder in schriftlichen Unterlagen nachsehen oder dies beiläufig mitbekommen. Die Projektbibliothek spielte, wenn überhaupt, nur eine prozentual verschwindend geringe Rolle. Auch der Projektleiter selbst benutzte sie nicht; er fragte lieber direkt bei Besprechungen bzw. telefonisch nach.

Eigentlich gingen alle Beteiligten im Projekt davon aus, daß die Bibliothek für die genannten Aufgaben genutzt würde, nur eben nicht von ihnen selbst.

2.4 Wiederverwendbarkeit

Als letzter Punkt soll auf Maßnahmen zur Erhöhung der Wiederverwendbarkeit eingegangen werden, da dies in erster Linie Aufgaben sind, die über den Rahmen eines Projektes hinausgehen und somit auf Managementebene liegen.

Diagramm 6 stellt die prozentuale Verteilung der vorgefundenen Arten von Maßnahmen dar.

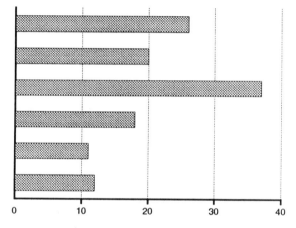

Diagramm 6: Maßnahmen zur Wiederverwendbarkeit

Zusammenfassend läßt sich sagen, daß es eine wesentlich ausgeprägtere Kultur gibt, bestehende Teile wieder zu verwenden, als Teile für künftige Produkte vorausschauend zu entwickeln bzw. dafür geeignet zu überarbeiten.

Über den Rahmen eines Projektes hinausgehende Maßnahmen

a) gezielte Überarbeitung zur Erstellung wiederverwendbarer (allgemeingültiger) Bausteine für künftige Projekte.

b) Standardarchitekturen, Standards für Module, Werkzeuge, Zuständigkeiten von Personen

Maßnahmen zur Wiederverwendung innerhalb eines Projekts.

c) Entwurf und Bekanntmachung mehrfach verwendbarer Bausteine, i.a. für Ein/Ausgabe und Datenverwaltung

d) Ausschlachten alter Software, hauptsächlich als persönliche Maßnahme

e) Auffinden von Bausteinen in Bibliotheken früherer Projekte

Am geeignetsten für eine spätere Wiederverwendung erwiesen sich Test- und Servicemodule, Module der Datenverarbeitungsschicht und Teile von Bedienoberflächen.

70% der verallgemeinerten Module basiert auf einer funktionalen Abstraktion, 30 % auf einer Datenabstraktion.

Es zeigt sich bezüglich des Interesses an Wiederverwendung ein erheblicher Unterschied zwischen verschiedenen Organisationen. Software-Häuser sind sehr aktiv. Oft haben diese bereits eine Standardarchitektur für das Anwendungsgebiet, auf das sie sich spezialisierten und dafür passende allgemeingültige Module. In eher forschungsorientierten Einrichtungen findet man eine ausgeprägte Fertigkeit zum Ausschlachten bestehender (ev. als shareware bezogener) Software. Im großen Unternehmen erhalten Projektmitarbeiter nur selten die Zeit und Unterstützung, ihre Software zum Gebrauch für künftige Projekte zu überarbeiten. Dies geschah entweder in Eigenverantwortung als private Maßnahme einzelner Entwickler, oder es waren hierfür eigene Abteilungen eingerichtet worden.

3 Zusammenfassung

Auch wenn die Bedeutung des Phasenmodells als Leitbild der Software-Entwicklung unbestritten ist, so zeichnet sich die Praxis durch eine Vielzahl von Schleifen aus, die in erster Linie aber nicht geplant werden, sondern als Reaktion auf geänderte Anforderungen erfolgen. Hier ist gleichzeitig auch eine Kluft zwischen der Sicht von Projektleitern auf den Entwicklungsprozeß und der Sicht der Entwickler auf den gleichen Prozeß zu beobachten. Dieser Befund läßt sich nicht nur am Phasenmodell, sondern noch deutlicher an den Antworten auf einzelne konkrete Fragen feststellen.

Bei einer der klassischen Projektleitertätigkeiten, der Aufgabenzuweisung, muß festgestellt werden, daß sich diese nur selten nach den Wünschen der

Software-Entwickler richtet, sondern in erster Linie Vorkenntnise und die Verfügbarkeit der Entwickler den Ausschlag geben.

Eine weitere, in Zukunft zunehmend wichtigere Managementmaßnahme stellt die Planung und Koordinierung von Maßnahmen zur Erstellung wiederverwedndbarer Module für künftige Projekte dar. Derzeit machen vorausplanende Maßnahmen nur 30% aus. Normalfall ist derzeit noch die Durchforstung bestehender Software nach wiederverwendbaren Teilen.

4 Literatur

[Hes91] Hesse, W. (1991). Neues Denken in der Softwarewelt. Proceedings Symposium über Neue Software-Architekturen, Systems '91, Diebold

[HW94] Hesse, W., Weltz, F. (1994). Projektmanagement für evolutionäre Software-Entwicklung; in: Information Management 3/94, pp. 20-33 (und in diesem Buch)

[WO92] Weltz, F., Ortmann, R. (1992). Das Softwareprojekt - Projektmanagement in der Praxis, Frankfurt/M: Campus-Verlag

Anhang

Zusammenstellung der in den untersuchten Projekten verwendeten Phasenschemata

Anmerkung 1: Am linken Rand ist jeweils das vorgegebene Phasenschema angegeben, dem das Firmen- bzw. Projektspezifische Schema zuzuordnen war.

Anmerkung 2: Man erkennt deutlich, daß einige Firmen nur auf einen Teil der Phasen spezialisiert sind.

Phaseneinteilung	Firma 1	Firma 2	Firma 3	Firma 4	Firma 5
Vorschlag	/	Projektvorschlag	Projektvorschlag	/	/
Problemanalyse / Anforderungsermittlung	Anforderungskatalog	Projektvorschlag	Projektvorschlag	Voruntersuchung	Vorangebot
Definitionsphase (Grobkonzept)	Fachkonzept	Planung-1	Planung-1	Fachkonzept (betriebswirtschaftlich)	Systementwurf
Technische Entwurfsphase (Detailspezifikation)	DV-Konzept Modul-Beschreibung	Planung-2	Planung-2	DV-Konzept	Programmentwurf Fachspezifikation
Realisierungs- / Programmierungsphase	Programmierung	Realisierung	Realisierung	Implementierung	Implementierung
Test- und Integrationsphase	Benutzerhandbücher	Implementation	Implementation	Test- und Integrationsphase Stabilisierung	Systemtest
Einführungsphase / Inbetriebnahme	Abnahme	Inbetriebnahme	Inbetriebnahme	/	/
Wartungsphase	/	Einsatz	Einsatz	/	/
Neustart mit Bereichs- oder Richtungsänderung des Projekts	/	/	/	/	/

Phaseneinteilung	Firma 6	Firma 7	Firma 8	Firma 9	Firma 10
Vorschlag	/	Projektantrags-Verfahren	/	/	Pflichtenheft
Problemanalyse / Anforderungsermittlung	Vorangebot	Voruntersuchung	Auftrag festlegen	/	Pflichtenheft
Definitionsphase (Grobkonzept)	Systementwurf	Fachkonzeption	/	Fachliches Grobkonzept	Leistungsbeschreibung
Technische Entwurfsphase (Detailspezifikation)	Programmentwurf Fachspezifikation	Systemkonzeption	/	Fachliches Feinkonzept	/
Realisierungs- / Programmierungsphase	Implementierung	Programmentwicklung	Realisieren	DV-technischer Entwurf	/
Test- und Integrationsphase	Systemtest	/	/	/	/
Einführungsphase / Inbetriebnahme	/	Einführung	/	/	/
Wartungsphase	/	Wartung	/	/	/
Neustart mit Bereichs- oder Richtungsänderung des Projekts	/	/	/	/	/

Phaseneinteilung	Firma 11	Firma 12	Firma 13	Firma 14	Firma 21
Vorschlag	/	Analyse	/	/	/
Problemanalyse / Anforderungsermittlung	Anforderungsanalyse	Analyse	Fachkonzept v. Kunden	/	/
Definitionsphase (Grobkonzept)	Systemspezifikation	Analyse / Entwurf	/	Fachliches Grobkonzept	/
Technische Entwurfsphase (Detailspezifikation)	Systemkonstruktion	Entwurf	Entwurf (zur Zeit Teilprojekt-3)	Fachliches Feinkonzept	/
Realisierungs- / Programmierungsphase	Modulspezifikation	Implementierung	Realisierung /	DV-technischer Entwurf / Design	Realisierung Programmierung
Test- und Integrationsphase	Modultest	Systemtest	Installation (zur Zeit Teilprojekt 1 & 2)	/	Test- und Integr.-phase
Einführungsphase / Inbetriebnahme	/	Einsatz	/	/	Spez-Info
Wartungsphase	/	Einsatz	/	/	/
Neustart mit Bereichs- oder Richtungsänderung des Projekts	/	/	/	/	/

Phaseneinteilung	Firma 16	Firma 17	Firma 18	Firma 19	Firma 20
Vorschlag	/	Vorschlag	/	/	Studie
Problemanalyse / Anforderungsermittlung	Spezifikationsphase	Problemanalyse	/	/	Analyse
Definitionsphase (Grobkonzept)	Spezifikationsphase	Definitionsphase	Fachliches Grobkonzept	Fachliches Grobkonzept	Design
Technische Entwurfsphase (Detailspezifikation)	Modulspezifikation	Entwurfsphase	Fachliches Feinkonzept	Fachliches Feinkonzept	/
Realisierungs- / Programmierungsphase	/	Realisierung und Test	DV-technischer Entwurf	DV-technischer Entwurf	Implementierung
Test- und Integrationsphase	/	/	/	/	Integration / Test
Einführungsphase / Inbetriebnahme	/	Pilotanwendung Dokumentation	/	/	Einführung
Wartungsphase	/	Wartungsphase	/	/	/
Neustart mit Bereichs- oder Richtungsänderung des Projekts	/	/	/	/	/

Qualitätssicherung in der Praxis

U.Bittner, J.Schnath, Universität Marburg

1 Einleitung

Obwohl das Ziel einer umfassenden Software-Qualitätssicherung schon seit den Frühzeiten des Software-Engineering verfolgt wird, steht ein Durchbruch immer noch aus. Dies liegt sicherlich in äußerst komplexen Zusammenhängen zwischen vielen Einflußfaktoren begründet, wie auch diese Untersuchung zeigte.
Im IPAS-Projekt stand die Arbeitssituation der Software-Entwickler im Mittelpunkt der Betrachtung. Dahinter steht die Hypothese, daß die Qualität der (Software-) Produkte ganz wesentlich von der Arbeitssituation und -umgebung der jeweiligen Entwickler bestimmt wird. Das Verhältnis von Prozeß- und Produktqualität bei der Software-Entwicklung war damit zentraler Untersuchungsgegenstand. Während das Thema Prozeß- und teilweise Produktqualität in den vorigen Kapiteln implizit enthalten war, soll nun die Produktqualität in einer Bestandaufnahme der derzeitigen Qualitätssicherungspraxis in den Mittelpunkt gestellt werden.
Global kann bereits festgestellt werden[1], daß ca. 70% der untersuchten Unternehmen Qualitäts<u>kontrolle</u> betreiben, fast alle übrigen Qualitäts<u>sicherung</u> und nur in einem Unternehmen erste Ansätze für ein Qualitäts<u>management</u> existierten. Hinter diesem Befund steht wohlgemerkt nur die tatsächlich vorgefundene Praxis und nicht der Inhalt der oft viel weiter gehenden 'Schrankware'.

2 Stichprobe und Untersuchungsansatz

Den in den folgenden Abschnitten dargestellten Ergebnissen liegt die Untersuchung von 29 kommerziellen Software-Entwicklungsprojekten in 19 Firmen zugrunde. Von den Befragten waren 62% Software-Entwickler, 15% Projektleiter, 11% Teilprojektleiter, die i.a. auch noch gleichzeitig Entwickler waren, 10% Benutzervertreter und drei nicht unmittelbar der Software-Entwicklung zuzuordnende Personen.
Dabei wurden in einem eigenen Interviewblock sowohl die einzelnen, im Projekt durchgeführten Qualitätssicherungsmaßnahmen erfaßt, als auch deren Akzeptanz, der Zeitpunkt des frühesten Einsatzes, die durchführenden Personen und die Reaktion auf festgestellte Mängel.
Im Fragebogen wurden umfangreiche Einschätzungen einzelner Merkmale sowohl des Produktes als auch des Entwicklungsprozesses vorgenommen,

---

[1] Entsprechend der Einteilung nach [HF89]

was einer Einordnung der Projekte und der Bewertung unterschiedlicher Qualitätskriterien diente, bzw, einer Erfassung der derzeitigen Praxis und des derzeitigen Wissensstandes von in der Software-Entwicklung beschäftigten Personen.

3 Ergebnisse

3.1 Qualitätsktiterien

Läßt man gängige Qualitätskriterien durch alle Mitarbeiter eines Projekts bezüglich ihrer Bedeutung für das jeweilige zu erstellende Produkt einschätzen, so weichen die einzelnen Angaben kaum voneinander ab, lediglich "Zuverlässigkeit" wird etwas stärker und "Wiederverwendbarkeit" etwas schwächer bewertet.
Ein Vergleich der untersuchten Projekte zeigt zusätzlich, daß unabhängig von den jeweiligen Anwendungsgebieten die Wichtigkeit einzelner Qualitätsziele weitgehend gleich angegeben wird. Offensichtlich werden keine spezifischen "Qualitätsprofile" für die einzelnen Produkte zu Beginn eines Projektes definiert.

Da dieser Befund auch auf eine mangelnde Vermittlung der Qualitätsziele bzw. der Kriterien für eine Qualitätsbeurteilung zurückzuführen sein kann, wurden alle Projektmitarbeiter gebeten, zu den Aussagen "*Die Qualitätskriterien für das Produkt sind : ...* " und "*Die mich betreffenden Leistungsmerkmale für das Produkt sind ....*" eine von mehreren vorgegebenen Antworten auszuwählen.

75 % aller Befragten schätzen die Aussage „Entwickler werden gezielt mit den Qualitätskriterien vertraut gemacht" mit „trifft überwiegend oder zum Teil zu" ein. 5 % geben an: „nicht vorhanden", 20 % geben an: „vorhanden, aber nicht schriftlich niedergelegt". Dabei sind die Einschätzungen der Projektleiter etwas negativer, die der Benutzervertreter etwas positiver als im Durchschnitt.

Auf die zweite Aussage wird sehr unterschiedlich geantwortet. Die vorgegeben Antworten lauten dabei:
» nicht vorhanden
» vorhanden, aber nicht schriftlich niedergelegt
» nur in groben Zügen schriftlich niedergelegt
» für manche Systemteile genau,
  für andere nur in groben Zügen niedergelegt
» genau und vollständig spezifiziert

Die entsprechende Verteilung ist in Diagramm 1 zusammengefaßt.

Vorgaben für die Sie betreffenden Leistungsmerkmale des Produkts sind:

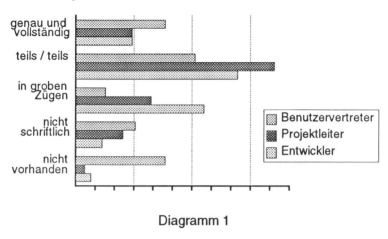

Diagramm 1

Ergebnis der nur unvollständigen Vermittlung der Qualitätskriterien sind dann auch abweichende Vorstellungen, welche Qualitätsziele vorrangig anzustreben seien. Besonders deutlich wird das bei einer Beurteilung der dem Benutzer wichtigen Kriterien. Alle Befragten wurden hierfür gebeten, je 10 vorgegebene Qualitätsziele bei folgender Frage in eine Rangreihe einzuordnen:

WAS IST DAS FÜR DEN KUNDEN IHRES PROJEKTS WICHTIGSTE BEI EINEM SOFTWARE-PRODUKT?
Bitte bringen Sie die folgenden Anforderungen an Software-Produkte in eine Rangreihe, indem Sie Zahlen von 1 bis 10 vor die Antworten schreiben.
Die deutlichsten Abweichungen bestanden darin, daß :

» 20,9% der Entwickler und 27,9% der Projektleiter den ökonomischen Nutzen des Produkts an die erste Stelle setzten, jedoch 0% der Benutzervertreter.

» 50% der Benutzervertreter die Benutzungsfreundlichkeit an erster Stelle setzten, aber nur 11,9% der Entwickler und 7% der Projektleiter.

Da letztendlich Entwickler die entscheidenden Personen bei der Software-Entwicklung sind, wurden diese gezielt befragt, welche Qualitätsziele sie persönlich vorrangig verfolgen. Dabei interessierte auch der Stellenwert von Software-Ergonomie in der derzeitigen Praxis.
Die Verteilung der Antworten ist in Diagramm 2 zusammengefaßt. Hier zeigt

sich schon wie bei der Untersuchung des Informationsaustausches in Software-Entwicklungsprojekten eine wesentlich diffusere Vorstellung bei Fragen, die die Arbeit der Benutzer betreffen. Dies gilt ebenso bei Projekten mit direktem Benutzerkontakt wie bei Projekten ohne solche Kontakte, obwohl bei ersteren einzelne Entwickler sehr gezielte Angaben machen können.

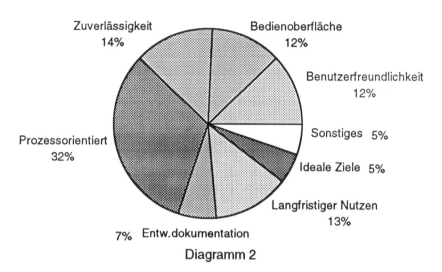

Diagramm 2

In 12% der Fälle wurde nur unspezifisch 'Benutzerfreundlichkeit' genannt, ebenso in 14% der Fälle lediglich 'Zuverlässigkeit' angegeben. 12% der Nennungen gaben spezielle, die Bedienoberfläche betreffende Qualitätsziele an, wie 'einheitliche Tastenbelegung', 'Unterbrechbarkeit' oder 'Helptexte'.
Neben der unspezifischen Nennung 'Entwicklerdokumentation' betrafen rund ein Drittel der Antworten die Unterstützung des Entwicklungsprozesses, beispielsweise durch 'klare Programmstruktur' oder 'leichte Testbarkeit'. Nur 13% streben auch über das konkrete Projekt hinausgehende Ziele an, wie Portabilität und Erzeugung wiederverwendbarer Bausteine.

Die Antworten auf die zweite Frage "Welche software-ergonomischen Kriterien erfüllt das Produkt in besonderem Maße?"[2] erhärteten diesen Befund.

---

2   gefordert war die Nennung und gleichzeitig Einschätzung auf einer 5-stufigen Likert-Skala

Wie Diagramm 3 zeigt, entfallen ca. ein Drittel aller Nennungen auf die unspezifischen Angaben 'Performance', 'Änderbarkeit' und 'Benutzerfreundlichkeit'. Zusätzlich finden sich sogar Nennungen, die eindeutig entwicklungsinternen Zielen zuzurechnen sind, wie die Verwendung einer Standard-Architektur oder ein systematischer Aufbau des Codes.

Die übrigen Angaben beziehen sich weitgehend auf die Bedienoberfläche. Hier lassen sich drei Gruppen unterscheiden:

» 14% heben den einheitlichen Aufbau der Oberfläche (Menüs, Tastenbelegung, Befehlscodes) heraus,

» 8% die Transparenz des Systems durch nachvollziehbare Abläufe (beispielsweise durch Rückmeldungen an den Benutzer) und

» 22% der Befragten nennen eine Unterstützung des Benutzers. Bei der unter 'Unterstützung' zusammengefaßten Gruppe von Merkmalen sind die Einzelangaben sehr weit gestreut. Sie reichen von der 'Benutzerführung' bis hin zu einem ausführlichen Hilfesystem, Undo-Funktionen oder einer Konfigurierbarkeit der Oberfläche gemäß dem jeweiligen Kenntnisstand.

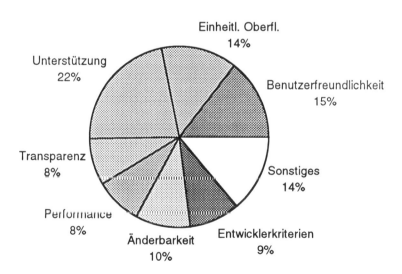

Diagramm 3

3.2 Qualitätssicherungsmaßnahmen

Wie Diagramm 4 zeigt, besteht die derzeitige Qualitätssicherungspraxis noch weitgehend in der Durchführung analytischer und prüfender Maßnahmen (genauer handelt es sich also um Qualitätskontrolle).

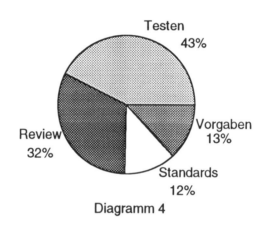

Diagramm 4

Auf konstruktive Qualitätssicherungs-Maßnahmen, wie Vorgaben und allgemeine Standards und Richtlinien, wurde bereits in den vorhergehenden Kapiteln eingegangen.

Insgesamt kann festgestellt werden, daß die entsprechenden Normen wie ISO 9000 (noch) nicht benutzt werden. Dort, wo diese Norm bekannt war, wurde sie als zu unübersichtlich bezeichnet und detailliertere Vorgaben wurden vermißt.

Dieser Abschnitt befaßt sich deshalb vorrangig mit den etwa gleich häufig angewandten Maßnahmen 'Review' und 'Test'. Innerhalb dieser beiden Gruppen von Maßnahmen gibt es wiederum je einen Schwerpunkt: Reviews finden sich zu über 70 % in Form von Code-Reviews. Beim Testen liegt gleichfalls der Schwerpunkt auf Funktionstests des Codes und nur zu ca. 30 % bei Abnahmetests durch die Fachabteilung oder den Auftraggeber. Dies ist konsistent mit den Angaben zum frühesten Zeitpunkt, an dem Qualitätssicherungsmaßnahmen einsetzen: in 2/3 der Fälle geschieht dies ab der Realisierung, teilweise erst ab der Inte gration. Qualitätssicherung wird dann als Fehlerbehebung verstanden. Auf Einzelheiten und Probleme wird in Abschnitt 4 noch eingegangen.

3.2.1 Reviews

Bei Reviews besteht das Problem, daß zu wenig Zeit zur Vorbereitung bleibt, die Koordination aufwendig ist, und Reviewer mit entsprechender Qualifikation selten sind. Zum letzten Punkt ist anzumerken, daß die Befragten sich selbst gar keine so hohen Fähigkeiten für Reviews zusprechen, wie Diagramm 6 zeigt.

Einschätzung der persönlichen Reviewfähigkeiten

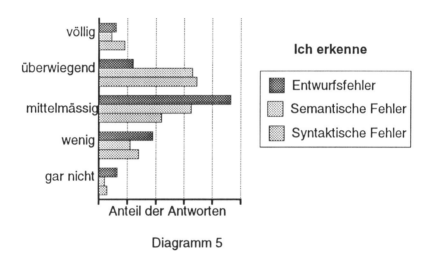

Diagramm 5

Zum Zeitproblem bei Reviews ist anzumerken, daß es sich hierbei natürlich stark bemerkbar macht, daß <u>Code</u> geprüft wurde, der allein vom Umfang her, aber auch für die Einarbeitung viel Zeit erfordert.
Dokumenten-Reviews beschränken sich häufig auf die Überprüfung der Inhaltsangabe, d.h. es wurde geprüft, ob zu jedem Punkt Inhalte vorhanden sind, nicht jedoch die Inhalte selbst.

Abschließend kann festgehalten werden, daß sich bei Reviews bewährt hat, diese mit einer Veranstaltung zur Verbreitung von Wissen über die Arbeit anderer Entwickler, anderer Projekte, das Gesamtprodukt oder die Produktpalette des Unternehmens zu verbinden. Bewährt hat sich z.B., im Turnus eine Posterdarstellung jedes Teilprojekts und -produkts erstellen zu lassen und an allgemeinen Treffpunkten wie Kaffeeküche, Kantineneingang oder Besprechungsraum aufzuhängen und die Kommentierung, Nachfragen und Anregungen auf dem informellen Weg laufen zu lassen.

3.2.2 Tests

Der Schwerpunkt der Testverfahren liegt bei Funktionstests (White-Box-Tests). Hinzu kommen Abnahmetests, die meist durch Vertreter der Fachabteilung oder durch den Kunden erfolgen. Typisches Problem von Abnahmetests durch die Fachvertreter ist deren knappe Zeit (Teststau). Außerdem werden oft Fehlerfeststellung und erst beim Testen erkannte neue Anforderungen miteinander vermischt.
In 20% der Fälle bestand Testen in reinem Probieren. In 32% der Fälle gab es einen Testplan. Ansonsten hatte sich eine gewisse Routine herausgebildet. Nur in einem Projekt waren aufgrund der Systemstruktur Regressionstests möglich, d.h. konnte man sich darauf beschränken, die neue Funktionalität zu testen.

Nur in vier Projekten wurden Werkzeuge in nennenswertem Umfang eingesetzt, obwohl allgemein Testwerkzeuge stark vermißt wurden.

Bei Tests hat sich der Einsatz von Checklisten für Funktionstests durch Entwickler und der Erstellung von Testdrehbüchern für Abnahmetests durch Fachvertreter bewährt.
Im Speziellen bewährt hat sich in allen Projekten, in denen dies durchgeführt wurde, der Einsatz von Testtreibern als Vorstufe für den Abnahmetest. Dabei simulierte ein anderes Programm (normalerweise auf einem eigenen PC installiert) die Eingaben von Benutzern. Auf diese Weise konnte sowohl das Verhalten des Produkts bei intensiver Auslastung getestet werden, als auch Standard-Fälle systematisch durchgespielt. Diese Fälle wurden mit Hilfe von Software-Monitoren aus dem realen Betrieb gewonnen.

3.2.3 Vorgaben, Standards und Werkzeuge

Es wird immer wieder allgemein behauptet, daß Vorgaben auf große Widerstände von Entwicklern stoßen. Solche pauschalen Aussagen können aufgrund der vorliegenden Daten nicht bestätigt werden.
27% der Entwickler gaben an, durch die Vorgaben und Regeln überhaupt nicht behindert zu werden, weitere 45,8% gaben an, wenig behindert zu werden.

Der Aussage, daß der Gebrauch von Werkzeugen zu übersichtlicheren Programmen führt, stimmten 12,4% völlig, und 38,9% überwiegend zu. Zur Aussage, daß der Gebrauch von Werkzeugen zu einer Programmierung beiträgt, die auch von anderen nachvollzogen werden kann, ist die Zustimmung noch stärker: 19,1% stimmen völlig, 40,8% überwiegend zu.

3.3 Durchführung von Qualitätssicherung

Prüfende Qualitätssicherung (Qualitätskontrolle) ist nur sinnvoll in Kombination mit Verfahren, um die Qualität zu verbessern bzw. festgestellte Mängel zu beseitigen.
Hier muß jedoch noch eine große Lücke konstatiert werden. Nur in 17% der Fälle existierte ein Qualitätssicherungsplan, d.h. sind die QS-Maßnahmen in einem geplanten Vorgehen zur Fehlerbehebung, -verfolgung und Nachkontrolle eingebettet.

QS-Verfahren / Change-Request-Wesen

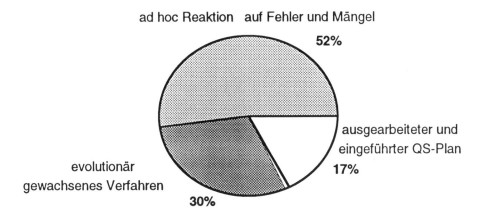

Diagramm 6

Nur in einem Unternehmen gab es eine formalisierte Klassifikation von Fehlern und entsprechend unterschiedliche festgelegte Reaktionen - vom informellen, in Eigenregie durchzuführenden Verbesserungsauftrag bis hin zum Stop der Auslieferung oder Rücknahme der fehlerhaften Produktversion. Entscheidend war jedoch, daß bei den schweren Fehlern auch noch nach einer Ursache bzw. Erklärung für den Fehler gesucht und der Entwicklungsprozeß überdacht wurde. Dieses Vorgehen wurde dadurch verankert, daß die Verbesserungsvorschläge zum Entwicklungsprozeß Bestandteil des zu entwickelnden Produkts sind.
Abgestufte Reaktionen finden sich zwar auch bei Firmen (Projekten), in denen sich eine Art Vorgehen evolutionär herausbildete, typisch ist jedoch, daß die

jeweiligen Reaktionen bei der Feststellung des Mangels enden, d.h. nicht weiter gezielt verfolgt werden. In über 50% untersuchten Projekte existierte jedoch kein geregeltes Verfahren. Reaktionen wurden dort ad hoc beschlossen - im Extremfall ohne Benennung eines Verantwortlichen und eines Termins. Es erfolgt dann auch i.a. keine offizielle Bestätigung der Durchführung der Nachbesserung, sondern wird eher beiläufig und informell nach einiger Zeit nachgefragt.

Diagramm 7 stellt die Verteilung der Qualitätssicherungsaufgaben auf die beteiligten Gruppen in der Übersicht dar. Auch wenn bereits in 21% der Fälle ein Qualitätssicherungsteam für diese Aufgaben bereitgestellt wurde, so sind es doch in über der Hälfte der Fälle die Kollegen des Entwicklungsteams, die diese Aufgabe übernehmen.

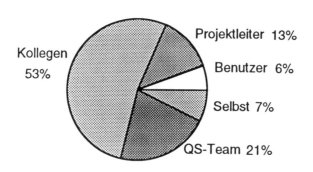

Diagramm 7

Im Rahmen der Untersuchung wurden auch umfangreiche soziographische Daten erhoben. Darunter befanden sich auch Fragen wie 'mit ... arbeite ich gerne zusammen' und ' ... muß ich meine Programme zum Testen übergeben'. Es ließen sich keine signifikanten Zu- oder Abneigungen in Abhängigkeit von einer prüfenden Tätigkeit feststellen. Es läßt sich jedoch feststellen, daß Angehörige des eigenen Teams deutlich häufiger um ein Urteil zu den eigenen Programmen und Entwürfen gebeten werden.

Es bestätigte sich somit nicht, daß die Durchführenden von Qualitätssicherungsmaßnahmen besonders unbeliebt seien und demzufolge persönliche Konflikte ein zentrales Problem der Qualitätssicherung darstellen.

Dies führt zum nächsten Punkt.

3.4 Probleme der Qualitätssicherung

Die bei den jeweiligen Qualitätssicherungsmaßnahmen geschilderten Probleme wurden anschließend folgendermaßen kategorisiert:

» **Personen**: hierunter fallen Probleme mit der Qualifikation der beteiligten Personen, persönliche Abneigungen, Überlastung von Personen bzw. Probleme der Koordination aller beteiligten Personen.

» **Zeit**: hierunter fallen sowohl mangelnde Zeit zur Vorbereitung als auch zur Durchführung von QS-Maßnahmen.

» **Unterstützung**: hierunter fallen Nennungen zu fehlenden Werkzeugen, mangelnder Infrastruktur, fehlende Planung (mit der Folge ungezielter und ungeplanter Aktivitäten) und fehlende Rahmenvorgaben.

» **Nachbesserung**: in einigen Fällen wurde nicht die Prüfung von Produkten, sondern das fehlende Konzept für eine Beseitigung festgestellter Mängel als Hauptproblem benannt.

Spezifische Schwerpunkte je nach Art der Qualitätssicherungsmaßnahme ließen sich dabei nicht feststellen. Probleme mit konstruktiven Qualitätssicherungsmaßnahmen wurden nicht geschildert, aber konstruktive Vorgaben vermißt. Diagramm 8 zeigt die Verteilung der entsprechenden Antworten.

Probleme der Qualitätssicherung

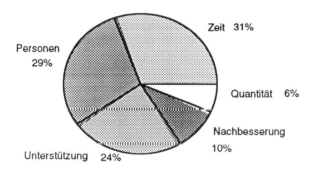

Diagramm 8

6 % der Befragten gaben als Hauptproblem die Quantität der zu prüfenden Produkte an, ohne Zeit, Ressourcen oder Personal als speziellen Engpaß zu spezifizieren.

Mangelnde Akzeptanz als Problem bzw. Hinderungsgrund der Qualitätssicherung kann aufgrund der Daten nicht bestätigt werden. Vielmehr fehlt hauptsächlich Unterstützung, d.h. der 'Engpaß' bei der Einführung von Qualitätssicherung liegt beim Management.

3.5 Auswirkung der Qualitätssicherung

Zwischen Kosten- und Termineinhaltung besteht ein lockerer Zusammenhang, der allerdings durch einzelne Projekte deutlich durchbrochen wird. Das heißt: auch wenn die Kosten gut eingehalten wurden, kamen erhebliche Zeitüberschreitungen vor.

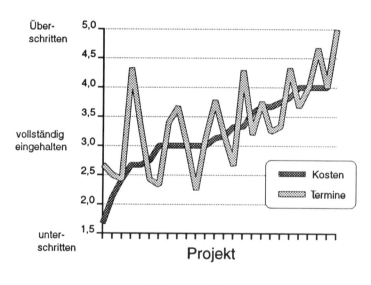

Diagramm 9

Ist die Änderbarkeit der Software das Ziel, d.h. der langfristige Nutzen, so muß man sowohl mehr Zeit, als auch höhere Kosten einplanen, wie die folgende Tabelle zeigt:

Beurteilung der Änderbarkeit (*)	Anzahl der Projekte	Einhaltung der Kosten (**)	Einhaltung der Termine (**)
> 8	1	5	5
7 - 8	6	3,42	3,36
6 - 7	9	3,37	3,56
5 - 6	3	3,25	3,5
< 5	3	2,1	2,5

(*): 1 = nicht vorhanden, 9 = bestmöglich
(**): 1 = unterschritten, 3 = eingehalten, 5 = überschritten

Die Einschätzungen wurden dabei über alle Befragten pro Projekt ermittelt.

Bei vielen, ebenfalls erhobenen Werten zur Prozeß- und Produktqualität ließ sich kein signifikanter, einfacher Zusammenhang feststellen. Offensichtlich sind die Zusammenhänge der verschiedenen Einflußfaktoren auf die Qualität prinzipiell sehr komplex, bzw. können leicht durch zusätzliche Bedingungen verändert werden. Die Stichprobengröße reicht jedoch nicht aus, um diese Zusammenhänge gesichert nachzuweisen.

Die Anzahl der Change Requests ist beispielsweise als Maß für die Qualität eines Produktes nicht geeignet - auch nicht, wenn sie relativ zur Produktgröße und Entwicklungszeit bewertet werden.

Es läßt sich jedoch ein deutlicher Zusammenhang zwischen der Qualität der Entwicklungsdokumente und der Einschätzung der Zeitökonomie in Software-Entwicklungsprojekten feststellen. Je umfassender, detaillierter, übersichtlicher und aktueller die Qualität der Entwicklungsdokumente eingeschätzt wurde, um so eher waren die befragten Software-Entwickler der Ansicht, daß Zeit nicht nutzlos verbraucht wurde. Die größte Bedeutung kommt dabei der Aktualität der Dokumentation zu.

Die Dokumentationsqualität selbst ist mit Abstand am stärksten durch Vorgabe von Regeln für Bezeichner beeinflußbar. Das ist besonders hervorzuheben, da dies vergleichsweise einfach einzuführen ist - sowohl vom Aufwand, als auch von der Motivation her.

Generell konnte auch festgestellt werden, daß die Modularität von Software um so schlechter war, je mehr Arbeitsaufträge an einzelne Entwickler nur informell formuliert wurden.

Zusammenfassung

Die bisher in der Praxis üblichen Qualitätsmaßnahmen geben noch zu wenig konstruktive Hinweise für eine qualitätsorientierte Gestaltung des Software-Entwicklungsprozesses. Im Idealfall wären ausgehend von einer Analyse des Ablaufs von Projekten die Auswirkungen von Bedingungen dieses Prozesses auf die Qualität des Endprodukts zu bestimmen. In diesen Bereich fällt dann auch die Frage nach der Integration der Software-Entwurfsverfahren und Werkzeuge in durchgängige Verfahren.

Die gegenwärtige Praxis beschränkt sich jedoch noch weitgehend auf prüfende und produktorientierte Qualitätssicherung. Es mangelt sogar dann bereits in den meisten untersuchten Unternehmen an einem geeigneten und geläufigen Verfahren zur Korrektur festgestellter Mängel.

Ist das insgesamt in den bisherigen Untersuchungen zu Tage getretene Qualitätsbewußtsein einerseits erfreulich hoch, so war andererseits auffällig, daß unter Qualitätssicherung sehr häufig in erster Linie Testverfahren und in zweiter Linie Code-Reviews verstanden wurden. Dabei äußerten fast alle befragten Entwickler übereinstimmend, daß über den Umfang der bereits durchgeführten Testmaßnahmen hinaus eigentlich noch mehr und vor allem früher getestet werden sollte. Die Bereitschaft, die eigenen Programme mit Kollegen zu besprechen (Code Review), war bei den meisten Entwicklern vorhanden, allerdings scheint dies stark daran gebunden zu sein, daß die Kollegen Mitglieder des eigenen Teams sind.

Es zeigte sich, daß die Akzeptanz von Qualitätssicherungsmaßnahmen durch Entwickler kein zentraler Hinderungsgrund sind. Die meisten Probleme liegen in der mangelden Unterstützung, sei es durch Weiterqualifikation der Beteiligten, Ressourcen oder Aufstellung und Vermittlung eines Konzepts. Hier ist also vorrangig das Management gefordert.

Literatur

[DGQ96] Software-Qualitätssicherung: Aufgaben - Möglichkeiten - Lösungen. DGQ-NTG-Schrift Nr. 12/51. VDE-Verlag.

[HF89] Haist P., From H. (1989). Qualität im Unternehmen: Prinzipien - Methoden - Techniken. Hanser-Verlag, München.

[PR91] Parrington N., Roper M. (1991). Software-Test: Ziele-Anwendungen-Methoden. McGraw Hill, Hamburg.

[Wal90] Wallmüller E. (1990). Software-Qualitätssicherung in der Praxis. Hanser-Verlag, München.

Erfahrungsberichte zu objektorientierter Software-Entwicklung

U. Bittner, J. Schnath, Universität Marburg

1 Einleitung

Dieser Beitrag beruht auf einer Sichtung der in der Literatur berichteten Erfahrungen bei der Realisierung (Programmierung) objektorientierter Systeme. Ergänzt wurden diese durch die Befunde bei der Untersuchung zweier objektorientierter Systeme im Rahmen von Projekt IPAS und Erfahrungsaustausch über einen Arbeitskreis zu objektorientierter Analyse und Design.

Warum geben Firmen bzw. Projekte ihre hergebrachten (und oftmals bewährten) Entwicklungsmethoden auf und steigen auf den objektorientierten Ansatz um? Einige der häufigst genannten Gründe dafür sind:

- Kostendruck, d.h. der erklärte Wille, wenn schon nicht kurzfristig, so doch mittel- und langfristig zu signifikanten Kosteneinsparungen bei der Software-Entwicklung zu kommen;
- das Bedürfnis, besser strukturierte Software zu bekommen, die leichter zu schreiben, zu verstehen, ändern, erweitern, testen und warten ist;
- die Redundanz von Software beträchtlich zu senken und damit wiederum klarer gegliederte, besser überschaubare und vor allem wiederzuverwendende Software herzustellen und letztlich Kosten zu sparen.

Dazu kommt zuweilen als - ausgesprochener oder unausgesprochener - Grund der natürliche Hang, einfach etwas Neues auszuprobieren, den man je nach Einstellung als Pioniergeist oder als Modebewußtsein einstufen mag.

Während die beiden erstgenannten Ziele schon bei früheren Entwicklungsmethoden wie der Daten-Abstraktion und der Modularisierung eine gewichtige Rolle gespielt (und teilweise zu beträchtlichen Erfolgen geführt) haben, konzentriert sich der objektorientierte Ansatz auf das dritte Ziel, d.h. die Vermeidung von Redundanz.

Der Punkt, in dem der objektorientierte Ansatz am deutlichsten über seine Vorgänger hinausgeht, ist das Vererbungsprinzip, d.h. die Möglichkeit, Merkmale (d.h. Daten- oder Operations-Definitionen) von Klassen von Objekten an Unterklassen zu vererben (und damit die - redundante - Wiederholung der Definition dieser Merkmale zu vermeiden).

So berichtet Wybolt (vgl. [Wyb 90]) von einem Werkzeugentwicklungs-Projekt, bei dem der OO-Ansatz zu Code-Einsparungen bis zu einem Faktor 8 (3.000 LOC anstatt vorher 25.000 LOC) bei System-Erweiterungen geführt hat. Die Wartung und Fehlerbehebung ließen sich ebenfalls beträchtlich vereinfachen. Fehler, die vorher (im redundanten Code) an vielen Stellen auftraten und umständlich gesucht werden mußten, konnten an einer einzigen Stelle korrigiert und via Vererbung automatisch an allen relevanten Stellen beseitigt werden. Aus ähnlich gelagerten Gründen ließen sich Erweiterungen und Verbesserungen viel leichter anbringen: Statt dafür viele analoge Stellen im Programm aufsuchen zu müssen, waren im objektorientierten Programm mit einer einzigen Änderung alle analogen Fälle erfaßt. Es scheint jedoch, daß diese Vorteile besonders dann zum Tragen kommen, wenn viele Varianten eines Programms zu erstellen und zu pflegen sind.

OOP facilitates many more product configurations because the class structure can be used to assemble alternative hw/sw features. This requires more sophisticated configuration management because a system is now composed of a larger number of smaller units (classes and methods). The time required to enhance and/or repair an OO product is usually significantly better than with structured design. [Tho 89,S. 60]

Neu hinzukommende Funktionen müßten demnach also lediglich in der Vererbungs-Hierarchie an der richtigen Stelle (wo jedoch ist diese?) eingefügt werden und sind dann für alle darunter liegenden Klassen verfügbar.

Allerdings kann bei objektorientierten Systemen aber auch das gleiche Problem der Verkopplung von Subsystemen wie bei allen Systemen mit zentral abgelegten Informationen beobachtet werden:

Working with ObjTalk and WList, we have observed that there is a design trade-off in the design of inheritance systems: Trying to reuse building blocks as much as possible leads to a wide distributing of information throughout the inheritance network, making it difficult to understand a specific behavior. [Fis 87, S. 65]

The dependency structure of a system deserves at least as much attention as do its reuse characteristics. The maintainability of a system seems to be inversely related to the number of dependencies between classes/methods. [Wyb 90, 37]

Die Übersichtlichkeit bzw. die speziellen Probleme des Zurechtfindens in objektorientierten Systemen ist ein zentraler Punkt vieler Erfahrungsberichte. Im folgenden sollen deshalb insbesondere die Auswirkungen des objektorientierten Ansatzes auf eine Reihe von Qualitätsmerkmalen diskutiert werden.

2 Objektorientierung und Qualitätsmerkmale

Heute setzt man in die Objektorientierung große Hoffnungen, die Softwarekrise endlich zu überwinden, und sie wird mancherorts bereits als die Lösung aller Qualitätsprobleme angesehen. So bemerkt z.B. G. Boyd Swartz in einer Besprechung des objektorientierten Programmiersystems Eiffel:

"The quality of a software product or system is defined by its correctness, robustness, extendibility, reusability and compatibility. The Eiffel programming environment provides the means to achieve these objectives." [Swa 88]

Der objektorientierte Ansatz soll zum einen besonders den Bruch zwischen den einzelnen Phasen vermeiden. Es muß vorher allerdings noch genauer untersucht werden, worin die Ursachen für den häufig zitierten Bruch zwischen Spezifikation ('Was' soll das System leisten?) und Design ('Wie' soll das System es leisten?) bzw. zwischen Design und Implementierung liegen [Mey 89]. Es muß gefragt werden, in welchem Maße sie auf den verwendeten Verfahren, in dem häufig zu diesem Zeitpunkt stattfindenden Personalwechsel oder aber in anderen organisationalen Randbedingungen beruhen und wie genau der objektorientierte Ansatz die Systementwicklung als kontinuierliche Weiterentwicklung unterstützt [LH 89, Mey 87].

2.1 Zuverlässigkeit

Das Qualitätsmerkmal Zuverlässigkeit bezieht sich auf die beiden Kriterien Korrektheit und Robustheit. Das heißt, neben der (relativen) Fehlerfreiheit (=Korrektheit) geht es darum, wie ein System auf das Auftreten von Fehlern reagiert, z.B. in welchem Maße es die Unschädlichkeit von Fehlern gewährleistet (=Robustheit).

Der Begriff Fehler kann - je nach Kontext - unterschiedliche Bedeutungen haben, so z.B. als:

a) Spezifikationsfehler = fehlerhafter Teil in der Spezifikation oder in der Aufgaben-Definition (z.B. die Verwendung einer falschen Steuerformel in einem Buchhaltungsprogramm).

b) System- oder Programmierfehler = ein Programm liefert ein falsches Ergebnis oder das System führt eine Operation anders durch, als vom Benutzer eingegeben.

c) Benutzerfehler = Eingabe des Benutzers, die für die Programmfortführung unerlaubt ist

Unabhängig davon, in welcher Bedeutung man den Fehlerbegriff verwendet, läßt sich bei der Fehlerbehandlung keine unmittelbare positive Auswirkung des objektorientierten Ansatzes feststellen. Hier müssen weitere Untersuchungen klären, inwieweit er die Rückverfolgung von Fehlern unterstützt, indem z.B. das verursachende Objekt ermittelt wird, oder die Fehlerklassifikation erleichtert, indem z.B. eine Bewertung der Objekte nach ihrer Sicherheitsrelevanz vorgenommen wird. Erfahrungsberichte weisen jedoch darauf hin, daß die Rekonstruktion des Kontrollflusses wesentlich schwieriger ist. Dies liegt u.a. daran, daß ein Objekt sowohl über die Vererbungshierarchie als auch über Delegationen Zugriff auf Methoden hat:

Following a thread of control is also not easy, and requires skipping around from type to type. When we try to read code, we spend a lot of time flipping back and forth between type definitions. Eventually we run out of fingers to use as placeholders, or else we end up with listings strewn all over the desk. [Halbert, Panel, ACM 86, S. 502]

[...] The communication paths could flow from nearly any class to any other, with only the slenderest of justifications and no coherent structuring. Such anarchic flow leads to spaghetti code - the same problem that structured programming was designed to avoid." [WJ 90, S. 112]

Hinsichtlich der beiden Kriterien für die Zuverlässigkeit eines Programms (Korrektheit und Robustheit) sind Verbesserungen durch den objektorientierten Ansatz deshalb wahrscheinlich, weil er in der Regel zu stärker modular gegliederten Systemen führt. Die Reduzierung der Schnittstellen [War 89], die lokalere Repräsentation der Daten [Boo 86] und die weitgehende Befolgung von 'Information Hiding' in der objektorientierten Programmierung machen das Software-System leichter überschaubar, testbarer und damit sicherer. Durch das Einbringen weiterer Sicherheitsmechanismen in die objektorientierte Programmiersprache selbst, wie z.B. das Konzept der 'Assertions' in Eiffel [Mey 87], das es ermöglicht, jedem Codeteil implementierungsunabhängige 'Auflagen' zu machen, läßt sich die Korrektheit des Systems weiter erhöhen.

2.2 Effizienz

Das Laufzeitverhalten von objektorientierten Systemen ist aufgrund der Vererbung und des dynamischen Bindens, das erst zur Laufzeit erfolgen kann, naturgemäß schlechter als das klassischer Implementierungen. Behauptet z.B. Swartz in der bereits genannten Besprechung von Eiffel, die 'Performance' sei vergleichbar mit C-Programmen [Swa88], so gibt Meyer selbst eine Leistungsverschlechterung der Programme von ca. 25% für sein Eiffel-System an, wobei diese Größe aber auch für große Systeme konstant bleibt [Mey88b]. Durch geeignete Optimierungsoptionen, durch die der Compiler z.B. Aufrufe von nichtredefinierten Prozeduren, die also direkt adressierbar sind, vereinfacht, läßt sich die Verschlechterung auf ca. 20% reduzieren.

Durch die Notwendigkeit, die Prozeduraufrufe zu verwalten, entsteht weiterhin bei objektorientiert programmierten Systemen ein etwas größerer Speicherbedarf für den Code, der nur zum Teil durch Einsparungen für ererbte Methoden ausgeglichen werden kann. Für speicherkritische Anwendungen muß der Programmierer deshalb unter Umständen auf eine tiefe Objekthierarchie verzichten. Diese Beschränkungen werden aber mit der Entwicklung der Hardware zunehmend hinfällig, und somit wird sich die Klassenbildung zunehmend nach rein anwendungs- bzw. entwurfsimmanenten Gesichtspunkten vollziehen.

2.3 Benutzerfreundlichkeit

Außer Frage steht, daß der Stellenwert der Benutzerfreundlichkeit aufgrund des verstärkten Einsatzes von EDV-Lösungen durch EDV-Laien ständig zunimmt. In die Diskussion um objektorientierte Konzepte hat sie nichtsdestotrotz bislang kaum Eingang gefunden. Es wird lediglich stellenweise für eine objektorientierte Entwicklung als geeignetes Mittel für Prototyping votiert [JF 88, ZMW 90]. Johnson und Foote weisen jedoch gleichzeitig auf die Differenz zwischen den durch den Prototyp ermittelten Systemanforderungen mitsamt den daraus abgeleiteten Objekten und einem guten objektorientierten Entwurf hin. Der Prototyp muß erst per Hand überarbeitet werden, um eine klar gegliederte, sinnvolle Objekthierarchie und damit Systemstruktur zu erhalten.

Inwieweit der objektorientierte Ansatz dazu dienen kann, die Benutzerfreundlichkeit über die Gestaltung der Oberfläche hinaus im Sinne einer höheren Funktionalität des Softwaresystems zu verbessern, muß erst noch untersucht werden. Eine Anwendungsmodellierung, die sich stärker an den Objekten in der realen Welt orientiert, oder klare Verantwortungsbereiche einzelner Entwickler für bestimmte Objekte könnte z.B. die Kommunikation zwischen Entwicklern und Anwendern erleichtern und somit eine sinnvolle Gestaltung der Aufgaben unterstützen.

Hierbei sind allerdings auch die grundsätzlichen Kriterien für Benutzerfreundlichkeit in Frage zu stellen: Soll das System dem Benutzer in erster Linie Arbeit ersparen und ist dies bereits durch eine komfortable Benutzerschnittstelle realisiert oder muß man nicht vielmehr den gesamten Komplex der Aufgabenteilung zwischen Benutzer und Computer neu betrachten? Auf diesen Punkt wird bei der Betrachtung der Benutzer-Entwickler-Kooperation noch näher eingegangen.

2.4 Wartungsfreundlichkeit

Wie bereits erwähnt, muß man bei einem ausgelieferten Softwareprodukt grundsätzlich davon ausgehen, daß es noch Fehler enthält. Um die Akzeptanz des Anwenders und des Benutzers zu gewinnen bzw. zu erhalten, ist es deshalb notwendig, Fehler möglichst einfach finden und beseitigen zu können, was durch das Qualitätsmerkmal Wartungsfreundlichkeit gekennzeichnet wird. Die Wartungsfreundlichkeit ist daher eng mit den Merkmalen Zuverlässigkeit und Effektivität verknüpft. Sind nämlich Fehler schnell und sicher (d.h. ohne neue Folgefehler zu produzieren) behebbar, so weist das Softwaresystem eine höhere Zuverlässigkeit auf. Kann man zudem schnell und flexibel auf geänderte/erweiterte Anwenderanforderungen eingehen, so gewinnt ein System an Effektivität. (Hier finden sich z.T. starke Unterschiede in der Terminologie: Eine Erweiterung der Funktionalität wird z.T. noch als Wartung, andernorts aber bereits als Weiterentwicklung bezeichnet.).

Unterkriterien für das Qualitätsmerkmal Wartungsfreundlichkeit ergeben sich im wesentlichen aus den Wartungsschritten Diagnose, Änderung und Testen.

Bei der Diagnose kommt es vornehmlich auf eine hohe *Übersichtlichkeit* (Transparenz) des Systemaufbaus und der einzelnen Bausteine an, um Fehler schnell lokalisieren und eingrenzen zu können. Dies läßt sich anhand einer Reihe von Parametern untersuchen.

Die *Güte der technischen Dokumentation* (automatisch generiert / graphische Übersichten) ist ein wesentliches Hilfsmittel, um sich einen Überblick über das System und über Konstruktionszusammenhänge zu verschaffen. Von der Übereinstimmung der technischen Dokumentation mit dem tatsächlich realisierten System hängt es oft ab, ob man bei Wartungsvorgängen systematisch vorgehen kann, oder auf eher zufälliges Nachvollziehen von später durchgeführten Änderungen verwiesen ist. Hier bietet der objektorientierte Ansatz per se keine Verbesserungen an. Das von Eiffel verwendete Prinzip, die Dokumentation in das Quellprogramm zu integrieren und gleichzeitig werkzeugunterstützt extrahieren zu können, ist hier nur ein beispielhaftes Verfahren, den Dokumentationsaufwand möglichst effektiv zu nutzen [Mey 88b].

Mit einem hohen Grad von *Selbstbeschreibung* (z.B. Verwendung sprechender und systematischer Namen) und einer möglichst hohen Uniformität (Einhalten von Standards) wird die Übersichtlichkeit eines Softwareprodukts zusätzlich verbessert und somit der Diagnoseaufwand reduziert. Dies wird häufig auch schlicht mit Einfachheit einer Software beschrieben. Objektorientierte Systeme weisen in der Regel ein einheitliches Erscheinungsbild auf und sind durch die Verwendung von Overloading, d.h. die Verwendung gleicher Namen für Methoden von verschiedenen Objekten, leichter zu lesen [Ert 90, JF 88].

Letztere Aussage muß jedoch stark relativiert werden, da dies in IPAS-Interviews und Literaturbeiträgen häufiger auch als Quelle von Unübersichtlichkeit genannt wurde (einige beispielhafte Aussagen wurden bereits unter vorangegangenen Punkten zitiert):

> *...Consider a problem of program readability. We all know that reading ordinary paper listings of an OO program is a real nuisance. The code to implement a particular type is spread out: it is in the type itself, and also in all the supertypes of that type. [Halbert, Panel, ACM 86, S. 502]*

> *... There is a variety of 'navigation problems' that confront the learner. These are ameliorated in part by the effective use of browsers but greatly exacerbated by the horrifying size of the mature OO programming systems. [Tim O'Shea, Panel, ACM 86, S. 502]*

Ist ein Fehler analysiert und sind die notwendigen Modifikationen an der Software bestimmt, so hängt die Wartungsfreundlichkeit maßgeblich von der *Änderbarkeit* des Softwareprodukts ab. Die unmittelbare Änderung ist hierbei zwar häufig noch mit geringem Aufwand verbunden. Probleme ergeben sich aber daraus, daß die durchgeführten Änderungen streuen, d.h. viele Folgeänderungen notwendig werden. Als Grundregel gilt hier: Je abgeschlossener ein Baustein ist, desto einfacher sind Änderungen. Als Unterkriterium für die Änderbarkeit muß weiterhin geprüft werden, inwieweit die Nachbesserung der Dokumentation gewährleistet ist, um spätere Korrekturen sinnvoll durchführen zu können (s.o. Übersichtlichkeit). Die Änderbarkeit von objektorientiert entwickelten Systemen wird einhellig gegenüber der herkömmlicher Systeme hervorgehoben [BM 85, Mey 81, LH 89]. Dies wird unter anderem dadurch erreicht, daß jedes Objekt so weit wie möglich die Realisierung eines abstrakten Datentyps ist, dessen Implementierung allen anderen Objekten verborgen bleibt. Durch den grundsätzlichen Verzicht auf globale Variablen wird dies in Eiffel weiter gefördert [Mey 88a].

Sowohl in Hinsicht auf die Fehlerfreiheit des ausgelieferten Produkts als auch für die Überprüfung von Wartungsschritten ist schließlich die *Testbarkeit* eines Softwareprodukts ein wichtiges Qualitätsmerkmal. Sie kann in einem gewissen

Grad dem 'Alterungsprozeß' von SW entgegenwirken, der darin besteht, daß durch häufige Wartungseingriffe Fehler nachträglich eingebaut werden. (Hierin liegt einer der Gründe, weshalb nach einem langen Einsatz eines Programms eine Neuentwicklung sinnvoller sein kann als weitere Reparaturen.)

Testbarkeit läßt sich genauer durch die folgenden beiden Parameter beschreiben:

Ablaufisolierbarkeit: Lassen sich kleine Untereinheiten der Programme isoliert ausführen und testen?

Überschaubarkeit: Ist die Anzahl der Schnittstellen möglichst klein und der zulässige Eingabebereich möglichst eingegrenzt, um somit z.b. Testdaten automatisch in hinreichender Dichte generieren zu können?

Aus den Erfahrungsberichten geht hervor, daß die objektorientierte Programmierung unter beiden Gesichtspunkten Vorteile bietet.

2.5 Anpaßbarkeit und Erweiterbarkeit

Alle Merkmale, die für die Wartungsfreundlichkeit wichtig sind, haben im gleichen Umfang Einfluß auf die Qualitätsmerkmale Anpaßbarkeit und Erweiterbarkeit. Den Ausgangspunkt bilden aber hier nicht Fehler des Softwareproduktes, die beseitigt werden sollen, sondern neue Anforderungen des Anwenders, auf die der Entwickler möglichst schnell, umfassend und billig reagieren soll, um den bleibenden Nutzen des Produkts zu sichern.

2.6 Übertragbarkeit

Übertragbarkeit beschreibt u.a. die Möglichkeit, Softwarebestandteile wiederzuverwenden. Dies hat es bisher im wesentlichen in Form von Libraries gegeben, in der Routinen zu spezielen Operationen vorhanden waren, und ist daran gebunden, daß sich einzelne Probleme gut verallgemeinern lassen, wie z.B. numerische Berechnungen. Die Schwierigkeit hierbei besteht für den Programmierer darin, alle Implementierungsdetails kennen zu müssen, um die richtige Lösung auswählen zu können.

Dagegen bilden Klassen die Möglichkeit, allgemeine Verhaltensmuster zu beschreiben, weil jegliche Besonderheit der Implementierung unberücksichtigt bleiben kann [Mey 87]. Dadurch bleibt der Entwicklungsprozeß flexibler, und solchermaßen abstrakt beschriebene Klassen sind leichter in anderen Anwendungen wieder zu verwenden. Ähnlich äußert sich auch Booch: "Reusable parts tend to be objects or classes" [Boo 86]. Gerade die Rationalisierungsmöglichkeiten durch Wiederverwendung von bereits realisierten Bausteinen lassen den objektorientierten Ansatz auch aus ökonomischer Sicht interessant erscheinen.

Im Grunde geht es darum, Design- und Managementstrategien, die in traditionellen Ingenieurdisziplinen wie dem Maschinenbau schon lange üblich sind - Reduktion der Teilevielfalt, Wiederverwendbarkeit von Design, Erlangung hoher Kompetenz auf strategischen Entwicklungsfeldern -, auf den SW-Bereich zu übertragen. [Fis 91b, S. 125]

Hierbei darf man allerdings nicht übersehen, daß für einen Zugewinn an Wiederverwendbarkeit auch erheblicher zusätzlicher Entwurfsaufwand notwendig ist. Die produzierte Klassenhierarchie muß explizit auf Generalisierungsmöglichkeiten untersucht werden, d.h. Einsparungseffekte können sich nur langfristig geltend machen. Tracz betont, daß man dafür generell eine gesonderte Aktivität im SWE-Prozeß vorsehen muß, wobei offen bleibt, wo man diese vorsieht - erst nach dem Projektende oder projektbegleitend.

... Even our researchers who use Smalltalk every day do not often come up with generally useful abstractions from the code they use to solve problems. Useful abstractions are usually created by programmers with an obsession for simplicity, who are willing to rewrite code several times to produce easy-to-understand and easy-to-specialize classes. [K Beck, Panel, ACM 86, S. 502]

Classes usually start out being application dependent. It is always worthwhile to examine a nearly-complete project to see if new abstract classes and frameworks can be discovered. [...] Thus, creating abstract classes and frameworks is both a way of scavenging components for later reuse and a way of cleaning up a design. The final class hierarchy is a description of how the system ought to have been designed. [JF 88, S. 279]

If the superclasses are poorly designed, it might take a great deal of work to determine the proper design of the class hierarchy. It is better to forge ahead and then later reorganize the classes. Thus a subclass might be more general than its superclass or might have little relationship to its superclass other than borrowing code from it. [JF 88, S. 29]

Die Bewertung einzelner Aspekte kann sich dabei im Laufe der Zeit durchaus ändern, etwa beim Übergang von einer kurzfristigen, projektbezogenen zu einer langfristigen Perspektive, die stärker am Aufbau einer wohlorganisierten Basis von Softwarekomponenten interessiert ist. [Fis 91b, 134]

2.7 Zusammenfassung

Die offenkundigen Stärken des objektorientierten Ansatzes liegen bei den inneren Faktoren der Softwarequalität. Inwieweit diese auch Auswirkungen auf die externen Faktoren haben können, d.h. wirklich zu einer auch von außen wahrnehmbaren Qualitätsverbesserung für den Anwender führen, muß genauer untersucht werden. Gleichzeitig muß gesehen werden, daß mit dem Einsatz objektorientierter Programmierung auch neue Notwendigkeiten geschaffen werden. Die einzelnen Entwickler benötigen z.b. Zeit dafür, über die von ihnen produzierten Klassen zu debattieren und diese unter Umständen umzustrukturieren [JF 88]. Deshalb müssen über die bloßen technischen Voraussetzungen für Wiederverwendbarkeit hinaus auch Fragen des Zusammenhangs von objektorientierter Programmierung mit der Situation des Entwicklers, dem mit ihr verbundenen Kommunikationsaufwand bzw. den Möglichkeiten zur Teamarbeit betrachtet werden.

3 Objektorientierung und Kooperation/Kommunikation

3.1 Kommunikation und Kooperation der Entwickler untereinander

Aufgrund der geschilderten Vorteile aus technischer Sicht wird der objektorientierte Ansatz in der Regel sowohl von den Entwicklern als auch den Projektverantwortlichen gut akzeptiert. Aber auch aus psychologischer Sicht überwiegen die guten Erfahrungen: Entwickler - zumal solche, die relativ frisch von der Hochschule kommen - gehen mit großer Begeisterung an die Arbeit, der erste Entwurf steht schneller als mit vergleichbaren früher angewandten Techniken und der Zwang zur frühzeitigen Präzision wird in der Regel als sehr heilsam empfunden.

Auf der anderen Seite darf nicht verschwiegen werden, daß der OO-Ansatz neue Anforderungen an die Arbeitsweise und vor allem an die Kooperationsbereitschaft der Entwickler stellt:

- Systeme nach den Grundsätzen der Daten-Abstraktion zu modularisieren, war nicht zuletzt auch aus arbeitsorganisatorischen Gründen ein besonders erfolgreicher Ansatz, weil damit der Verantwortungsbereich der einzelnen Entwickler genau abgesteckt war. Jeder war für "seine" Module zuständig und brauchte von "fremden" Modulen nur die für die Benutzung notwendigen Schnittstellen-Informationen zu kennen.

    Das ist beim objektorientierten Entwurf anders. Denn durch die Möglichkeit, Merkmale von übergeordneten Klassen zu erben, sind die für eine Klasse gültigen Definitionen nicht mehr an einer Stelle (und im Verantwortungsbereich eines Entwicklers) konzentriert, sondern möglicherweise über eine ganze Klassenhierarchie verteilt. Daraus ergeben sich einige wichtige Konsequenzen:

- Wer ein Merkmal von einer übergeordneten Klasse erbt, muß dieses genau kennen - in der Regel geht diese Kenntnis über die reine Schnittstellen-Information hinaus und umfaßt auch Implementierungs-Details. Das heißt, erbende Entwickler müssen - in gewissem Ausmaß - auch in das Innere der Klassen von Vererbern hineinschauen.

- Wer Merkmale weitervererbt, stellt damit sein Wissen (und seine Programmier-Fertigkeiten) anderen zur Verfügung. Er muß willens sein, andere in seinen Code hineinschauen zu lassen und Arbeitsergebnisse mit anderen zu teilen. (Treffenderweise wird in der Literatur vererbtes Wissen oft als "shared knowledge" bezeichnet.)

- Prinzipiell steht das ideale objektorientierte Vorgehen im Gegensatz zu dem (durchaus menschlichen) Hang, alles selbst zu machen. Das heißt: Will man ausgiebigen Gebrauch von den Möglichkeiten der Vererbung machen, so muß man mit den betreffenden Entwicklern eng kooperieren. Und je enger und besser die Kooperation zwischen Entwicklern benachbarter Klassen funktioniert, desto mehr wird auch zwischen ihren Klassen vererbt bzw. ererbt werden.

3.2 Kommunikation und Kooperation mit den Benutzern

Objektorientierte Software-Entwicklung - automatisch Benutzer-orientiert ?

In der Literatur findet man derzeit häufig die Aussage, daß durch objektorientierte Software-Entwicklung eine Umsetzung des Anwendungsmodells in das Ziel-Softwaresystem ohne Strukturbruch möglich ist. Viele Autoren bleiben jedoch den Nachweis dieser Aussage schuldig - so als ob dies automatisch dadurch geschehen würde, daß objektorientierte Techniken eingesetzt werden.

This process always exposes important gaps in requirements, especially in the expectation of the customer. It allows alternate class and method organizations to be explored and polished and encourages the exploration of alternative designs. Every good class needs to be implemented at least five times! This means that classlibs developed in this way are typically more polished than those developed using just paper-based analysis.
[Thom 89, S.62]

Daß dies nicht so ist, zeigen dann z.B. Klassenhierarchien, die auf softwaretechnischen Gemeinsamkeiten beruhen, wie die Generalisierung von Tree als Linked List. Der entscheidende Punkt ist, daß das Kriterium für die Hierarchiebildung in diesem Fall eindeutig auf software-immanenten Gründen beruht. Der Code liefert also das Kriterium für eine Generalisierung. Bertrand Meyer, von dem auch das obige Beispiel stammt, nennt dieses Vorgehen 'reuseability game'. Er hat jedoch als einer der wenigen Autoren in dieser Hinsicht eine bewußte und deutlich ausgesprochene Grundeinstellung: Er geht davon aus, daß Anforderungen zu Beginn einer Software-Entwicklungen nicht geklärt werden können und sich in jedem Fall während der Entwicklung und des anschließenden Einsatzes der Software noch mehrfach ändern werden. Benutzerorientierung wird für ihn indirekt erreicht, indem man schnell und flexibel auf Wünsche des Kunden reagieren kann (Extremfall wäre ein durch den Kunden selbst veränderbares Endprodukt). Die objektorientierte Struktur der Software dient also in diesem Fall den Anforderungen des Software-Entwicklers und wird konsequenterweise auch auf diesen Zweck hin entwickelt, bzw. spiegelt dessen mentales Modell wider und nicht das des Benutzers.

Solchen softwaretechnisch motivierten Klassenstrukturen entgegengehalten wird die Behauptung, daß es sich hierbei eben um falsch verstandene Objektorientierung handelt und vielmehr wiederverwendbare 'Anwendungsbausteine' zu erstellen sind. Dies ist sicherlich richtig, doch ist die Umsetzung nach den Erfahrungen der Autoren nicht so leicht, wie dies bisher suggeriert wird. Beispielsweise wurde beim Marburger Fachgespräch BOS '91 bei einer Klassenhierarchie für einen Büroarbeitsplatz eine Ablage als die Generalisierung eines Ordners definiert. Dies muß einem Benutzer nicht notwendigerweise einleuchten. Die Fragen beginnen, wenn an solchen und vergleichbaren Stellen der Benutzer beispielsweise der Meinung ist, eine solche Generalisierung sei unsinnig. Was ist dann zu tun?

- Verzichtet man auf eine mögliche Generalisierung und bleibt bei den Klassen, die der Anwendersicht entsprechen? Man bezahlt dafür u.U. mit verringerte- Wiederverwendbarkeit der Anwendungsklassen.

- Läßt man es wie bei der bisherigen SW-Entwicklung bei einem Bruch? Das heißt, entwickelt man in Kooperation mit dem Anwender die Klassen so weit wie möglich und verabschiedet diesen dann, weil jetzt noch Umstrukturierungen aus technischen Gegebenheiten notwendig werden? Beispielsweise weil zur Bildung wiederverwendbarer Bausteine nicht mehr nur diese eine Anwendung zu berücksichtigen ist, sondern das gesamte Anwendungsspektrum der Firma. In diesem Fall bringt die Objektorientierung auch keine Hilfe bei der Überwindung des Bruches zwischen Anwendungsmodellierung und Systementwicklung.

Darüberhinaus besteht die Gefahr, daß Funktionalität, die aus Anwendersicht in einer Klasse konzentriert ist, über eine ganze Klassenhierarchie 'verschmiert' wird (vgl. [Wyb 90]).

- Entwickelt man eine über die pure Abbildung des Anwendungsgebietes hinausgehende Klassenstruktur und vermittelt diese dann dem Benutzer? Die Vermittlung kann selbst wiederum den Effekt haben, daß den Software-Entwicklern erst jetzt Zusammenhänge klar werden, die bisher noch nicht gesehen wurden oder noch nicht zur Sprache kamen und die eine Überarbeitung der Klassen nötig machen. Ein Beispiel aus der Erfahrung der Autoren war die Entwicklung eines Programms für Reiseabrechnungen nach dem hessischen Reisekostengesetz. Die Benutzer hatten, da Ihr Arbeitskontext sich nur im Rahmen eines Projektes bewegte, ein sinnvoll vereinfachtes Modell. Für sie war z.B. eine bestimmte Nummer ein unveränderlicher Formularbestandteil.

In Wirklichkeit jedoch war dies eine projektspezifische Angabe. Es war also abzusehen, daß spätestens bei der Abrechnung anderer Projekte hier eine Erweiterung nötig werden würde und man die Klassen sinnvollerweise daraufhin bilden sollte. Die Situation war in diesem Fall problemlos, da der Software-Entwickler bereits ein entsprechendes Wissen des Anwendungsfeldes hatte und es umgekehrt auch leicht war, dieses erweiterte Anwendungsmodell zu vermitteln.

Es scheint uns durchaus sinnvoll zu sein, nicht sklavisch die Benutzerwelt abbilden zu wollen, aber man sollte - wenn die möglichst nahtlose Abbildung der Anwendung in die Software das oberste Ziel ist - niemals weiter gehen, als es dem Benutzer noch vermittelbar ist. Das bedeutet, daß bei objektorientierter Software-Entwicklung der Entwicklungsprozeß und die darin zu integrierende Kooperation mit dem Anwender eine noch größere Bedeutung gewinnt.

In der Diskussion der letzten Jahre wurde einseitig propagiert, daß Entwickler per se nicht benutzerorientiert seien und alle Lösungen zu dieser Problematik durch höheren Benutzerkontakt erzielt werden müßten. Mittlerweile muß dies aus zwei Gründen relativiert werden.

Zum einen zeigt sich - nicht auch zuletzt aus der Erfahrung von IPAS - daß direkter Benutzerkontakt durchaus in ca. 50% der Fälle gegeben ist, jedoch nicht automatisch zu besserer Software-Qualität führt.

Zum anderen ist beispielsweise ein derart benutzerfreundliches und benutzernahes Produkt wie Tabellenkalkulation nicht etwa aufgrund von Benutzerwünschen entstanden, sondern im Gegenteil führten im wesentlichen zwei Entwicklerwünsche zur Lösung des Polymorphismus und letztendlich zur

Objektorientierung und damit zu äußerst änderbaren Systemen, die im Endeffekt dann wieder den Benutzern zugute kamen.

Im letzten Fall ist auch wieder ein Fall aus den IPAS-Untersuchungen interessant: die Benutzer hatten Anforderungen im Bereich Investmentplanung an ihr neues System gestellt, die im wesentlichen auf eine Neuprogrammierung des alten FORTRAN-Systems hinausliefen. Sie waren auch durch heftige Agitation der Entwickler nicht einmal zu einem mausgesteuerten System zu bewegen. Eigentlich wollten die Entwickler, da eine Windows-Applikation zu erstellen war, auf Excel aufsetzen oder zumindest ein daran angelehntes objektorientiertes Produkt schaffen. Dieses Ziel der Entwickler beruhte auch auf ihren bisherigen Erfahrungen mit den Inhouse-Benutzern, die sehr häufig ihre Meinungen änderten. Es gelang ihnen jedoch nicht, sich damit durchzusetzen. Als das Projekt bereits in der Realisierungsphase war, lernten die Benutzer an anderer Stelle Excel kennen und plötzlich sollte das neue System 'wie Excel' sein.

Die Diskussion, inwieweit Entwickler gestaltend tätig werden sollen, wird zur Zeit auch unter dem Stichwort 'Waschroboter am Fluß' geführt.

Zusammenfassend läßt sich festhalten: Künftige Anforderungen werden weitgehend nur noch durch objektorientierte Systeme erfüllbar sein und weiterhin werden diese Anforderungen sich mit der Erfahrung mit objektorientierten Systemen noch verbreiten. Der Anstoß des Ganzen waren jedoch in der Tat die ersten objektorientierten Systeme, die auf Entwickleranforderungen und -überlegungen zurückgingen und die als erstes zur Schaffung der entsprechenden Sprachen und Werkzeuge führten. Weder bessere Organisation noch höhere Motivation, höhere Benutzer-Entwickler-Kommunikation etc. hätten jemals zu Spreadsheet-Programmen oder auch nur zu dem Wunsch nach einem solchen System geführt. Dazu war erst die Entwicklung der Technologie nötig. Bertrand Meyer berichtet von ähnlichen Beobachtungen und formuliert dies folgendermaßen:

> *"It's like expecting better hospital management to solve the public hygiene problem 10 years before Pasteur came along! Give your poor huddled projects a decent technical environments in the first place. Then worry about whether you are managing them properly."* [Mey 87].

Dies führt zum Einfluß der Objektorientierung auf die Zusammenarbeit zwischen Entwicklern und Projektmanagement.

3.3 Konsequenzen für die Projektabwicklung

Was für Konsequenzen ergeben sich aus diesen möglichen Schwierigkeiten für die Organisation und die technische Durchführung objektorientierter SW-Projekte?. In der Literatur findet sich z.B.:

> From the management perspective is that there is a long 'leap of faith' required while the design team is finding the classes and prototyping. Even during coding the system doesn't seem visible. [...] This is one of the major reasons why rapid prototyping is an important activity in the development process. [Thom 89, S.61]

> The expectations of management as far as tangible progress is concerned, using an object-oriented approach must be set differently. There is a great deal more 'up-front' work involved with respect to setting up class hierarchies and methods. The notion of 'it works' may only mean that a particular message has gotten through to the correct method in the class hierarchy. [Wyb 90, S. 36]

> Technology insertion - Organizations considering adopting OO software development technology should evolve OO into their environments rather than trying to revolutionize the process. Try OO and C++ on small projects first. [Wyb 90, S. 38]

> Andererseits erfordert gerade ein erfolgreicher Paradigmenwechsel nicht nur mutige Entscheidungen, sondern auch eine stabile Umgebung, wie sie eher in Unternehmen konservativen Stils zu finden ist. OO ist kein Wundermittel, das kurzfristige Erfolge verspricht. Vielmehr verlangt ihre Einführung langfristige Perspektiven und die Bereitschaft zu Investitionen sowohl in die Qualifizierung als auch [...][Fis 91b]

Einig sind sich die Autoren über die erheblichen qualifikatorischen Anforderungen, die mit objektorientierter Software-Entwickluung verbunden sind - was auch die IPAS-Befunde bestätigen. Daraus resultieren auch Vorschläge, wie die Qualifikationen vermittelt werden sollen. Beispiele von gutem Design brachten beispielsweise wie schon beim Datenorientierten Software-Entwurf den Durchbruch für das Lernen der Designmethode [vgl. u.a. Kent Beck, Panel, ACM 86, S. 502]

> The problems related to semantics are for the most part special to OO programming systems. Some of the fundamental concepts (such as objects, classes and message passing) turn out to be very easy for learners to master. However some of the other concepts are very difficult and we can isolate meta classes in particular as the single most important of learnability probls. [Tim O'Shea, Panel, ACM 86, S. 502]

... They map the procedural abstractions they would have created directly onto object type definitions. They have other difficulties too, such as implementing behavior in the wrong objects, or creating type hierarchies that correspond poorly to levels of abstraction. [Halbert, Panel, ACM 86, S. 502]

Learning the basic concepts of OOP in a language-independant setting is a better introduction to OOP than diving into the idiosyncrasies of a particular object-oriented language. [K.J.Schmucker, Panel, ACM 86, S. 502]

Instead much time is spent learning the large library that is an integral part of most oo language systems, Many of the fundamental data types in an OO system are provided by the library rather than by the language. [...] The problem is in distinguishing what in the library is essential to basic programming, and what is extra. Too often , everything seems to be interconnected. [Halbert, Panel, ACM 86, S. 502]

Dies führt auch zum Vorschlag des Mentorprinzips als Grundlage der Qualifizierung:

Developers start as application programmers, using the well-structured abstractions that already exist. Over time, developers who have studied and used these components under the supervision of a more experienced person gain sufficient experience to develop a meaningful conceptual framework of the object model and become effective class designers. [Boo 90, S. 218]

Eng mit qualifikatorischen Anforderungen verbunden sind die Strategien für die Einführung von Objektorientierung und die Wahl der Sprache:

Visual navigation through C++ source code has proved to be more difficult than with other languages with which we have experience, most notably C and Ada. [Wyb90, S. 36]

The greatest obstacle in using a hybrid object-oriented language like Objective-C is competence in C itself. This conclusion seems to hold for other hybrid languages. [K.J.Schmucker, Panel, ACM 86, S. 502]

[...] but they do have one considerable advantage: They can often be used for production programming, where pure languages like smalltalk are usually unacceptable. [Cox 84, S. 51]

Interactive interpreters for object-oriented languages [...] are invaluable for teaching. Languages without such tools are more difficult to learn. [K.J.Schmucker, Panel, ACM 86, p. 502]

> *This need for powerful tools creates a demand for two specific positions within the development organization: a librarian and a toolsmith. The duties of the librarian are to maintain the class library for a project. The duties of a tooolsmith are to create domain-specific tools and tailor existing ones for the needs of a project. [Boo 91, S. 214]*

Der Toolsmith könnte z.b. Klassen und Objekten mit einem speziellen Erscheinungsbild versehen oder anwendungsgebietspezifische Spezialversionen eines Browsers erstellen.

Zusammenfassend kann man sagen: Objektorientierung zwingt von Anfang an mehr, Bibliotheken zu benutzen, denn viele Klassen, die man von Anfang an braucht, sind nicht als Sprachkonstrukt, sondern in Bibliotheken vorhanden. Das heißt, man muß auch erst deren Spezifikation lesen. Bei herkömmlichen Sprachen kann man auch ganz allein losprogammieren, ohne sich ausführlich mit dem Inhalt von Bibliotheken vertraut zu machen.

Dies führt zum Problem der Werkzeug- und Teamstrukturen. Bisherige Werkzeugentwicklungen behandeln objektorientierte Software-Entwicklung meist eher wie Ein-Mann-Projekte:

> *For groups larger than two or three you can't sit around and share a mouse. Ward has a HyperCard stack but it isn't nearly as productive as the paper version. [...] The cards are then used in various scenarios and organizations to develop a shared view of the object structure of the system. [Thom 89, S. 60]*

Als Fazit aus dieser Diskussion schlagen wir folgendes vor:

Für jede Klasse ist genau ein Entwickler zuständig, umgekehrt bearbeitet ein Entwickler in der Regel mehrere Klassen. Sehr eng benachbarte Klassen (d.h. solche mit sehr ausgeprägten Vererbungsbeziehungen) sollten in der Verantwortung eines Entwicklers bleiben. Man kann auch in objektorientierten Systemen "Schichten" auszeichnen. Kriterien und Hinweise dazu finden sich z.B. bei Budde, Sylla und Züllighoven [BSZ 89] und O'Shea:

> *Improving design: .... removing metaclasses as an explicit construct, providing appropriate tracing facilities for tracking method inheritance and supporting easier navigation by adding layeriing to class hierarchies (moving from the spaghetti model to the lasagne model). [Tim O'Shea, Panel, ACM 86, S. 502]. Another major area of difficulty is understanding the more subtle mechanisms for methods inheritance.*

Trotzdem kommen auch bei guter Arbeitsteilung zwangsläufig "Vererbungs-Schnittstellen" (d.h. Merkmale, die von Klassen anderer Entwickler ererbt werden) vor. Der Versuch liegt nahe, wie bei der Daten-Abstraktionstechnik nur die pure Schnittstellen-Information zu vererben: Z.B. im Falle einer ererbten Routine deren Namen, Parameterzahl und -typen, Semantik in möglichst abstrakter Form. Oft möchte der Erbende aber mehr wissen: Wie ist das implementiert, um z.b. für abgeleitete, spezialisierte Routinen analoge Lösungen zu finden oder um Effizienzvergleiche anzustellen etc. Der Vererbende muß bereit sein, dieses Wissen mit anderen zu teilen.

Die Entwicklung eines objektorientierten Systems vollzieht sich nicht nur "top-down", (d.h. von den allgemeinen zu den speziellen Klassen), sondern auch "bottom-up" (d.h. durch Verallgemeinerung von zunächst für speziellere Zwecke gedachten Klassen). Beide Strategien - die in der Praxis nicht pur, sondern zu einer Mischstrategie vereinigt auftreten - verlangen ein Höchstmaß von Kooperationsbereitschaft aller Beteiligten. Unterstützt wird die Kooperation durch institutionalisierte Zusammenkünfte der beteiligten Entwickler ("Schnittstellen-Konferenzen"), bei denen regelmäßig Informationen über die gerade erreichten Arbeitsergebnisse ausgetauscht werden. Ideen zu neuen Klassenstrukturen, Schichten und Verallgemeinerungsmöglichkeiten werden oft gerade auf solchen Konferenzen geboren.

4 Resumee und Ausblick

Der objektorientierte Ansatz hat sich, wo immer er ernsthaft und mit der notwendigen organisatorischen und technischen Unterstützung eingeführt wurde, gut bewährt. Erfahrungsberichte der betroffenen Entwickler sind überwiegend positiv. Die hohen Anforderungen, die dieser Ansatz an die Kooperationsbereitschaft der Entwickler stellt (vor allem was die konsequente Anwendung des Vererbungsprinzips betrifft), darf allerdings nicht unterschätzt werden.

Eine weitere Fragestellung, der nachzugehen die bisherigen Untersuchungen allerdings noch nicht genügend Möglichkeiten boten, betrifft die Auswirkungen der Objektorientierung auf die Entwickler-/Benutzer-Kooperation.

Eine Hypothese besagt, daß die Einführung objektorientierter Methoden schon bei der Systemanalyse und die differenzierte Analyse und Beschreibung von sehr anwendungsnahen Klassen (gemeinsam mit den Benutzern vor Ort) auch hier ganz neue Kooperationsmöglichkeiten eröffnen und der Diskussion des Themas "Benutzer-Partizipation" eine ganz neue Wendung verleihen könnte.

Es liegen allerdings noch zu wenig Erfahrungen vor, um eine solche Hypothese heute schon durch entsprechende Praxisbefunde erhärten zu können.

Bereits jetzt können aber aufgrund der Erfahrungen und Beobachtungen folgende Punkte als zentrale Eigenschaften objektorientierter Software-Entwicklung genannt werden:

Es tauchen analoge Probleme zur herkömmlichen Software-Entwicklung wieder auf (die dort teilweise bereits überwunden waren):

- Die (klassenübergreifende) Kontrollstruktur, d.h. der globale Ablauf ist schwer überschaubar.

- Verkopplung von Entwurfsentscheidungen durch Vererbung, damit wird die Lokalität möglicherweise beeinträchtigt.

- Es gibt globale Elemente, da Objekte von jeder 'Stelle' aus aktivierbar sind.

- Es gibt syntaktisch gleich aussehende, aber semantisch verschiedene Konstrukte (durch Polymorphie und Overloading)

Die qualifikatorischen Anforderungen (an das gesamte Team) sind sehr hoch:

- Entwickler müssen sich viel mehr informieren, z.B. über vorhandene Bausteine oder ererbte Funktionen und Leistungen.

- Die Forderungen nach Wiederverwendbarkeit machen eine neue Sichtweise notwendig, die sehr viel stärker projektübergreifend ist als bisher. Die EDV-Abteilung der Zukunft erfüllt nicht nur gegebene Projektanforderungen, sondern betreibt langfristige 'Fertigungsplanung'.

- Nachträgliche Revisionen sind leichter möglich als früher. Man muß dafür aber genügend Aufwand einplanen und und dazu die Vererbungsstruktur laufend anpassen und überarbeiten.

- Es werden nicht mehr nur Arbeitsabläufe funktionell entworfen und aus-programmiert oder aus einem groben Ablauf schrittweise verfeinert. Vielmehr spielt es beim Entwurf einer geeigneten Arbeitsunterstützung für den Benutzer eine große Rolle, mit welchen Objekten er auf welche Weise umgehen soll..

Hinzu kommen neue Herausforderungen an das Projektmanagement, auf die an anderer Stelle [HW 94 näher eingegangen wird.

Literatur:

[ACM 86] Proceedings of OOPSLA'86: Object-Oriented Programming Systems, Languages, and Applications,. Nov. 1986, SIGPLAN Notices Vol. 21 (11)

[Ber 88] Berzins, V. (1988). Object-Oriented rapid Prototyping. NPS 5288-044 Computer Science Dept.; Naval Postgraduate School.

[BHS 91] Bittner, U; Hesse, W.; Schnath, J.(1991). Untersuchungen zur Arbeitssituation und Werkzeugunterstützung von Software-Entwicklern - Ein erster Zwischenbericht. Proc. Software für die Arbeit von morgen, München 1991

[BM 85] Buzzard, G.; Mudge T. (1985). Object-based computing and the Ada programming language. Computer, 18 (4).

[Boo 86] Booch, G. (1986). Object-Oriented Development. IEEE Transactions on Software Engineering, 12(2), pp. 211-221.

[Boo 91] Booch, G. (1991). Object-Oriented Design with Applications. Redwood City: Benjamin Cummings.

[BSZ89/] Budde, R., Sylla, K.-H., Züllighoven, H.: Objektorientierter Systementwurf, LOG IN 4/5, 1990

[Cox 84] Cox B. J. (1984). Message/Object Prgramming: An EvolutionaryChange in Programming Technology. IEEE Software, 1 (1), pp. 50-61.

[Den 87] Denert E. (1987). Objektorientierte Kreativität statt Software-Bürokratie. Computer Magazin, 9/87, pp. 52-54.

[Ert 90] Ertl, A. (1990). Die Pascal-Weiterentwicklung. CHIP PLUS 2, 47.

[Fis 87] Fisher, G. (1987). Cognitive view of reuse and redesign. IEEE Software, 4 (4), pp. 60-72.

[Fis91a] Fischbach, R. (1991). Das OO-Paradigma. iX (Unix-Anwender-Zeitschrift), (3), pp. 118-121.

[Fis91b] Fischbach, R. (1991). Der Schrecken des Neuen. iX (Unix-Anwender-Zeitschrift), (3), pp. 122-135.

[GGP 90] Ganti, M.; Goyal, P.; Podar, S. (1990). An Object-Oriented Software Application Architecture. Proc. of the 12th International Conference on Software Engineering, pp. 212-220.

[GMA 88] Gebhardt, R.; Martin, R.; Ameling, W. (1988). POPSY: Eine objektorientierte Systemarchitektur zur Simulation komplexer Systeme. Simulationstechnik, 5. Symposium Simulationstechnik 1988, Aachen, Informatik Fachberichte 179. Berlin, Heidelberg, New York: Springer Verlag.

[Gut 77] Guttag, J. (1977). Abstract Data Types and the Development of Data Structures. Communications of the ACM, 20, pp. 396-404.

[Hes 90] Hesse, W. (1990). Herkömmliche und objektorientierte Verfahren zur Anwendungsmodellierung - eine Gegenüberstellung. Proc. GMD-Workshop "Arbeitsverfahren für die Software-Entwicklung", Königswinter 1990.

[HO 87] Halbert, D. C.; O'Brien, P. D. (1987). Using types and inheritance in object-oriented programs. IEEE Software, 4 (5), pp. 71-79.

[HW 94] Hesse, W., Weltz, F. (1994). Projektmanagement für evolutionäre Software-Entwicklung; in: Information Management 3/94, pp. 20-33 und in diesem Buch.

[JF 88] Johnson, R. E.; Foote, B. (1988). Designing Reusable Classes. JOOP, June/July 1988, pp. 22-35.

[LH 89] Lieberherr, K.; Holland, I. (1989). Assuring Good Style for Object Oriented Programs. IEEE Software, pp. 38-48.

[LHR 88] Lieberherr, K.; Holland, I.; Riel, A. (1988). Object-Oriented Programming: An Objective Sence of Style. ACM Sigplan Notices, pp. 323-334.

[Lie 88] Lieberherr, K. (1988). Object-Oriented Programming with Class Dictionaries. J.Lisp and Symbolic Computation, 1(2), pp. 185-212.

[LR 88] Lieberherr, K.; Riel, A. (1988). Demeter: A CASE Study of Software Growth Through Parameterized Classes. JOOP, August/September 1988, pp. 8-22.

[Luq 89] Luqi, M. (1989). Software Evolution Through Rapid Prototyping. IEEE, May 1988, pp. 13-25.

[Mad 86] Madson, O. L. (1986). Block Structures and Object-Oriented Languages. ACM Sigplan Notices, 21 (10).

[Mey 81] Meyer, B. (1981). Towards a two-dimensional programming environment. Readings in Artificial Intelligence. Palo Alto.

[Mey 86] Meyer, B. (1986). Genericity versus Inheritance. Proc. Object-Oriented Programming Systems, Languages and Applications Conference, pp. 391-405.

[Mey 87] Meyer, B. (1987). Reusability: The Case for Object-Oriented Design. IEEE Software, (3), pp. 50-64.

[Mey 88a] Meyer, B. (1988). Bidding Farewell to Globals. JOOP, August/September 1988, pp. 73-76.

[Mey 88b] Meyer B. (1988). Object-oriented Software Construction. New York: Prentice Hall.

[Mey 89] Meyer, B. (1989). From Structured Programming to Object-Oriented Design: The Road to Eiffel. Structured Programming. New York: Springer-Verlag, 19-39.

[Meye 88] Meyers, W. (1988). Interview with Wilma Osborne. IEEE Software, 5 (3), pp. 104-105.

[Ost 88] Osterby, K. (1988). Active Objects: An Access Oriented Framework fo Object-Oriented Languages. JOOP, June/July 1988, pp. 6-10.

[Par 72] Parnas, D. L. (1972). On the Criteria To Be Used in Decomposing Systems into Modules. Communications of the ACM, 15, pp. 1053-1058.

[PCW 85] Parnas, D. L.; Clements, P. C.; Weiss, D. M. (1985). The Modular Structure of Complex Systems. IEEE Transactions on Software Engineering, 11(3), pp. 259-266.

[RBGA88] Roggenbuck, S.; Beccard, R.; Gebhardt, R.; Ameling, W. (1988). POPSY: Ein objektorientierter Ansatz zur Realisierung eines 'General-Purpose'-Parallelrechnersystems. Angewandte Informatik, pp. 169-172.

[RGA 89] Roggenbuck, S.; Gebhardt, R.; Ameling, W. (1989). Prolog als Methodensprache in einer objektorientierten Programmierumgebung. Angewandte, pp. 181-188.

[RS89] Reenskaug, T.; Skaar, A.L. (1989). An Environment for Literate Smalltalk Programming. Proc. OOPSLA'89, pp. 337-345.

[Sak 88] Sakkinen, M. (1988). Comments on the Law of Demeter and C++. Sigplan Notices, 23(12), pp. 38-44.

[Sny 87] Snyder, A. (1987). Inheritance and the Development of Encapsulated Software Systems. In: Shriver, B.; Wegner, P. (Ed.)

Research Directions in Object-Oriented Programming. Cambridge, Mass.: MIT Press, pp. 147-164

[SS 87] Seidewitz, E.; Stark, M. (1987). Towards a General Object-Oriented Software Development Methodology. SIGAda Ada Letters ACM, (7/8), pp. 54-67.

[Swa 88] Swartz, G. B. (1988). Review of Eiffel. JOOP, August/September 1988, pp. 80-82.

[Tho 89] Thompson, T. (1989). The Next Step. Byte, March 1989, pp. 265-269.

[Thom 89] Thomas, D. (1989). In Search of an Object Oriented Development Process. JOOP, May/June 1989, pp.S. 60-63

[Wal 88] Wallmüller, E. (1988). Ein System zur Erstellung, Pflege und Analyse von Spezifikationen: LITOR-A. Angewandte Informatik, pp. 103-109.

[War 89] Ward, P. T. (1989). How to Integrate Object Orientation with Structured Analysis and Design. IEEE Software, pp. 74-82.

[Weg 89] Wegner, P. (1989). Learning the Language. Byte, March 1989, pp. 245-253.

[Wir 88] Wirth, N. (1988). The Programming Language Oberon. Software - Practice and Experience, 18(7), pp. 671-690.

[Wit 89] Witt, K.-U. (1989). Konzepte objektorientierter Programmierung und ihre Anwendung in PASCAL. Informationstechnik, München: Oldenbourg Verlag, 31, pp. 245-259.

[WJ 90] Wirfs-Brook, R.J., Johnson,.R.E. (1990). Surveying Current Research in Object-Oriented Design. Comm. of the ACM, 33 (9), pp. 105-124

[Wol 89] Wolf, W. (1989). A Practical Comparison of Two Object-Oriented Languages. IEEE Software, September 1989, pp. 61-68.

[Wol 89] Wollschlaeger, P. (1989). Kleiner Unterschied großer Schritt: Turbo-Pascal 5.5. Computer, 20, pp. 86-89.

[WW 89] Wirfs-Brook, R., Wilkerson, B. (1989). Object-Oriented Design: A Responsibility-Driven Approach. Proc. OOPSLA '89, pp. 71-75.

[Wyb 90] Wybold N. (1990). Experiences with C++ and object-oriented software development. ACM SIGSOFT SE Notes 15.2, pp. 31-39.

[Zav 84]　Zave, P. (1984). The Operational versus the Conventional Approach to Software Development. Communications of the ACM, 27(2), pp. 104-118.

[ZMW 90]　Zucconi, L.; Mack, G. ;Williams, L. G. (1990). Using Object-Oriented Development to Support Prototyping. Proc. of the 12th International Conference on Software Engineering, IEEE Computer Society Press, pp. 129-132.

Projektmanagement für evolutionäre Software-Entwicklung[1]

W. Hesse, Universität Marburg,
F. Weltz, Sozialwissenschaftliche Projektgruppe München

Zusammenfassung:
In diesem Aufsatz wird über Ergebnisse des Projekts IPAS berichtet, an dem Informatiker, Arbeitspsychologen und Soziologen beteiligt waren. Ziele des Projekts waren eine interdisziplinäre Untersuchung von Software-Entwicklungsprojekten und die Ableitung von Gestaltungshinweisen und -richtlinien für die künftige Projektarbeit. Die Untersuchungen zeigten u.a. eine Diskrepanz zwischen den offiziell verkündeten, sequentiellen ("Wasserfallartigen") Vorgehensmodellen und der tatsächlichen Praxis von parallel, verschränkt und teilweise zyklisch ablaufenden Tätigkeiten.

Auf der Grundlage neuer methodischer Ansätze und der bei IPAS ermittelten Praxisbedürfnisse wird ein Modell für evolutionäre objektorientierte Software-Entwicklung (EOS) vorgeschlagen. Ein Vorgehen nach diesem Modell stellt nicht nur neue Anforderungen an die Qualifikation von Software-Entwicklern, sondern auch an das Projektmanagement. Diese Anforderungen und daraus resultierende Konsequenzen für ein dynamisches Projektmanagement werden diskutiert.

1 Einleitung: Software-Entwicklung als interdisziplinärer Gestaltungsprozeß

Heute ist es üblich, Software-Entwicklungsprojekte unter drei Aspekten zu betrachten (vgl. z.B. [HMF 92], S. 10):

Fachlich-technischer Entwicklungs-Aspekt:

Dabei stehen Fragen wie die folgenden im Mittelpunkt:
- Wie läßt sich die Gesamt-Aufgabenstellung inhaltlich in Teilaufgaben zerlegen?
- Wie läßt sich eine gegebene fachliche Aufgabe modellieren und daran anschließend in Software umsetzen, welche Software-Strukturen sind dafür am besten geeignet?
- Welche Entwicklungs-Tätigkeiten führen zu welchen Ergebnissen und wie stehen diese miteinander in Verbindung?

---

[1] Dieser Beitrag wurde im Heft 3/94 der Zeitschrift *Information Management* (Computer-woche Verlag GmbH München) veröffentlicht.

Management-Aspekt:

Dieser betrifft Fragen der administrativen, organisatorischen und wirtschaftlichen Abwicklung von Software-Projekten, z.B.:

- Wie läßt sich der Entwicklungsprozeß planen, organisieren, verfolgen und steuern? (organisatorischer Teilaspekt)
- Wie werden die Zuständigkeiten und Verantwortlichkeiten geregelt, wer ist für welche Teilaufgabe verantwortlich, wer berichtet an wen, verhandelt mit dem Auftraggeber? (administrativer Teilaspekt)
- Wie können die Projektkosten zuverlässig kalkuliert, Termine, Budgets gesetzt, kontrolliert und eingehalten werden, ohne eingegangene inhaltliche Verpflichtungen zu verletzen? (wirtschaftlicher Teilaspekt)

Unterstützungs-Aspekt:

Hier geht es um die geeigneten Methoden und Werkzeuge zur Unterstützung der Software-Entwicklung. Diese betreffen

- die Tätigkeiten der Software-Entwickler ebenso wie
- die Tätigkeiten der (fachlichen) Projektleiter und (administrativen) Projektmanager.

Alle genannten Aspekte haben Auswirkungen auf die *Qualität* von Software: Einerseits bestimmen die Software-Architektur und die Prüfkriterien (z.B. für Tests und Reviews) direkt die Qualität des Endprodukts. Andererseits wirken sich bestimmte Entwicklungsverfahren und Management-Techniken sowie die verwendeten Werkzeuge auf den Herstellungsprozeß der Software und damit indirekt (aber nicht weniger einflußreich) auf das Endprodukt aus. Wir sprechen im erstgenannten Fall von der *Produkt-Qualität*, im zweiten von der *Prozeß-Qualität* der Software-Erstellung.

Neuere Ansätze legen stärkeres Gewicht auf die Bedürfnisse (bestehender oder künftiger) *Anwender* von Software-Systemen und die daraus resultierenden Anforderungen an deren Funktionalität und Gestaltung. Die Erkenntnis, daß Software-Systeme bereits heute den Arbeitsablauf an vielen Arbeitsplätzen maßgeblich bestimmen, führt dazu, einen weiteren Aspekt in die Betrachtung einzubeziehen: Dies ist der

Arbeitsgestaltungs-Aspekt:

Hier wird die Software-Entwicklung in einem erweiterten Kontext gesehen. Dabei sind Fragen der folgenden Art zu beantworten:

- Wie läßt sich ein vorhandener oder neuer Arbeitsprozeß bestmöglich gestalten? Welche Tätigkeiten sollen (unter Abwägung verschiedener Gesichtspunkte) in welchem Maße automatisiert oder durch Technikeinsatz unterstützt werden, wie wirken Mensch und Technik zusammen?
- Wo ist dabei der Einsatz von Software sinnvoll? Wie kann sie so entwickelt werden, daß sie die Arbeitsprozesse möglichst effizient unterstützt?
- Wie lassen sich dabei ökonomische Ziele mit den Bedürfnissen der Anwender nach befriedigender und erfüllender Arbeit vereinbaren?

Es ist klar, daß diese Sichtweise weit über den obengenannten Unterstützungs-Aspekt hinausgeht. Bedenkt man, daß im Falle der Software-Entwicklungswerkzeuge die Software-Entwickler ihre eigenen Anwender sind und bezieht man den Arbeitsgestaltungs-Aspekt einmal auf die Arbeit der Software-Entwickler selbst, so kommt man zu einer integralen, den gesamten Arbeits-prozeß umfassenden Sicht der Software-Entwicklung.

Dies ist der Ansatzpunkt des IPAS-Projekts: Neben den traditionellen fachlich-technischen und Management-Aspekten wird die Software-Entwicklung unter dem Arbeitsgestaltungs-Aspekt betrachtet und dabei ein Schwerpunkt auf die Arbeitsgestaltung der Software-Entwickler selbst gelegt. Das heißt, neben der Frage nach den angemessenen Methoden und Werkzeugen sind die Arbeitsprozesse der Software-Entwicklung als Ganzes und deren organisatorische Einbindung Gegenstand der Betrachtung. Dabei können die genannten Aspekte nicht isoliert voneinander betrachtet werden, sondern es geht gerade um ihre Wechselbeziehungen.

Interdependenzen der genannten Art zeigen, daß die Untersuchung und Gestaltung von Software-Entwicklungsprozessen ein *interdisziplinäres* Vorhaben ist, das Informatiker, Psychologen und Sozialwissenschaftler in gleichem Maße angeht und im Spezialfall auch die betroffenen Anwender-Fachbereiche mit einbeziehen muß. In der Praxis ist diese Erkenntnis allerdings noch wenig verbreitet. So werden z.B. Software-Entwicklungen oft immer noch von technischen Erwägungen dominiert oder allein unter dem Blickwinkel ökonomischer Randbedingungen gesteuert und kontrolliert. Ein *ganzheitlicher Ansatz* wird selten verfolgt.

Das IPAS-Projekt geht von einem solchen ganzheitlichen Ansatz aus. Um die genannten Wechselwirkungen angemessen berücksichtigen zu können, wurde IPAS als interdisziplinäres Projekt dreier Teilgruppen von Informatikern, Arbeitspsychologen und Soziologen angelegt.

Dabei lagen die Untersuchungsschwerpunkte unterschiedlich: für die Informatiker auf den methodisch-technischen Aspekten, für die Arbeitspsychologen auf Fragen, die das Verhältnis des Software-Entwicklers zu seiner Arbeit und seine Zusammenarbeit mit Kollegen und Anwendern betreffen, während sich die Soziologen auf die Management-Aspekte und Formen der Projektorganisation konzentrierten. Über die Ergebnisse der empirischen Untersuchungen ist mehrfach berichtet worden, (siehe z.B. [HBS 92], [WO 92], [FB 92], [FH 93]).

In diesem Beitrag stehen die *Wechselwirkungen zwischen dem Entwicklungs- und dem Management-Aspekt* im Vordergrund. Software-Projektmanagement wird häufig unter vorwiegend technisch-ökonomischen Gesichtspunkten betrieben: Projektkalkulation, Festsetzung von Meilensteinen, Fortschrittskontrolle, Termin- und Budgeteinhaltung stehen im Vordergrund und verstellen den Blick auf Realitäten wie mangelnden Informationsfluß zwischen Managern, Entwicklern und Anwendern oder unmittelbaren Handlungsbedarf bei sich ändernden Entwicklungszielen und Aufgabenstellungen.

Im IPAS-Projekt haben wir festgestellt, daß Theorie und Praxis, offizielle Richtlinien und tatsächliches Vorgehen in der Software-Entwicklung oft deutlich voneinander abweichen. So spielen z.B. in der "offiziellen Praxis", d.h. in den Projekthandbüchern und offiziell verkündeten Entwicklungsrichtlinien Phasenmodelle herkömmlicher Art (die sogenannten Wasserfall-Modelle) nach wie vor eine dominierende Rolle, in der tatsächlichen Praxis wird allerdings regelmäßig davon abgewichen, die Modelle werden modifiziert, umgangen oder gar ignoriert.

Im folgenden wollen wir den Ursachen solcher Diskrepanzen nachgehen und dabei vor allem das Verhältnis von (technischen) Software-Entwicklungsverfahren zu Management-Techniken beleuchten. Diese Frage ist besonders aktuell, da sich mit dem objektorientierten Ansatz eine neue Generation von Entwicklungsverfahren zu etablieren beginnt, die neue Formen des Projektmanagements erfordern.

Anhand des im IPAS-Projekt entwickelten Modells für evolutionäre, objektorientierte Software-Entwicklung (EOS) wollen wir die daraus folgenden Anforderungen und Konsequenzen für ein "dynamisches Projektmanagement" aufzeigen und diskutieren. Unserer Hauptthese zufolge sind für das Projektmanagement eine neue Sichtweise und veränderte Vorgehensweisen notwendig, um offizielle Standards und tatsächliche Praxis wieder miteinander in Einklang zu bringen. Darüber hinaus muß das Management neuen Entwicklungsverfahren gerecht werden, die sich am evolutionären und am objektorientierten Ansatz orientieren.

2 Herkömmliche Vorgehensmodelle für die Software-Entwicklung

In seinem Artikel über das sogenannte "Spiralmodell" hat B. Boehm 1988 vier Klassen von Vorgehensmodellen unterschieden ([Boe 88]):

- "Code and fix"-Modelle
- Phasen- (oder "Wasserfall-") Modelle
- Transformationsmodelle
- Evolutionäre Entwicklungsmodelle

Wir erweitern diese Klassifizierung um die von Boehm selbst eingeführten

- Spiralmodelle und um
- Modelle zum *prototyping* und zur inkrementellen Systementwicklung.

Im folgenden wollen wir diese sechs Modellklassen (in einer leicht veränderten Reihenfolge) kurz charakterisieren und miteinander vergleichen.

2.1 "Code and fix"

Unter *code and fix*-Verfahren versteht B. Boehm die unsystematische Vorgehensweise in der Frühzeit der Programmiertechnik: Die Programmentwicklung begann mit dem Schreiben von *Code* (oft in einer niederen, wenig übersichtlichen Programmiersprache) und endete mit langwierigem und mühseligem Austesten und Zusammenfügen der Programmbausteine (*"fix"*).

2.2 Phasen- und Wasserfall-Modelle

Der Begriff *Wasserfall* steht für den weitaus größten Teil der heute nach wie vor in der industriellen Praxis verbreiteten Phasenmodelle. Kennzeichnend für diese Modelle ist die Einteilung des Entwicklungsprozesses in sequentiell aufeinanderfolgende, Phasen. Für jede Phase sind der Ausgangspunkt mit den notwendigen Voraussetzungen (Vorgaben), die durchzuführenden Tätigkeiten und Ergebnisse genau festgelegt. Jedes Phasenergebnis bildet gleichzeitig die Vorgabe für die weitere Entwicklung in der Folgephase. Deren Ergebnis ist wiederum gegenüber der Vorgabe zu überprüfen. Das bekannteste Beispiel für ein Wasserfall-Modell finden wir bei B. Boehm [Boe 76].

Neben den unbestreitbaren Vorteilen einer besseren Projekt-Strukturierung und damit Planbarkeit weist der Wasserfall-Ansatz jedoch eine Reihe von Schwachpunkten auf, die in der Praxis dazu führen, daß man entweder vom vorgegebenen Vorgehen abweicht oder von vornherein nach anderen Modellen vorgeht. So nimmt man z.b. fast immer eine gewisse Überlappung der Phasen in Kauf. Weitere häufig genannte Schwachpunkte sind:

- Zeitliche Trennung, aber logische Abhängigkeit der Entwicklungsschritte: Ein formales "Abhaken" einmal getaner Entwicklungsschritte nutzt nichts, wenn nicht garantiert ist, daß sie ein stabiles Fundament für die darauf folgenden Schritte darstellen, das nur in besonderen Ausnahmefällen revidiert werden darf. Oft ist die logische Verknüpfung aufeinanderfolgender Schritte so groß, daß eine Revision dazu führt, wesentliche Teile der bereits erfolgten Entwicklung noch einmal von vorn aufzurollen.

- Sogenannte "Software-Bürokratie": Der Zwang, zu festgelegten Zeitpunkten immer wieder neue Dokumente zu erzeugen, führt zu Redundanzen und Ineffizienzen (vgl. [Den 90]). Entwickler fühlen sich durch übertriebene Vorschriften, Richtlinien, starre Phasen- und Dokumentenstrukturen gegängelt und zweifeln am Sinn ihrer Tätigkeit.

- Mangelnde Flexibilität des Vorgehens: Das Phasenschema ist zu starr, um auf dynamisch sich ändernde Anforderungen während der Entwicklung schnell und unkompliziert zu reagieren. Die mit dem Phasenmodell verknüpfte Festschreibung der Anforderungen und Spezifikationen geht oft an den Projektbedürfnissen vorbei. Dies gilt besonders für große, komplexe und innovative Projekte in sich schnell ändernden Anwendungsbereichen wie z.B. der Büro-Automatisierung oder der Software-Entwicklung selbst.

- Mangelnde Anpaßbarkeit der Produkte: Wegen der rigiden Festlegung ihrer Funktionalität sind Bausteine und Systeme oft nicht in dem Maße erweiterbar oder an neue Bedürfnisse anpaßbar, wie das aufgrund ihrer Einsatzbreite notwendig wäre. So ergreifen Entwickler von sich aus zusätzliche Maßnahmen, um die Änderbarkeit ihrer Produkte zu erhöhen (vgl. [BHS 92])

- Keine langfristige Weiterentwicklungs-Strategie: Software-Projekte werden noch zu häufig wie isolierte, inselhafte Entwicklungsvorhaben "auf der grünen Wiese" angesehen. Obwohl immer mehr Software-Entwicklungen auf bereits bestehenden Systemen aufbauen, können die Entwickler noch zu wenig von den früher gemachten Erfahrungen und Ergebnissen profitieren. Diese sind oft schlecht dokumentiert, durch viele Nachbesserungen "verkrustet" oder werden als so spezifisch angesehen, daß man lieber von Grund auf neu beginnt. Überspitzt gesagt: Das Rad wird ständig neu erfunden (vgl. [HBS 92]).

- Mangelnder Anwendungsbezug: Das System-Umfeld, also z.B. die organisatorische Umgebung, die betriebliche Infrastruktur, bestehende oder geplante Nachbarsysteme, vor allem aber die persönlichen Wünsche und Bedürfnisse der (künftigen oder bestehenden) Benutzer werden nur unzureichend in die Analyse und den Entwurf von Software-Systemen einbezogen. Anwender- und Entwicklerbereich stellen sich immer noch als zwei getrennte Welten dar.

2.3 Daten-Abstraktions- und Transformations-Modelle

Die in den 70er Jahren entwickelte und ab ca. 1980 zunehmend auch industriell eingesetzte *Daten-Abstraktionstechnik* sowie Einflüsse aus dem Forschungsfeld der Programm-Transformationen haben zu einer deutlichen Verbesserung der "wasserfall-artigen" Modelle geführt. Daten-Abstraktion ermöglicht die systematische Dekomposition von großen Software-Systemen in klar definierte Bausteine mit sauber spezifizierten und überprüfbaren Schnittstellen. Spezifikation, Konstruktion, Programmierung und Prüfung von Software-Bausteinen lassen sich als Transformationsschritte auffassen, die von definierten Vorgaben zu definierten Ergebnissen führen.

Mit einer solchen *ergebnisorientierten* Arbeitsweise waren notwendige Voraussetzungen für eine differenzierte Arbeitsteilung und die Synchronisation parallel verlaufender Entwicklungstätigkeiten gegeben. Gleichzeitig konnte man auch die Forderung nach streng sequentiell ablaufenden Phasen zugunsten einer gewissen Phasenüberlappung aufgeben. In der Praxis hat sich dieses Vorgehen bei zahlreichen erfolgreich abgewickelten Software-Projekten bewährt (vgl. z.B. [Den 90]).

Die ergebnisorientierten oder "rigorosen" Vorgehensweisen [Jon 80] sind sicher nicht zuletzt deshalb so populär und erfolgreich geworden, weil sie (zumindest in ihren ausgereiften Formen) sowohl ein methodisch fundiertes und technisch ausgereiftes Konzept zur Systemstrukturierung bieten als auch der Projektführung wirkungsvolle Mittel an die Hand geben, mit den Problemen der Projektplanung, der Arbeitsteilung und der Zusammenführung parallel entwickelter Bausteine in großen Projekten fertig zu werden.

Die Entwickler können aufgrund vorgegebener oder gemeinsam abgestimmter und dann verbindlicher Spezifikationen parallel ihre Bausteine entwickeln. Die in Form und Umfang festgelegten Ergebnisse bilden wiederum die Voraussetzung für die Integration größerer Subsysteme und schließlich des Gesamtsystems. Für das Management bedeutet dies, daß sich der

Entwicklungsprozeß besser strukturieren, differenzierter planen und die Planeinhaltung sorgfältiger kontrollieren lassen. Einige der oben erwähnten Schwachpunkte des Wasserfall-Modells (wie z.B. bei den Fragen der Flexibilität, der Weiterentwicklung und des Anwendungsbezugs) lassen sich damit allerdings noch nicht ausräumen.

Nach dem *Transformations*-Ansatz ist Programmentwicklung eine Folge formal beschreibbarer (und deshalb auch computer-gestützt durchführbarer) Transformationsschritte, die von der Spezifikation bis zum fertigen, lauffähigen Programm führen. Setzt man die Korrektheit der Spezifikation und der einzelnen Transformationsschritte voraus, so ergibt sich damit automatisch die Korrektheit des resultierenden Programms, d.h. Test- und andere Prüfmaßnahmen werden (im Idealfall) überflüssig.

Industrielle Management-Erfahrungen liegen für diese Vorgehensweise kaum vor, da sie wegen der hohen Anforderungen an Beschreibungstechnik und Werkzeuge bisher weitgehend auf den Forschungsbereich beschränkt bleibt. Allerdings hat der Transformations-Ansatz einen starken Einfluß auf die oben genannten ergebnisorientierten Vorgehensweisen ausgeübt.

2.4 Prototyping und inkrementelle Entwicklung

Die bisher betrachteten Modelle gehen von der Idealvorstellung einer Software-Entwicklung aus, die sich in einer linearen oder überlappenden Abfolge von Phasen vollzieht, bei der die Anforderungen von Beginn an festliegen und jede Folgephase auf den Ergebnissen der vorhergegangenen Phase aufbaut. Für Anforderungen, die sich noch während der Entwicklung ändern, für Tätigkeiten, die asynchron über Phasengrenzen hinweg ablaufen, und für Rückkehrschleifen zu früher durchlaufenen Phasen ist in dieser Modellvorstellung kein Platz, wenngleich solche Abweichungen für die Praxis häufig eingeräumt werden.

Um sich in dieser Beziehung besser der Realität anzupassen, wurde seit ca. Mitte der 80-er Jahre *Prototyping* als Vorgehensweise propagiert (vgl. z.B. [BKM 84]). Mit der frühzeitigen Erstellung eines oder mehrerer *Prototypen* verfolgt man das Ziel, zu praktisch überprüfbaren und damit stabileren Anforderungen zu gelangen. In der industriellen Praxis findet man Prototyping als offizielle Vorgehensform kaum vor, allerdings kommt das inoffiziell praktizierte Vorgehen dem Prototyping häufig relativ nahe (vgl. Abschnitt 5).

Für die insgesamt recht begrenzte Verbreitung des Prototyping gibt es verschiedene Gründe. So werden die Grenzen zum *code and fix* oft als fließend empfunden und es besteht die Gefahr, daß Prototyping zum Feigenblatt für den Rückfall in unsystematische Arbeitsweisen dienen muß.

Bei horizontalen, auf die Erprobung der Benutzer-Schnittstelle zugeschnittenen Prototypen zeigte es sich, daß der Benutzer auch damit arbeiten können muß, um ihn richtig beurteilen zu können. Dazu reicht die Funktionalität des Prototyps aber oft nicht aus. Weiter ist zu beachten, daß Prototypen mit sehr unterschiedlichen Zielsetzungen und in sehr unterschiedlichen Formen erstellt werden können. Ch. Floyd unterscheidet z.B. exploratives, experimentelles und evolutionäres Prototyping [Flo 84]. Ludewig bemerkt (zu Recht), daß Prototyping "... in der Literatur wesentlich häufiger vorkommt als in der Praxis" und weist darauf hin, daß "das Wort Prototyp für nahezu jede Bedeutung verwendet wird" [Lud 89].

Nahe verwandt mit dem Prototyp-Ansatz ist die Idee der *inkrementellen Entwicklung*, d.h. der schrittweisen, sukzessiven, aber geplanten Erweiterung der Funktionalität eines Systems. Ausgangspunkt ist ein relativ kleiner, überschaubarer Kern, vergleichbar einem Prototyp. Das kann z.B. ein genereller (Kontroll)rahmen, eine Steuerleiste oder ein Basis-Menü für das Gesamtsystem sein. Dieser wird zusammen mit der ersten Systemfunktion realisiert, weitere Funktionen werden dann nach einem festgelegten Stufenplan entwickelt und eingehängt. Das kann sequentiell nacheinander, aber auch zeitlich verschränkt und teilweise parallel zueinander erfolgen.

Damit sind Eigenschaften des inkrementellen Ansatzes festgelegt, die problematisch sein können: Die Anforderungen, die Gesamtstruktur und der Stufenplan müssen (im Unterschied zum evolutionären Vorgehen, vgl. unten) vorher festgelegt sein. Die erste Systemversion wird nach wie vor relativ spät ausgeliefert und die Entwickler der ersten Funktion(en) müssen im Hinblick auf die Gesamtlösung schon künftige Anforderungen voraussahnen und deren Erfüllung vorbereiten.

Für das Management bedeutet das, daß das Planungsrisiko umso höher wird, je stärker die einzelnen Funktionen voneinander abhängen. Durch *inkrementelle Planung* kann es allerdings auf viele dieser Probleme flexibel reagieren: Spätere Phasen werden zunächst nur grob vorgeplant und die Planung wird ständig den laufenden Bedürfnisssen angepaßt.

2.5 Spiralmodelle

Im Zentrum des *Spiralmodells* von Boehm [Boehm 88] stehen Risikoanalysen. Auch hier bleibt jedoch die lineare Abfolge der Phasen *Analyse, Design* und *Realisierung* bestehen. Jede dieser Phasen entspricht einem Umlauf in der Spirale. Die vier dabei durchlaufenen Quadranten entsprechen den Aktivitäten *Zielbestimmung, Bewertung* der Alternativen (ggf. mit Hilfe von Prototypen), *Entwurf* des nächst feineren Produkts und *Planung* der nächsten Phasen. Analyse und Design beziehen sich nach wie vor auf das Gesamtsystem, nicht auf einzelne Bausteine. Die Prototypen, die bei jedem Umlauf der Spirale erstellt werden, sind noch nicht als Bestandteile des Endprodukts gedacht, sondern dienen in erster Linie der Bewertung von Lösungsansätzen und Alternativen. Das erste lauffähige System liegt somit wie bei den Wasserfall-Modellen erst relativ spät vor.

Boehm berichtet vom Einsatz seines Modells in einem größeren Werkzeug-Entwicklungsprojekt. Die dabei gesammelten Erfahrungen bewertet er insgesamt positiv. Für das Management stellt er hierbei die Möglichkeiten heraus, Risiken frühzeitig zu erkennen und zu beseitigen und sich nach jeder Bewertung für dasjenige weitere Vorgehen zu entscheiden, das aufgrund der Risikoanalyse mit dem geringsten Risiko behaftet ist

2.6 Evolutionäre Systementwicklung

Der Begriff der *evolutionären Systementwicklung* wurde erstmals von M. M. Lehman formuliert [Leh 80]. Diese betrifft vor allem sogenannte "sozial eingebettete" Systeme wie z.B. Systeme zur Verkehrskontrolle, Büro - automatisierung oder automatischen Fertigung (nicht zu verwechseln mit den "embedded systems", die man in technischen Großgeräten wie Flugzeugen oder Raketen findet), die unmittelbaren Einfluß auf auf ihr soziales Umfeld ausüben und damit Rückkoppelungseffekte auslösen. Für solche Systeme ist ein zyklischer Entwicklungsprozeß, der neben kurzen Fehlerbehebungs- und Anpassungszyklen auch langfristige Verbesserungs- und Weiterentwicklungszyklen vorsieht, unabdingbar. Im Gegensatz zur inkrementellen Systementwicklung sind die letztgenannten Zyklen nicht im Detail vorgeplant - nach Lehman sind sie *prinzipiell* nicht vorplanbar. "Evolutionär" bedeutet eben gerade das Akzeptieren und Sich-Einstellen auf spätere, im Anfangsstadium nicht vorhersehbare Anforderungen.

Insgesamt hat die Idee der evolutionären Systementwicklung einen nachhaltigen Einfluß auf die Softwaretechnik und auf viele der heute aufkommenden Prozeßmodelle ausgeübt. Sie wurde z.B. in Skandinavien, an der TU Berlin (in Arbeiten von Ch. Floyd, [Flo 84]) und erst jüngst von Budde et al. wieder aufgegriffen und weiterentwickelt [BMM 91]. Für das Management bringt dieser Ansatz zahlreiche neue Herausforderungen, die vorwiegend darauf beruhen, daß sich soziale Rückkopplungsprozesse, wie sie z.B. bei der Benutzer-Partizipation auftreten, schwer planen lassen.

3 EOS: Ein Verfahren zur evolutionären, objektorientierten Systementwicklung

Als Antwort auf die Defizite der herkömmlichen Modelle wurde im IPAS-Projekt ein Modell für evolutionäre, objektorientierte Systementwicklung (kurz: EOS) entwickelt. Der Kerngedanke dieses Verfahrens ist es, die Idee der evolutionären Systementwicklung mit den Prinzipien der Objektorientierung zu verbinden. Damit wird zum einen das Vorgehensmodell der Realität und den aktuellen Bedürfnissen besser angepaßt, zum anderen entstehen dabei Software-Strukturen, die flexibel genug sind, um Software arbeitsteilig (weiter-) entwickeln, ändern, anpassen und wiederverwenden zu können.

Das EOS-Verfahren orientiert sich an den folgenden Zielen und Leitlinien:

- *Objektorientierung als durchgängige Entwicklungsmethodik*
- *Hierarchischer Systemaufbau*
- *Zyklische Entwicklung*
- *Einbezug von Erprobung, Nutzung und Revision in die Entwicklungszyklen*
- *Weiter- und Wiederverwendung von Software-Bausteinen*
- *Mit der Entwicklungsmethodik eng abgestimmte Mangementverfahren*

Diese Leitlinien werden im folgenden kurz erläutert:

Objektorientierung als durchgängige Entwicklungsmethodik

In den letzten Jahren haben die sogenannten *objektorientierten (OO-) Techniken* wesentliche Impulse für die Software-Entwicklungsmethodik geliefert. Ausgehend von neuen Sprachen für die OO-Programmierung (kurz: OOP, wie z.B. Smalltalk und C++) und für objektorientierten Entwurf (kurz: OOD, wie z.B. Eiffel, vgl. [Mey 88]) wurden Verfahren für die objektorientierte Analyse und Modellierung vorgeschlagen (kurz: OOA, vgl. [SM 88], [CY 90], [Hco 02]).

Damit ergibt sich die Möglichkeit eines durchgängigen Entwicklungsprozesses nach den *Prinzipien der Objektorientierung*:

- Vorgefundene und als relevant erachtete Elemente des Anwendungsbereichs werden als *Objekte* modelliert. Gleichartige Objekte werden zu *Klassen* zusammengefaßt. Wie bei der Datenabstraktions-Methode werden die Klassen bzw. Objekte nicht nur durch ihre passiven Merkmale (*Attribute*), sondern vor allem durch ihre aktiven Merkmale (*Operationen* oder "Methoden" in der Smalltalk-Terminologie) beschrieben. (*Prinzip der Datenkapselung*).

- Einzelne Klassen oder Gruppen von Klassen lassen sich als *Software-Bausteine* definieren, die über verschiedene *Beziehungen* miteinander in Beziehung treten können (*Baustein-Prinzip*).

- Klassen können (aktive oder passive) *Merkmale* voneinander erben. Durch diese besondere Klassenbeziehung werden Hierarchien verwandter Klassen aufgebaut: Spezifische Klassen erben von allgemeineren und können selbst zusätzliche, spezifische Merkmale dazubekommen (*Vererbungs-Prinzip*).

Hierarchischer Systemaufbau

Die Bildung von Hierarchien hat sich als wichtiges und - falls dabei die notwendige Flexibilität gewahrt bleibt - praktikables Mittel zur Systemstrukturierung erwiesen. Das EOS-Verfahren ist ein dreistufiges Verfahren. Wir unterscheiden folgende drei Ebenen der Systementwicklung:

(S.) Systemebene

(X.) Komponenten- (Klassenkomplex- oder Makro-)Ebene

(K.) Klassen- (oder Mikro-) Ebene

Wie durch ihre Bezeichnungen bereits angedeutet, unterscheiden sich die Ebenen durch die unterschiedlichen Größenordnungen ihrer Gegenstandsbereiche: Auf der obersten Ebene ist das gesamte *(Anwendungs-) System*, auf der mittleren Ebene sind *Komponenten*, auf der unteren Ebene einzelne *Klassen* und ihre Bestandteile (Merkmale, im Sonderfall auch einzelne Exemplare) Gegenstand der Entwicklung. Diese Gliederung ist eine Hierarchie: Das Anwendungssystem setzt sich aus mehreren Komponenten und diese setzen sich wiederum jeweils aus mehreren Klassen zusammen.

Komponenten

Mit dem Konzept der Komponenten, die etwa den *clusters* bei B. Meyer oder den *subjects* bei Coad und Yourdon entsprechen, wird neben der üblichen Klassenstruktur eine *Makrostruktur* eingeführt, die sowohl für Analyse- und Entwurfs- als auch für Planungs- und Managementprozesse wichtig ist.

Als *(Klassen-) Komponente* bezeichnen wir eine beliebige Zusammenfassung von logisch zusammengehörigen Klasse(n). Dabei kann es sich z.B. um eine Menge von Klassen handeln, die zusammen eine Generalisierungs- oder Aggregationshierarchie bilden. Konkrete Beispiele sind die Komponente

X_Konto bestehend aus der Klasse *Konto* und ihren Spezialisierungen *Firmenkonto*, *Privatkonto*, *Giro-*, *Spar-*, *Depot-* und *Sammelkonto* oder die Komponente *X_Hotel* bestehend aus der Klasse *Hotel* mit ihren Teilen *Rezeption*, *Zimmertrakt* und *Kasse*. Eine weitere Art von Komponenten setzt sich aus Klassen zusammen, die gemeinsam logisch und organisatorisch zusammengehörige Abläufe realisieren. Ein Beispiel dafür ist der Geschäftsvorgang *X_Vertragsannahme* in einem Versicherungsunternehmen mit seinen Varianten *Annahme_Neuvertrag*, *Annahme_Anschlußvertrag*, *Annahme_Erhöhung*, *Annahme_Dynamisierung*.

Komponenten können aus anderen Komponenten zusammengesetzt sein. Damit läßt sich eine mehrstufige Komponenten-Hierarchie beliebiger Tiefe bilden. Weiter sind Komponenten zueinander disjunkt. Das heißt: Jede Klasse ist eindeutig einer Komponente zugeordnet, zu der sie gehört. Selbstverständlich können Komponenten Klassen anderer Komponenten benutzen, also kann etwa die Klasse *Kasse* die Kundenadresse als Leistung einer Klasse *Kunde* aus einer Komponente *X_Kunde* erfragen *(Delegationsprinzip)*.

Bei der Realisierung werden zu Testzwecken Klassen verschiedener Komponenten zusammengefaßt und gemeinsam zum Ablauf gebracht. Solche Zusammenfassungen (die i.a. untereinander nicht disjunkt sind) nennen wir *Subsysteme*.

Komponenten sind in erster Linie Analyse- und Entwurfseinheiten und dienen der organisatorischen und administrativen Zusammenfassung von Klassen. Dafür gibt es gute Gründe: Schon mittelgroße objektorientierte Systeme zeichnen sich durch eine große Klassenvielfalt aus: So umfaßt z.B. ein im Rahmen eines Forschungsprojekts mit einem Aufwand von 2 Bearbeiterjahren (BJ) erstelltes Hypertextsystem bereits ca. 40 selbsterstellte Klassen und stützt sich auf ca. 300-400 Klassen einer Klassenbibliothek. Ein durch IPAS untersuchtes industrielles Pilotprojekt mit 120 BJ Aufwand wies ca. 250 Klassen auf.

Durch die Einführung einer mittleren Gliederungsebene werden die Systeme klarer strukturiert. Logisch zusammengehörige Systemteile werden gemeinsam entwickelt und abgelegt. Wiederverwendbare Systemteile lassen sich leicht bündeln. Eine Komponentenstruktur erleichtert die Definition und Abwicklung von Arbeitspaketen und die Orientierung in der Klassenbibliothek. Für das Management bilden die Komponenten wichtige mittelgroße Planungseinheiten.

Den Begriff des *objektorientierten (OO-) Bausteins* verwenden wir als verallgemeinernden Begriff für Makro- und Mikrostrukturen. Damit ist ein OO-Baustein entweder eine Klasse, eine Komponente oder ein Subsystem.

Alle Bausteine werden in einer *Bausteinbibliothek* dokumentiert. Diese Bibliothek ist das wichtigste (technische) Kommunikations-Instrument im Projekt und spiegelt den jeweils aktuellen Stand aller verfügbaren und in Entwicklung befindlichen Bausteine wider. Bausteine können sich in verschiedenen Entwicklungszuständen (z.B. *in_Arbeit*, *freigegeben*, *in_Revision*, *eingefroren*) befinden, wovon u.a. ihre Verfügbarkeit für andere Entwickler abhängt.

Entwicklungstätigkeiten

Auf jeder Ebene unterscheiden wir vier wesentliche *Tätigkeiten* bzw. Tätigkeitsgruppen (vgl. Abb.1):

(.A)   Analyse

(.E)   Entwurf

(.I)   Implementierung

(.O)   Operationeller Einsatz (Erprobung, Nutzung und Revision)

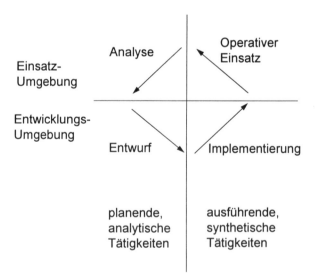

Abb. 1: Tätigkeiten eines Entwicklungszyklus

Diese Tätigkeiten lassen sich wie folgt charakterisieren: Einen Bausteins *analysieren* bedeutet, die Anforderungen an diesen zu überprüfen und zu präzisieren sowie den Gegenstandsbereich und die Funktionalität des Bausteins festzulegen. Das geschieht in der Regel anhand eines Modells, das den Baustein im Zusammenspiel mit seiner Umgebung sowie die Funktion seiner wichtigsten Teilbausteine darstellt. Zur Analyse gehört auch, anhand der Baustein-Bibliothek festzustellen, ob und inwieweit die Anforderungen mit bereits vorhandenen Bausteinen erfüllt werden können und wie solche Bausteine ggf. nutzbar gemacht werden können.

Einen Baustein *entwerfen* bedeutet, (a) die von dem Baustein angebotene Schnittstelle formal zu *spezifizieren* und (b) den Baustein zu *konstruieren*, d.h. seinen strukturellen Aufbau festzulegen. So besteht eine Klassen-Spezifikation etwa aus den formalen Definitionen der Klassen-Merkmale (Attribute und Operationen) oder eine Komponenten-Konstruktion aus der Angabe der in ihr enthaltenen Klassen.

Zur *Implementierung* eines Bausteins gehört es, die darin definierten Programme in lauffähigen (möglicherweise zunächst prototyp-artigen) Code umzusetzen und diesen (im *Entwicklungstest*) zu testen.

Jeder implementierte Baustein muß seine Bewährungsprobe im *Operationellen Einsatz* bestehen. Das gilt für Prototypen ebenso wie für solche Bausteine, die für einen dauerhaften Einsatz vorgesehen sind. Zum Einsatz gehören die *Erprobung (Nutzungstests)*, die *Nutzung* und mögliche sich daraus ergebende *Revisionen* des Bausteins.

Der wichtigste Unterschied zu den herkömmlichen Entwicklungstätigkeiten besteht in der Betonung der längerfristigen Aspekte. Diese macht sich besonders bei der Analyse (Untersuchung der Baustein-Bibliothek auf bereits existierende, verwendbare Bausteine) und beim Einsatz (Untersuchung und Einordnung fertiger Bausteine mit dem Ziel späterer Weiter- und Wiederverwendung) bemerkbar.

Entwicklungszyklen

Jede Abfolge der vier Tätigkeiten bildet einen *Zyklus*. In der Regel laufen die Tätigkeiten als vollständige - oft allerdings durch innere Zyklen unterbrochene - Zyklen ab. Dabei können allerdings auch verkürzte Zyklen auftreten, z.B. kann auf eine Analyse und einen Entwurf bereits eine Revision erfolgen, wenn sich die gewählte Entwurfsalternative als nicht tragfähig erweist.

Die Entwicklung des Gesamtsystems vollzieht sich als Zyklus (Analyse, Entwurf, Implementierung, Einsatz) auf der Systemebene. Im Laufe dieser Entwicklung werden einzelne Zyklen auf der Komponentenebene angestoßen und im Zuge der Komponenten-Entwicklung wiederum weitere Komponenten-Zyklen sowie Zyklen auf der Klassenebene (vgl. Abb. 2). Dabei ist es offen, wann ein Zyklus der nächsttieferen Ebene angestoßen wird. Eine grob vereinfachte (und keine Sonderfälle berücksichtigende) Illustration des zeitlichen Verlaufs liefert Abb. 2, wenn man die Pfeile zunächst auf der linken Seite von oben nach unten, sodann rechts von unten nach oben durchläuft.

Normalerweise werden untergeordnete Entwicklungszyklen angestoßen, wenn

(1) die definitorischen und technischen Voraussetzungen dafür erfüllt sind,

(2) das Ergebnis (d.h. der einsetzbare untergeordnete Baustein) zu einem bestimmten Zeitpunkt benötigt wird und die veranschlagte Entwicklungszeit den Beginn der Tätigkeiten notwendig macht.

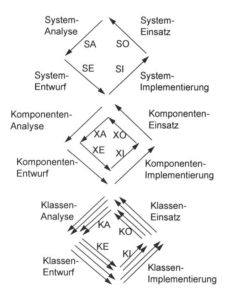

Abb. 2: Tätigkeitszyklen auf verschiedenen Entwicklungsebenen

Für einen Komponenten- oder Klassen-Entwicklungszyklus kann das z.B. während der Systemanalyse (für eine Prototyp-Entwicklung), während des Systementwurfs oder der Implementierung (für einen neu zu entwickelnden Teilbaustein) oder während des Einsatzes (für eine mögliche Weiterentwicklung) der Fall sein (vgl. Abb. 3). Auch hier kann das Bild die zeitliche Verzahnung nur stark vereinfachend wiedergeben. So macht Abb. 3

z.B. nicht sichtbar, daß sich übergeordnete Zyklen zeitlich "voranbewegt" haben, während untergeordnete Zyklen durchlaufen worden sind.

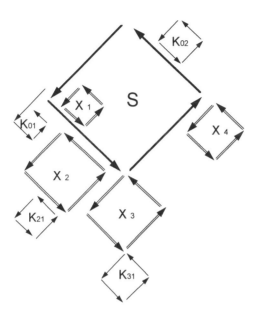

Abb. 3: Zeitlich verzahnte Tätigkeitszyklen

Einbezug von Erprobung, Nutzung und Revision in die Entwicklungszyklen

Ein wichtiger Unterschied zu den herkömmlichen, sequentiellen Phasenmodellen besteht darin, daß Software-Entwicklung nach dem EOS-Verfahren nicht länger als begrenztes Konstruktions-Projekt mit anschließender, nicht näher definierter "Wartungsphase" betrachtet wird, sondern als ein kontinuierlicher Prozeß, in dem auf konstruierende Entwicklungsschritte solche der Erprobung, Nutzung und (möglichen) Revision folgen (vgl. oben). Das gilt für alle Entwicklungsebenen und in besonderem Maße für das Gesamtsystem. Selbstverständlich lassen sich auf der Basis der vorgeschlagenen Zyklus- und Tätigkeitsstruktur nach wie vor "Projekte", bestehend aus einer Reihe von Tätigkeiten und evtl. ganzer Zyklen, definieren.

Weiter- und Wiederverwendung von OO-Bausteinen

Wichtigstes Ziel aller OO-Vorgehensweisen ist die Förderung der *Wiederverwendbarkeit* von Software-Bausteinen. Dazu ist eine *Bausteinbibliothek* (vgl. oben) aufzubauen, die die bisher definierten und erstellten Bausteine enthält und die für die Ableitung neuer Bausteine (etwa durch Spezialisierung, Modifikation, Zusammenfassung) herangezogen wird. Die Arbeit mit der Bausteinbibliothek ist besonders wichtig in den beginnenden und abschließenden Tätigkeiten eines Zyklus: um einerseits (während der Analyse) möglicherweise wiederverwendbare Bausteine aufzuspüren und andererseits (nach den ersten erfolgreichen Nutzungsläufen) geeignete Klassen in die Bibliothek einzubringen.

Mit der Entwicklungsmethodik eng abgestimmte Mangementverfahren

Projektmanagement-Verfahren können nur dann effektiv sein, wenn sie in enger Abstimmung mit den technischen Entwicklungsverfahren entwickelt and angewendet werden. Deshalb gehört zum EOS-Vorgehensmodell ein darauf zugeschnittenes Management-Modell. An die Stelle der herkömmlichen Phasen müssen die entsprechenden EOS-Strukturen (Zyklen und Tätigkeitsschritte) treten. Daraus ergeben sich eine ganze Reihe weiterer Anforderungen und Konsequenzen, die in den folgenden Abschnitten näher betrachtet werden sollen.

4 Anforderungen an das Projektmanagement

Trotz ihrer großen Bedeutung für die Informatik-Forschung und trotz der beginnenden Verbreitung von Sprachen wie C++ haben durchgängige objektorientierte Verfahren bislang noch keinen größeren Eingang in die industrielle Praxis gefunden. Das haben auch die IPAS-Ergebnisse bestätigt, wo es schwer war, industrielle Projekte mit objektorientierter Arbeitsweise zu finden.

Dafür sind verschiedene Ursachen verantwortlich, z.B. die noch vorhandene Unsicherheit, fehlende Erfahrung, mangelnde Qualifikation, noch unzureichende Werkzeugunterstützung oder einfach eine natürliche Zurückhaltung gegenüber Neuerungen. Der Schlüssel zum Erfolg oder Mißerfolg der neuen Verfahren scheint uns allerdings beim Management zu liegen. Das heißt, soll ein neues Verfahren in der Praxis auch Anwendung finden, so muß es von entsprechenden Formen des Managements begleitet sein und diese müssen von den Verantwortlichen akzeptiert und selbst weiterentwickelt werden.

Es ist daher zunächst wichtig, sich die Anforderungen zu vergegenwärtigen, die sich für das Management bei einem Vorgehen nach einem Entwicklungsmodell wie EOS ergeben. Einige der wichtigsten Anforderungen sind aus unserer Sicht:

- Aufgabenangemessene Projekt-Organisation und Arbeitsteilung:

    Die EOS-Entwicklungsebenen unterscheiden sich nicht nur in technischer, sondern auch in organisatorischer Hinsicht wesentlich voneinander. So muß die Entwicklung auf der System- und Komponentenebene durch geeignet zusammengesetzte *Teams* erfolgen, während auf der Klassenebene einzelne *Entwickler* zuständig sind. Anwendungsnahe Komponenten sowie das Gesamtsystem sind nach Möglichkeit durch *gemischte Teams* zu betreuen, in denen die Entwickler mit Fachspezialisten des Anwendungsgebiets zusammenarbeiten. Eine personelle Verzahnung der verschiedenen Ebenen ergibt sich daraus, daß einzelne Teammitglieder jeweils in Doppelfunktion auch Entwickler auf der nächstniederen Ebene sind.

- Differenzierte Tätigkeitsplanung und -verfolgung:

    Statt Auftragserteilung und Erfolgskontrolle fordert EOS das ständige Begleiten von Tätigkeiten durch das Management. Dieses beginnt beim Anstoßen einer Tätigkeit und geht über deren Planung bis zur ständigen Verfeinerung, Überprüfung und der jederzeit gegebenen Möglichkeit zur Revision der Planung anhand der beobachteten Projektzustände.

- Detaillierte Plankontrolle und -koordination:

    Das Management muß Entwicklungsaufgaben in verschiedenen Detaillierungsstufen planen, ihren Aufwand abschätzen und mit dem tatsächlichen Aufwand vergleichen können. Zeitlich sequentielle und parallele Abfolge von Tätigkeiten müssen sich in gleicher Weise planen und koordinieren lassen.

- Kontinuierliche Information über den Projektstand

    Das Management muß in der Lage sein, jederzeit Informationen über den Projektstand als Grundlage für weitere Entscheidungen einholen und sich zu bestimmten, vordefinierten Zeitpunkten einen Überblick über den Gesamtstand des Projekts verschaffen zu können.

- Flexible Projektführung:

  Das Management muß sich schnell veränderten Rahmenbedingungen (wie etwa neuen Anforderungen, Budgetverlagerungen, Terminänderungen) anpassen und auf unvorhergesehene Ereignisse reagieren können. Dies sollte nicht im Widerspruch, sondern im Einklang mit dem Vorgehensmodell erfolgen.

- Ausreichende Bandbreite der Management-Verfahren

  Das Management muß sowohl für Neu- als auch für Weiterentwicklungen, Überarbeitungen und Revisionen bestehender Systemteile geeignete Verfahren zur Verfügung haben.

5 Die gegenwärtige Praxis des Projektmanagements

Ehe wir auf die Frage zurückkommmen, wie sich die hier gestellten Anforderungen realisieren lassen, wollen wir die gegenwärtige Praxis des Projektmanagements darstellen. Dabei beziehen wir uns auf die Untersuchung von 46 Softwareprojekten, die im Rahmen des soziologischen Teilprojekts von IPAS durchgeführt wurde (für eine ausführlichere Darstellung vgl. [WO 92]).

Nach wie vor ist die formalisierte Gliederung in feste Abschnitte die vorherrschende Form der Strukturierung des Entwicklungsprozesses (61 % der untersuchten Projekte). Andere Formen wie die sukzessive Bearbeitung von Subsystemen (30 %) oder inkrementelle Entwicklung (15 %) finden sich allerdings schon in einer beträchtlichen Minderheit der Projekte, wobei diese ihrerseits häufig nach Phasen strukturiert sind. In einem Drittel der Projekte wird "Prototyping" als (zumindest in Teilen) praktizierte Vorgehensweise genannt. Dabei muß man allerdings von einer sehr weiten Auslegung dieses nur unzureichend definierten Begriffs ausgehen.

Allgemein dominiert eine "situative" Strukturierung des Entwicklungsablaufs, d.h. das Vorgehen wird stark durch die jeweils vorgegebenen Rahmenbedingungen bestimmt. Nur in einer Minderheit der Projekte war der konsequente Versuch zu erkennen, diese strikt "nach Plan" abzuwickeln. Selbst dort, wo langfristige Planungen bestanden, wichen geplanter und tatsächlicher Projektablauf nicht selten erheblich voneinander ab. Nur in einem Viertel der Projekte wurde das Phasenschema, nach dem man vorging, auch eingehalten, in 41 % kam es zu Überlappungen der Phasen: Arbeiten der nachfolgenden Phasen wurden begonnen, obwohl die vorangegangene Phase formal noch nicht abgeschlossen war, auch nach Abschluß einer Phase wurden deren Ergebnisse einer Überarbeitung unterzogen.

In 13 % der Projekte wurde der Projektablauf als „Echternacher Springprozession" charakterisiert, d. h. jeweils zwei Schritte vorwärts, einen zurück. Der Projektverlauf war nicht eine stetige Fortentwicklung, in der ein einmal erreichter Entwicklungsstand als feste und verbindliche Basis für den nächsten Schritt diente, sondern dieser wurde immer wieder in Frage gestellt. Dies galt nicht allein für technische Entwicklungen, sondern vor allem auch für Beschlüsse und Vorgaben, auf die man sich geeinigt zu haben schien. In weiteren 13 % wurde der Projektablauf als schlicht anarchisch bezeichnet, d. h. ohne erkennbare Systematik, weitgehend von den jeweiligen aktuellen Bedingungen und Zufälligkeiten bestimmt.

Dabei war ein kausaler Zusammenhang zwischen Planung und Projekterfolg kaum auszumachen:

- Einerseits trafen wir auf Projekte, die trotz fehlender formalisierter Planung recht erfolgreich abgeschlossen wurden.

- Dem standen andererseits Projekte gegenüber, die trotz (oder wegen) detaillierter Planung nur zu unbefriedigenden Ergebnissen führten oder gar abgebrochen wurden.

Dieser scheinbar paradoxe Sachverhalt wird klarer, wenn wir den Projekterfolg weniger an der Planerfüllung und Budgeteinhaltung als an der Nützlichkeit der erzielten Resultate messen: So ließ sich ein Bezug herstellen zwischen so verstandenem Projekterfolg und der Anpassungsfähigkeit an Erfordernisse, die sich erst im Lauf des Entwicklungsprozesses herausstellten. Unbefriedigend verliefen vor allem Projekte, in denen es nicht gelang, die ursprünglichen - häufig diffusen oder irrealen - Zielvorstellungen und Vorgehensweisen an die sich im Lauf des Entwicklungsprozesses konkretisierenden Anforderungen anzupassen. Dies betrifft Anforderungen an die Gestaltung sowohl des Entwicklungsprodukts als auch des Projektablaufs. Erfolgreich waren hingegen Projekte, in denen der technische Entwicklungsprozeß mit Prozessen der Konsensbildung und der Wissensakquisition verzahnt war und so eine laufende Neubestimmung sowohl der Entwicklungsziele wie der Projektabwicklung erreicht werden konnte.

Ein großer Teil der Projekte kam dabei mit einem bemerkenswert geringem Einsatz formalisierter Verfahren und Management-Instrumente aus. Dort, wo Ansätze zu einer systematischen Planung, Steuerung und Kontrolle der Projektabwicklung zu erkennen waren, überwog eine eher reaktive, von der jeweiligen Situation bestimmte Handhabung der Verfahren und Instrumente. Das offizielle Projektmanagement hinkte vielfach eher hinter dem Entwicklungsprozeß hinterher als daß es diesen bestimmte. Überspitzt formuliert: Für viele Projekte gilt, daß sie nicht wegen, sondern trotz der praktizierten formalen Verfahren des Projektmanagements zu einem Abschluß gebracht wurden.

Der Fortgang der Entwicklungsarbeiten wurde in vielen Projekten wesentlich getragen durch informelle Prozesse der Selbststeuerung, etwa bei der Einarbeitung in die Projektarbeit, bei der Arbeitsteilung in den Projektteams, bei den Kontakten zum Anwenderbereich und bei der Konsensherstellung. Zur Wirksamkeit dieser informellen Prozesse trugen nicht zuletzt "stille" Leistungen der Softwareentwickler und unter Umständen auch Anwender bei. Solche Leistungen wurden neben den "offiziellen" vorgegebenen Aufgaben erbracht und meist in der offiziellen Projektplanung nur unzureichend berücksichtigt.

Wesentlicher Beitrag dieser stillen Leistungen war die Anpassung der rigiden "offiziellen" Regelungen an die sozialen und betriebspolitischen Anforderungen des Entwicklungsprozesses. Starre Regelungen, die die Entwicklungsarbeiten behinderten, wurden unterlaufen und Projektabläufe somit dynamisiert. De facto wurden auf diese Weise sequentiell angelegte Entwicklungsverfahren durch die Selbststeuerungsprozesse an evolutionäre Vorgehensweisen angenähert.

Die Diskrepanz zwischen "statischer" Wahrnehmung des offiziellen Projektmanagements und den dynamischen Prozessen der Selbststeuerung trugen allerdings zu den Schwierigkeiten bei der Synchronisierung des Projektgeschehens bei. Dies betraf z.B. die Verzahnung und Abstimmung von Lernprozessen, Konsensbildung, Definition der Vorgaben und der eigentlichen Entwicklung. Die Verarbeitung und Bewältigung von Konfliktpotential wurde dadurch erschwert Konflikte wurden vielfach verdeckt ausgetragen und wirkten sich deshalb belastend für den Projektablauf aus.

Erkennbar war auch die begrenzte Reichweite und Tragfähigkeit solch informeller Regelungsprozesse. Dies gilt etwa für die Vermittlung von kontextuellem Wissen, d. h. Erfahrungen und Erkenntnissen, die im Projektverlauf gesammelt wurden und meist in der formalen Dokumentation kaum einen Niederschlag fanden. So stellte häufig der projektübergreifende Wissenstransfer eine ausgesprochene Schwachstelle dar. In fast allen Projekten fehlte eine systematische Nachevaluierung. In vielen Projekten wurde nicht einmal die Einhaltung des vorgegebenen Kostenrahmens überprüft, noch weniger setzte man sich mit der Frage nach der Angemessenheit der entwickelten Software auseinander.

Es erscheint für diese Situation symptomatisch, daß es gerade Großprojekte waren, deren Abwicklung sich problematisch darstellte. Einerseits überwogen in Großprojekten die Versuche, das Projektgeschehen durch Planung und den Einsatz formalisierter Management-Verfahren zu steuern. Andererseits waren die Schwierigkeiten unverkennbar, die - zweifellos beträchtliche - Komplexität der Entwicklungsvorhaben in den Griff zu bekommen. Auf eine verkürzte Formel gebracht: In Großprojekten gab es zwar mehr Planung, diese wurde aber auch weniger eingehalten. Symptomatisch erschien uns auch, daß der Erfolg von Projekten, die in Unternehmen mit einer ausgeprägten Planungsorientierung (wie großen Software-Häusern, wissenschaftlichen Institutionen und Herstellern) durchgeführt wurden, wesentlich kritischer eingeschätzt wurde als in Anwenderunternehmen und kleineren Softwarehäusern.

Insgesamt vermittelt der Verlauf der untersuchten Projekte den Eindruck, daß die Schwierigkeiten, mit einem wirtschaftlich vertretbaren Aufwand zu einem verwertbaren Ergebnis zu kommen, nicht so sehr auf software-technischer Ebene lagen als im Bereich des Projektmanagements. Die Aussichten, diese Schwierigkeiten allein auf technischer Ebene - etwa durch den Einsatz neuer Sprachen und Instrumente - in den Griff zu bekommen, scheinen begrenzt, solange sie nicht durch komplementäre Entwicklungen auf der Ebene des Projektmanagements begleitet werden. Nicht allein neue "Software-Architekturen" führen aus der Software-Krise, sondern vor allem neue Ansätze und ein neues Verständnis des Projektmanagements.

Die "Software-Krise" stellt sich somit als vor allem eine *Krise des Projektmanagements* dar, und zwar des *Managements* im doppelten Sinne: Zum einen betrifft es die Prozesse der Steuerung, der Entscheidungs- und Konsensfindung, zum anderen die dafür verantwortlichen Akteure, d.h. die Entscheidungsträger und Promotoren in den Projekten und in deren Umfeld. Notwendig sind Verfahren, die eine Synchronisation und Dynamisierung von Entwicklungsprozessen und Projektsteuerung leisten. Gefordert ist die Bereitschaft der Führungskräfte in den Entwicklungs- und Anwendungsbereichen, sich selbst stärker aktiv in die Entscheidungs- und Konsensbildungsprozesse zu engagieren.

6 Neue Ansätze für evolutionäres Projektmanagement

Warum wird nun offiziell am "statischen" Projektmanagement festgehalten, an Regulierung des Entwicklungsablaufs nach dem Phasenschema, obwohl sich dessen Unzulänglichkeit erwiesen hat und man es in der Praxis vielfältig umgeht?

Die Erklärung dürfte in den Vorteilen zu suchen sein, die es für die Legitimierung und die formale Steuerung von Projekten bietet. Die wichtigsten Vorteile der sequentiellen Vorgehensmodelle seien hier nochmals zusammengefaßt:

- Strukturierung des Entwicklungsprozesses
- Planbarkeit der Gesamt-Entwicklung und der einzelnen Arbeitsschritte
- Möglichkeit zur Arbeitsteilung
- Überprüfbarkeit der Ergebnisse

Der Vorzug "statischer" Konzepte des Projektmanagements liegt nicht zuletzt darin, daß sie einem unmittelbar einsichtigen und scheinbar einfach zu handhabenden Schema folgen: Aus den Zielen, auf die man sich zu Projektbeginn einigt, ergeben sich Vorgaben, an deren Abarbeitung dann der weitere Projektverlauf gemessen werden kann.

Die Attraktivität des Phasenmodells beruht nicht zuletzt in der Eindeutigkeit dieses Schemas. Das Phasenkonzept stellt an den Projektbeginn, also zu einem Zeitpunkt, wo Durchsetzungsaspekte besonders wichtig sind, feste Aussagen über Zeiten, Kosten und Ablauf des Projekts. Die IPAS-Untersuchung hat diese Tendenz bestätigt: Die Mehrheit der untersuchten Projekte wurde - zumindest offizell - nach einem sequentiellen Phasenmodell durchgeführt und dafür waren in erster Linie die genannten Gründe ausschlaggebend. Daß es bei den Planungsdaten oft um weitgehende fiktive Größen handelt, fällt im konkreten Entscheidungszusammenhang trotz vorangegangener leidvoller Erfahrung in vielen Unternehmen offenbar nicht so sehr ins Gewicht. Der Wunsch nach berechenbaren Projekten scheint hier nicht selten der Vater des Verfahrens zu sein, für den man auch billigend in Kauf nimmt, daß man von vornherein weiß, daß die Plandaten gar nicht eingehalten werden können.

Ein weiterer für die Durchsetzung nicht zu vernachlässigender Vorteil des Phasenkonzepts liegt darin, daß man mit ihm das Problem des asynchronen Entwicklungsverlaufs gerade ausblenden und so tun kann, als gäbe es dieses nicht. Überall dort, wo die Konsensbildung bei der Softwareentwicklung schwierig ist, können auf diese Weise unangenehme Auseinandersetzungen in der Schwebe gehalten und auf einen späteren Zeitpunkt vertagt werden; das böse Erwachen wird auf das Ende verschoben, wenn irreversible Fakten geschaffen sind.

Die Abwicklung *evolutionärer* (d.h. nicht vollständig vorgeplanter, sondern schrittweise den Bedürfnissen angepaßter) Entwicklungsprozesse gestaltet sich demgegenüber wesentlich komplizierter: Ziele und Vorgaben müssen immer wieder neu überprüft und definiert werden. Dies stellt neue Anforderungen an das Projektmanagement und vor allem an die Verfahren der Entscheidungs- und Konsensbildung. Die erfordern die laufende Neubestimmung von Vorgaben, kontinuierliche Abstimmung zwischen Entwicklungs- und Anwendungsbereich. Dies macht sie zugleich aufwendig wie verletzlich.

Hieraus wird verständlich, warum evolutionäre Verfahren des Projektmanagements sich nur zögerlich in der Praxis durchsetzen. Bei ihm lassen sich kaum im voraus genaue Aussagen über den Umfang des Entwicklungsprozesses machen. Die Ungenauigkeiten, die das Phasenmodell mit seiner scheinbaren Planungspräzision verdeckt, werden hier offengelegt, was die Legitimierung eines Entwicklungsvorhabens nicht erleichtern dürfte. Gleichwohl ist die evolutionäre Methode am Ende die genauere, denn im Unterschied zum Phasenkonzept, dessen Planungsansätze sich im Verlauf des Projekts immer wieder von der Realität entfernen, liefert sie zunehmend genauere Planungsdaten, so daß am Ende in der Tat eine "Punktlandung" möglich ist. Der Erfolg evolutionärer Entwicklungsmethoden in der betrieblichen Praxis wird deshalb entscheidend davon abhängen, ob sich eine realitätsgerechtere Planung von Projekten durchsetzen läßt, die den Anspruch aufgibt, Projektabläufe minutiös vorherbestimmen zu können.

Auf konzeptioneller Ebene wurde in den letzten Jahren ein neues Verständnis von Projektmanagement formuliert, das durchaus diesen dynamischen Konzepten von Softwareentwicklung entspricht (vgl. etwa [Say 79], [Bal 89], [RS 84]). Ausgehend von einer Kritik der "Netzplanlastigkeit" (Saynisch) als Hauptströmung des Projektmanagements wurden die Grundzüge eines "evolutionären" Projektmanagements formuliert: "Der Projektablauf muß zu einem Entwicklungsablauf gemacht werden. Dies ist nun keineswegs selbstverständlich und auch im vorherrschenden professionellen Selbstverständnis gar nicht oder unzureichend gegenwärtig." ([Bal 89], S. 1040)

Entwicklungsprozesse werden dabei begriffen nicht als "kontinuierliches Fortschreiten im Sinne von Abarbeiten", sondern als eine Folge von "Selbstreferenzen, Rückkopplungen, Iterationen und echten Rückschritten". Für die Bewältigung dieses Prozesses scheinen starre Ablaufmodelle ungeeignet, gefordert sind "weiche bzw. elastische Prozeßkonzepte", ein offener Umgang mit "Negativ-Phänomenen" wie Störungen, Defiziten, Mängeln, Konflikten. ... Projekterfolge werden auf einem Weg errungen, der gleichbedeutend ist mit fortwährendem Abwenden von drohenden Mißerfolgen. Das Managen projekthafter Prozesse ist ein Durch-Führen oder besser Hindurch-Müssen durch eine unvorhersehbare Kette kleinerer und größerer Krisensituationen. Projektmanagement ist eigentlich eine besondere Form von Krisenmanagement." Projektmanagement ist zugleich "Medium für Wandlungsvorgänge und ein Produkt solcher Wandlungsprozesse." ([Bal 89], S. 1038 ff.)

Aus diesen konzeptionellen Ansätzen werden Postulate für das Management von Projekten abgeleitet. An die Stelle "Planlastigkeit des Handelns" müsse ein neues Verhältnis von Plan und Evolution treten, z. B.:

- planerische Vorgaben müssen elastischer werden;
- die Trennung von Planen und Ausführen muß überwunden werden;
- die Definition von Zielsetzungen ist ein evolutionärer Prozeß.

Die formulierten Konzepte und Postulate eines dynamischen Projektmanagements bewegen sich allerdings auf einer sehr allgemeinen Ebene. Eine Operationalisierung dieser Postulate und vor allem ein expliziter Bezug der Gestaltungskonzepte auf die besonderen Gegebenheiten und Anforderungen der Software-Entwicklung ist erforderlich. Einer solchen Operationalisierung sind dabei allerdings recht enge Grenzen gesetzt. Dies ergibt sich aus der Natur "evolutionärer" Ansätze, die sich einer Umsetzung in feste Regeln und Leitsätze grundsätzlich sperren - hierin dürfte nicht zuletzt eine wesentliche Barriere für ihre Verbreitung vor allem in der Lehre liegen.

Dabei kann es nicht das Ziel sein, die informellen Prozesse der Selbststeuerung, durch die, wie wir gezeigt haben, eine situative Handhabung bzw. Anpassung "statischer" Verfahren des Projektmanagements wesentlich getragen wurde, ihrerseits zu formalisieren (wie dies in manchen Modellen der "Nutzerpartizipation" versucht wird), sondern einen festen, aber möglichst weiten Rahmen zu schaffen, in dem sie sich entwickeln können. Letztlich geht es immer darum, widersprüchliche Anforderungen so weit wie möglich miteinander in Einklang zu bringen - also um Kompromisse und Optimierungen. Diese werden von Projekt zu Projekt anders aussehen, je nach den gegebenen Bedingungen.

Eine solche Optimierung (wie die kompetente Praktizierung eines evolutionären Projektmanagements insgesamt) ist weniger auf die Beherrschung einzelner Regeln als auf ein Grundverständnis des Entwicklungsprozesses und seiner Anforderungen an das Projektmanagement angewiesen. "Gefordert sind ... nicht so sehr neue Instrumente, Techniken usw., sondern im wesentlichen gewandelte Werte und Haltungen." ([Bal 89], S. 1039)

Notwendig ist ein Verständnis der prozessualen Komplexität von Software-Entwicklung, der wir (nach unserem heutigem Verständnis) nur mit evolutionärem Vorgehen angemessen Rechnung tragen können. Notwendig ist ein Verständnis der strukturellen Komplexität von Software-Entwicklung, das sich aus ihrem Doppelcharakter als Technikentwicklung und Arbeitsstrukturierung ergibt, also der Tatsache, daß sie zugleich technische, organisatorische und betriebspolitische Gestaltungsdimensionen beinhaltet. Gerade die Interdependenz zwischen diesen Gestaltungsdimensionen gewinnt bei den dynamischen Modellen der Softwareentwicklung erhöhte Bedeutung. Sie stellen besondere und neuartige Anforderungen an die Entscheidungs- und Konsensbildung wie an das Projektmanagement allgemein.

Notwendig ist ferner die Einsicht (und deren Umsetzung in die Praxis), daß Softwareprojekte kontinuierliche Entscheidungsprozesse sind. Diese müssen sich immer auf beide Gestaltungsdimensionen - Technikgestaltung und Arbeitsstrukturierung - beziehen. Damit ist ausgeschlossen, daß über Technikentwicklung "stillschweigend" Arbeitsstrukturierung stattfindet, vielmehr ist die Interdependenz beider Gestaltungsdimensionen Gegenstand einer ausdrücklichen Diskussion.

Eine solche Grundauffassung unterscheidet sich wesentlich von dem Konzept des "Software Engineering", d.h. der Softwareentwicklung als ingenieursmäßigem Prozeß. Ohne eine Überwindung dieses "ingenieursmäßigen" Grundverständnisses von Softwareentwicklung wird die Anwendung neuer "evolutionärer" Ansätze beim Projektmanagement kaum möglich sein. Vieles spricht dafür, daß Impulse hierzu nicht zuletzt aus der Praxis kommen werden. In der Praxis stießen wir ja bereits auf Formen des Projektmanagements, in denen de facto - wenn auch nicht "offiziell" - Ansätze des evolutionären Vorgehens verwirklicht waren. So ist ein evolutionäres Projektmanagement nur in einer Symbiose von Theorie und Praxis vorstellbar.

7 Ausblick: Projektführung im EOS-Modell

Wie kann nun ein dynamisches Projekt-Management in der Praxis aussehen und wie paßt es zu dem in Abschnitt 3 vorgestellten EOS-Modell? Wir wollen dies anhand einiger zusammenfassender Thesen erläutern und diese auf das EOS-Modell beziehen:

- Software-Entwicklung vollzieht sich als kontinuierliche Reduzierung von Unbestimmtheit und verlangt deshalb eine dynamische, situationsangepaßte Planung. Ausgangsdefinitionen sind wiederholt im Rückblick zu überprüfen, Ziele und Anforderungen periodisch anzupassen und ggf. neu zu bestimmen.

    Im EOS-Modell bieten die drei Hierarchieebenen den Ansatzpunkt für Planungsschritte unterschiedlicher Detaillierung: Die projektweite Grobplanung des S-Zyklus wird durch feinere Planungsschritte für die Team-Arbeitspakete auf Komponentenebene (X-Zyklen) und für die Tätigkeiten der einzelnen Mitarbeiter auf Klassenebene (K-Zyklen) ergänzt. Für die Detailplanung stehen dem Management die einzelnen

Zyklusschritte als Planungseinheiten zur Verfügung. Das bedeutet nicht, daß das Management auch den letzten Entwicklungsschritt eines jeden Mitarbeiters auf Klassenebene minütiös vorplanen muß. Das EOS-Modell mit seinen unterschiedlichen Differenzierungsstufen liefert aber die geeignete Handhabe, sich in der jeweiligen Projektsituation flexibel an die unterschiedlichen Bedürfnisse von Auftraggebern, Anwendern und Entwicklern anzupassen.

- Software-Entwicklung ist ein ständiger Lernprozeß. Sie ist weiter ein Doppelprozeß von Technikgestaltung und Arbeitsstrukturierung. Anwendungsbezogene Anforderungen und technische Gestaltungsmöglichkeiten müssen kontinuierlich untereinander abgeglichen werden. Anwender und Entwickler müssen eng zusammenarbeiten und in allen Entwicklungsstadien Informationen austauschen.

Im EOS-Modell ist die klassische Trennung von "fachlichen" und "DV-technischen" Phasen aufgehoben. Statt dessen sorgen beide Aspekte umfassende Entwicklungszyklen auf allen Ebenen für ein Wechselspiel von Entwicklung und Anwendung und für den geforderten kontinuierlichen Abgleich beider Seiten.

- Software-Entwicklung ist auf Selbststeuerungsprozesse angewiesen und steht im Spannungsfeld von Verbindlichkeit und Offenheit. Verantwortlichkeiten müssen zwar definiert werden, können aber durch stille Leistungen ergänzt, korrigiert oder gar revidiert werden. Freiräume für Selbststeuerungsprozesse müssen so weit wie möglich offengehalten werden.

Das EOS-Modell sieht gegenstandsorientierte Arbeitsteilung und Verantwortlichkeiten vor. Das heißt, einzelne Arbeitsschritte werden "objektorientiert" geplant in dem Sinne, daß sie jeweils mit dem zu bearbeitenden Gegenstand - etwa einem Software-Baustein - verbunden sind. Mehrere, am gleichen Gegenstand durchzuführende Tätigkeiten (wie Klasse XYZ analysieren, entwerfen, implementieren) werden nicht an mehrere Verantwortliche verteilt, sondern sind einer Person oder einem Team zugeordnet. Daraus ergeben sich einerseits klare Verantwortlichkeiten, die in der Regel auch den operativen Einsatz und damit die gesamte Betreuung des betreffenden Bausteins umfassen, andererseits Freiräume für die Verantwortlichen bei der Bearbeitung "ihrer" Bausteine.

Ähnliches gilt für mittlere und größere Systemeinheiten: So wie einzelne Entwickler oder Anwender als Klassen-Betreuer für einzelne Klassen zuständig sind, so gibt es *Betreuungs-Teams* (mit fallweiser Anwen-

- derbeteiligung, soweit notwendig und möglich) auf Komponenten- und Systemebene. Auch diese sind in der Regel eher für ganze Zyklen als für einzelne Zyklusschritte verantwortlich.
- Software-Entwicklung ist eine Kette von Entscheidungsprozessen. An die Stelle eines zu Projektbeginn verabschiedeten und am Ende, eventuell noch bei wenigen dazwischenliegenden Meilensteinen überprüften Projektplans müssen Entscheidungsketten treten, in denen Beschlüsse periodisch überprüft und vor dem Hintergrund der jeweils aktuellen Lage modifiziert werden.

  Auch bei solchermaßen dynamisierter Planung wird das Projektmanagement allerdings nicht auf Instrumente zur Statusbestimmung, Plan-/Ist-Kontrolle und Kostenberechnung für seine laufenden Projekte verzichten können. Im EOS-Modell treten an die Stelle der Meilensteine an Phasengrenzen (die in purer Form in der Realität sowieso kaum existierten) differenziertere *Revisionspunkte*. Ein möglicher Revisionspunkt kann etwa folgendermaßen definiert sein: "Komponenten A, B, C abgeschlossen, Komponente D und Klassen E, F implementiert, Komponenten G und H entworfen, Komponente J analysiert".

  Zu Projektbeginn können solch differenzierte Revisionspunkte noch nicht in allen Einzelheiten vorherbestimmt werden. Statt dessen enthält die anfängliche Grobplanung nur die (ungefähre) Anzahl der Revisionspunkte und die grobe Zielsetzung der dabei zu erreichenden Ergebnisse (wie z.B. die Erstellung eines Prototyps). Deren genauer Inhalt ist Hand in Hand mit der fortschreitenden Detailplanung festzulegen. Dies erfordert entsprechend differenzierende Hilfsmittel zur Projektplanung und -verfolgung für das Projektmanagement. Diese dienen hauptsächlich der Information des Managements über den Projektstand und sollten nicht als Planungskorsett mißverstanden werden.

- Software-Entwicklung ist ein kontinuierlicher projektübergreifender Prozeß. Mit dem Einsatz einer einmal entwickelten Software ist deren Entwicklung nicht abgeschlossen. Weitere Entwicklungen setzen darauf auf und erfordern einen projektübergreifender Wissenstransfer.

  Im EOS-Modell beinhaltet der oberste, auf Systemebene angesiedelte Zyklus genau diesen Wissenstransfer vom Projekt zum Nachfolgeprojekt, entsprechendes gilt natürlich auch für den Transfer zu ähnlich gearteten Nachbarprojekten.

Das EOS-Modell schafft damit eine tragfähige Basis für dynamisches Projektmanagement. Ob sie weit genug trägt, muß die Praxis erst noch zeigen. Erste positive Erfahrungsberichte mit ähnlich gearteten Ansätzen (vgl. [IS 92]) sprechen jedoch für die Tragfähigkeit des hiermit aufgezeigten Weges.

Literaturhinweise:

[Bal 89] Balck, W. (1979). Umorientierung im Projektmanagement - Abkehr von mechanistischer Steuerung und Kontrolle, in: Reschke, H., Schnelle, H., Schmopp, R. (Hrsg.): Handbuch für Projektmanagement. Köln.

[BHS 92] Bittner, U., Hesse, W, Schnath, J. (1992). Änderbarkeit von Software - Als Qualitätsmerkmal unterschätzt - Erfolgreiche Maßnahmen - Die Architektur entscheidet. Artikelserie in der Computerwoche, Heft 9-11 (1992).

[Boe 76] Boehm, B.W. (1976). Software Engineering. IEEE Transactions on Computers, C-25, No. 12, pp. 1216-1241.

[Boe 88] Boehm, B.W. (1988). A spiral model of software development and enhancement, Computer, May 1988, pp. 61-72.

[BKM 84] Budde, R., Kuhlenkamp, K., Mathiassen, L., Züllighoven, H. (eds.) (1984): Approaches to prototyping, Berlin, Heidelberg, New York: Springer-Verlag.

[BKK 91] Budde, R., Kautz, K., Kuhlenkamp, K., Züllighoven, H. (1991). Prototyping - an approach to evolutionary system development. Berlin, Heidelberg, New York: Springer-Verlag.

[CY 90] Coad, P., Yourdon, E. (1990): Object-oriented analysis, 2nd ed., Yourdon Press.

[Den 90] Denert, E. (1990). Software Engineering - Methodische Projektabwicklung, Berlin, Heidelberg, New York: Springer-Verlag.

[Flo 84] Floyd, Ch. (1984). A systematic look at prototyping. In: [BKM 84].

[FB 92] Frese, M., Brodbeck, F. (1992). Psychologische Aspekte der Software-Entwicklung. IBM-Nachrichten 42, Heft 309, S. 15-19.

[FH 93]　Frese, M., Hesse, W. (1993). The work situation in software development - Results of an empirical study, ACM SIGSOFT Software Engineering Notes, Vol. 18, No. 3, pp. A-65 - A-72.

[HBS 92]　Hesse, W, Bittner, U., Schnath, J. (1992). Results from the IPAS Project: Influences of methods and tools, quality requirements and project management on the work situation of software developers. In diesem Buch.

[HMF92]　Hesse, W., Merbeth, G., Frölich, R. (1992). Software-Entwicklung - Vorgehensmodelle, Projektführung und Produktverwaltung, Handbuch der Informatik, Band 5.3 München: Oldenbourg-Verlag.

[Hes 92]　Hesse, W. (1992). Objekt-orientierte Anwendungsmodellierung - ein Weg zu einem durchgängigen Software-Entwicklngsprozeß, in: Kugel, G. (Hrsg.): Praxiserprobte Software-Entwicklungswerkzeuge im Überblick. Eßlingen: Expert-Verlag.

[IS 92]　Informatik-Spektrum (1992). Thema: Projektmanagement für objektorientierte Software-Entwicklung. Themenheft. Bd. 15, Heft 5

[Jon 80]　Jones, C.B. (1980). Software development: a rigirous approach. Englewood Cliffs: Prentice Hall

[Leh 80]　Lehman, M.M. (1980). Programs, life cycles, and laws of software evolution. Proceedings of the IEEE, Vol. 68, No. 9, pp. 1060-1076 (1980).

[Lud 89]　Ludewig, J. (1989). Modelle der Software-Entwicklung - Abbilder oder Vorbilder? Softwaretechnik-Trends Bd. 9, Heft 3, S. 1-12.

[Mey 88]　Meyer, B. (1988). Object-oriented software construction. Englewood Cliffs: Prentice Hall.

[RS 84]　Reschke, H., Swoboda, M. (1984). Projektmanagement - Konzeptionelle Grundlagen, München: Gesellschaft für Projektmanagement.

[Say 79]　Saynisch, M. (1979). Grundlagen des phasenweisen Projektablaufs, in: Saynisch, M.; Schnelle, H.; Schmopp, R. (Hrsg.)(1979). Projektmanagement: Konzepte, Verfahren, Anwendungen, München: Oldenbourg-Verlag.

[SM 88]　Shlaer, S., Mellor, S.J. (1988). Object-oriented analysis: Modelling the world in data, Yourdon Press.

[Wel 91]　Weltz, F. (1991). Der Traum von der absoluten Ordnung und die doppelte Wirklichkeit der Unternehmen, in: E. Hildebrandt (Hrsg.): Betriebliche Sozialverfassung und Veränderungsdruck, S. 85-98, Berlin: Rainer Bohn Verlag.

[WO 92]　Weltz, F., Ortmann, R. (1992). Das Softwareprojekt - Projektmanagement in der Praxis, Frankfurt/Main: Campus-Verlag.

Stichwortverzeichnis

Abstimmung 133
Abstrakter Datentyp 71
Analyse 127, 139, 190
Änderbarkeit 31ff, 143, 151, 158
Änderungsanforderungen 24, 33
Änderungsanfälligkeit 134
Anpassung, Anpaßbarkeit 83, 87, 101, 160
Anwenderanforderung 35, 53, 106
Anwenderziele 106
Anwendungsbaustein 164
Anwendungsbereich (Wissen über) 112
Anwendungsmodellierung 164
Arbeitsgestaltung 178ff
Architektur 35, 51, 137
Aufwände bei Erweiterungen 46
Ausgabe 83, 102
Auslöser von Änderungen 44, 47
Ausschlachten (von Software) 136, 137
Auswirkungen (der Qualitätssicherung) 150
Auswirkungen (von Werkzeugen) 88
Automaten 58, 60, 71, 116
Automatisierung 83, 102

Batch-Sprachen 82
Baustein-Bibliothek 190ff
Baustein-Prinzip 188
Bedienbarkeit 91, 99
Bedienoberfläche 76, 82, 125, 142, 143
Bedienung 87, 96
Benutzbarkeit 83, 85
Benutzer 109, 163

Benutzerfreundlichkeit 142, 143, 158, 165
Benutzer-Partizipation 170, 202
Benutzervertreter 109, 120, 129, 134
Betreuungs-Team 204
Bewertungskriterien 83
Bibliothek (für Klassen) 169
Bibliothek (für Bausteine) 190ff

Brainstorming 58
Breitenuntersuchung 13

CASE 74, 76, 82, 83, 88
Change Request 24, 147
Checker 76, 82
Code and fix 181
Code-Review 144, 152

Darstellung 83
Data Dictionary 76, 82, 95
Daten-Abstraktion 153, 161, 153, 182
Datenbank 82
Datenflußdiagramme 60, 116
Datenkapselung 35, 187
Datenmodelle 58
Datenstruktur 115
Debugger 78, 82
Delegation (in OO-Systemen) 158
Design-Hilfe 82
Diagramm 115
Dokumentation 35, 52, 82, 87, 92, 96, 100, 142, 158
Dynamisches Binden 157
Dynamisches Projekt-Management 177ff, 202, 206

Stichwortverzeichnis

Editor 76, 82, 96
Effektivität 158
Effizienz 87, 90, 102, 132, 157
Eingabe 83
Entity/Relationship- (ER-)
  Modellierung 58, 61, 116
Entscheidungen 135
Entscheidungstabellen 58
Entwicklerkriterien 143
Entwicklerziele 106
Entwicklungsprozeß 42, 196
Entwicklungsumgebung 77, 82, 95
Entwicklungszyklen 191
Entwurf 35, 120, 190
Entwurfswerkzeug 76
ergonomische Produktmerkmale 143
Erfahrungsbericht 153
Erlernberkeit 87, 96, 99, 125
Erweiterbarkeit 160
Evolutionäre Software-Entwicklung 177ff, 186
Evolutionäres Projektmanagement 199ff

Fehler 83, 155f
Fehlerfreiheit 87
Flexibilität 31ff
Funktionale Zerlegng 35
Funktionalität 83, 87, 96, 102
Funktionsablaufdarstellung 72
Funktionsmodell 58
Funktionsumfang 83

Generalisierung 164
Generator 63, 77, 82, 124
Grafik 82

Handlungsspielraum 91
Hierarchischer Systemaufbau 187
High Level-Editor 76, 82

Hilfe 87, 92, 100

Implementierung 190
IPAS 9
Information hiding 156
Informationsaustausch 27, 105ff
Informationsbeschaffung 93
Inkrementelle Entwicklung 184f
Integrierte Systeme 78
Interaktionsdiagramme 58, 60, 71

Kategoriensystem für Tätigkeiten 1
Klassenstruktur, -hierarchie 164
Kombinierbarkeit 83, 87, 101
Kommunikation 90, 108, 112, 162
Komponente 188
Kooperation, -sbeziehungen 108, 162
Koordinierung 106
Korrektheit 156
Kundenberatung, -betreuung 120

Leistungsmerkmal 141
Low Level-Editor 77, 82, 91, 96

Mächtigkeit 83
Management 35
Managementtechniken/-verfahren 27, 194
Maske 115
Mentorprinzip 168
Methoden 21, 101
Methodeneinsatz 55ff, 126
Methodenschulung 64, 124
Methodenspektrum 58
Methodenunterstützung 55ff, 124
Methodenwissen 65, 126
Methodik 87
Methodisches Vorgehen 53
Methodische Vorgaben 90
Modular design 58, 71

Stichwortverzeichnis

Modularität 151

Nacherhebung 15
NIAM (Nijssen-Methode) 59

objektorientierte Datenmodellierung 72
objektorientierte Methoden 28
objektorientierte Programmierung 154, 162
objektorientierter Entwurf 162
objektorientiertes System 94, 154, 170
Objektorientierung 155ff, 177ff, 187
Operationeller Einsatz 191
Organisationshilfe 83

Parametrierung 35
Performance 83, 87, 101, 143
Persönliche Maßnahmen 39
Phasenmodell, Phasenschema 129, 138, 181, 182, 196, 199
Plankontrolle 195, 205
Produktmerkmal 35, 88, 143
Produktmuster 58
Produktqualität 93, 94, 139, 178
Programmablaufpläne 59, 60
Programmcode 115
Programmiersprache 82
Programmierwerkzeuge 74
Projekt IPAS 9
Projektbibliothek 78, 79, 82, 91, 93, 95, 135
Projektleiter 109, 120, 134
Projektmanagement 26, 82, 129ff, 166, 177ff
Projektmanagement-Werkzeug 78, 170
Projektorganisation 120, 167, 195
Projektplanung 136

Projekttypen 14
Projektverlauf 106
Prototyp, prototyping 59, 71, 157, 184, 196
Prozeß 53
prozeßorientiert 142
Prozeßplanung 35, 106
Prozeßqualität 139, 178
Prozeßuntersuchung 15
Pseudocode 58, 65, 115

Qualifizierung 167
Qualitätskontrolle 139
Qualitätskriterien 140
Qualitätsmanagement 139
Qualitätsmerkmale 142, 155
Qualitätssicherung 31, 120, 139ff
Qualitätssicherungs-Maßnahme 35, 144
Qualitätssicherungs-Verfahren 147

Rapid Prototyping 71
Realisierung 120, 153
Redesign 35
Redundanz 153
Review 144, 145
Revision 187, 190, 193
Revisionspunkt 205
Richtlinien 35, 41, 52
Robustheit 156

SA/SD 71
Schulung 21, 65
Selbstbeschreibung 159
Selbststudium 109
SETEC 72
Simulator 78, 82
Sitzung 109
Software-Qualität 31, 161
Spezialisiertes Werkzeug 79, 87
Spezialisierungsgrad 83, 102, 126

Spezifikation, formale 115, 127
Spiralmodell 180, 185f
Sprache 35, 78, 168
Stabilität 101, 134
Standardisierte Interviews 74
Standards 35, 41, 52, 106, 136, 144, 146
Stichprobenbeschreibung 13
Strategien der Entwickler 41
Structured Analysis 58, 60, 71
Structured Design 71
Struktogramm 115
Subsystem 188, 196
Systementwurf 134

Tabellensteuerung 35, 52
Tätigkeitsanalyse 16
Tätigkeitskategorien 75
Tätigkeitsplanung 195
Tätigkeitsunterstützung 91
Test 82, 109, 120, 144, 146
Testbarkeit 159
Testwerkzeug 78
Training on the job 21, 64
Transformations-Modelle 183
Transparenz 143

Übersichtlichkeit 154, 158
Übertragbarkeit 160
Umfang 83
Unterstützung (der SW-Entwicklung) 83, 143, 178
Untersuchungsplanung 10

Vereinheitlichung 83
Vererbung 156, 169, 188
Verteilung der Mitarbeiter 131
Verteilung von Änderungen 45, 48
Vierte Generations- (4GL-) Sprachen 59
Vorgaben 106, 135, 144, 146

Vorgehensmodelle 63, 177, 181ff
Vorgehensrichtlinien 58, 60

Wartung 120, 193
Wartungsfreundlichkeit 158
Wasserfall-Modell 181f
Weiterbildung 125
Werkzeug 21, 35, 146
Werkzeuganforderungen 99ff
Werkzeugauswahl 120
Werkzeugbeurteilung 91
Werkzeugeinsatz 51, 73ff, 133
Werkzeuggebrauch 22
Werkzeugkategorien 19, 75
Werkzeuglandschaft 79
Werkzeugunterstützung 63, 89, 96, 111, 124, 127
Werkzeugwünsche 23, 81, 124
Wiederverwendbarkeit 25, 31, 136, 160, 194
Wissensvermittlung 21, 65

Zeitaufwand 93
Zuverlässigkeit 142, 154, 155f
Zyklische Entwicklung 187, 191f